英汉翻译的文化解读

薛蓉蓉 ◎ 著

中国书籍出版社
China Book Press

图书在版编目（CIP）数据

英汉翻译的文化解读 / 薛蓉蓉著 . -- 北京 : 中国

书籍出版社 , 2023.12

ISBN 978-7-5068-9730-3

Ⅰ . ①英… Ⅱ . ①薛… Ⅲ . ①英语—翻译—研究

Ⅳ . ① H315.9

中国国家版本馆 CIP 数据核字 (2024) 第 005387 号

英汉翻译的文化解读

薛蓉蓉　著

图书策划	成晓春	
责任编辑	毕　磊	
封面设计	博健文化	
责任印制	孙马飞　马　芝	
出版发行	中国书籍出版社	
地　　址	北京市丰台区三路居路 97 号（邮编：100073）	
电　　话	(010) 52257143（总编室）　(010) 52257140（发行部）	
电子邮箱	eo@chinabp. com. cn	
经　　销	全国新华书店	
印　　刷	天津和萱印刷有限公司	
开　　本	710 毫米 × 1000 毫米　1/16	
字　　数	211 千字	
印　　张	13	
版　　次	2024 年 5 月第 1 版	
印　　次	2024 年 5 月第 1 次印刷	
书　　号	ISBN 978-7-5068-9730-3	
定　　价	78.00 元	

　　本书为山西省社会科学界联合会重点课题"《红楼梦》粗俗语的英译研究"(SSKLZDKT2014118)和山西大同大学青年科研基金项目"《水浒传》粗俗语的英译研究"(2014Q18)的研究成果。

前　言

在全球一体化的今天，信息的传播量和传播速度都呈现出惊人的发展趋势，这无疑给我国的文化带来了巨大的冲击，也给我国的翻译事业带来了极大的挑战。众所周知，语言是文化的组成部分，也是文化的载体。翻译是一项受到两种语言文化影响和限制的跨文化活动。这意味着翻译不仅是语言转换的过程，更是文化传播的过程。

语言和文化两者之间有着不可分割的关系，语言不仅是文化的载体，还是文化的一个重要组成部分。文化的传承和交流需要语言的存在，而这种存在又依附在一些特定的文化中。对语言和文化关系的探讨，以及对各种文化差异的研究是讨论翻译的前提。任何语言文本都无法脱离文化背景而单独存在，既如此，那翻译也就必然和语言、文化有关。把一种语言当作载体，然后将其文化的内涵转变为另一种文化形式的、广义的文化翻译，这就是翻译的实质。翻译因此被认为是一种跨文化交际行为，也被看作是人们在不同国家、种族和不同文化背景之下的一种交流和交往行为。随着我国和世界各国的沟通与交流越来越频繁，以及各个领域的联系越来越密切，跨文化交际下的英语翻译活动也日渐增多。由于国人和外国人在思维和表达方式上的不同，翻译时常出现一些问题。不管采取何种方式处理这些问题，都要先有跨文化意识。通过总结现实生活和翻译实践中的种种文化现象可以发现，跨文化意识在促进双方沟通交流方面起着越来越重要的作用。

全书共分为五章，第一章为语言、文化与翻译，其中第一节介绍了语言、文化和翻译的关系，第二节介绍了文化差异对语言的影响，第三节介绍了语言文化差异对翻译的影响。第二章为文化翻译理论与发展，阐述了文化翻译理论的意义，中西翻译理论的发展，关联翻译理论与翻译模因论，功能翻译理论与图式理论，文化翻译观和杂合理论。第三章介绍了英汉文化翻译的原则与策略，包括英汉文化翻译的原则，英汉文化翻译的策略。第四章为英汉文化的对比与翻译，分别从英汉物质文化的对比与翻译，英汉社会文化的对比与翻译，英汉生态文化的对比与翻译，英汉人文文化的对比与翻译，英汉语言文化的对比与翻译，五个方面进行阐述。最后一章是英汉文化翻译的可译性限度，包括英汉文化翻译的可译性，英汉文化翻译的可译性限度。

在撰写本书的过程中，作者得到了许多专家学者的帮助和指导，参考了大量的学术文献，在此表示真诚的感谢。本书内容系统全面，论述条理清晰、深入浅出，但由于作者水平有限，书中难免会有疏漏之处，希望广大同行及时指正。

薛蓉蓉

2023 年 5 月

目　录

第一章　语言、文化与翻译

本章为语言、文化与翻译，主要从三个方面进行详细论述，分别是语言、文化和翻译的关系，文化差异对语言的影响，语言文化差异对翻译的影响。理解语言和文化之间的相互影响有助于提高翻译的质量和准确性。

第一节　语言、文化和翻译的关系

一、语言、文化和翻译的简述

（一）语言

1. 语言的本质

语言是由符号组成的表征系统还是供人们支配的行事工具？是自治的还是非自治的？探讨翻译或是研究语言之前，至少先要弄清楚语言是什么，弄清楚它的本质与规则及意义，这是一切语言研究的前提与铺垫。

语言不仅仅是一种简单的符号系统，用来描述世界，更是一种能够实践和改变世界的强大工具。实际上，可以将语言看作是满足各种表达需要的重要资源。

语言是一套基于规则、词库的表征系统。语言是一组有限或无限的句子的集合，其中每一个句子的长度都有限，并且由一组有限的成分构成。语言可以用于交际，但传统的观点认为，语言主要是对自己或他人表达思想的工具。与纯粹遗传性的交际系统不同，语言作为人类特有的交际工具不是一成不变的，而是在其使用中不断地被塑造、改造、完善，以便更好地顺应人们的生存、生活需要。语言是满足人们生存与生活需要的工具。词汇的变化与增长、语法的不断规则化等

1

现象都体现了这一点。近年来，对形容词的比较级和最高级，以及动词的过去时形式和过去完成时形式的一些研究表明，英语形态越来越走向规则化，越来越多的不规则形式被规则形式取代。此外，历时语用学研究包括语用化研究，也为语言演变的语用驱动和制约提供了佐证。

总之，语言各个层面都凝结了语用因素，语言是基于用法的（usage-based）。这一观点与认知语言学的基本观点相似。语用学关于语言本质的认识对外语教学和学习具有重要的启发。既然语言系统内部带有高度理据性的语用成分，外语教学就应该增加对语言知识的解释；既然语言是用来行事的工具，外语教师就应该在培养学生外语语言能力的同时，加强语用维度的训练，从而有效地提升学生的语境意识和得体意识。

2. 语言的功能

（1）语言的心理学功能

语言的心理学功能是人们用来与客观世界相互沟通的手段，是人们认知外部世界的心理过程，是内隐的、主观的功能，可以细分为命名功能、陈述功能、表达功能、认知功能和建模功能五种。

①命名功能

命名功能指的是，语言被用作标识事物或事件的手段。赋予个人体验以名称，这是人类的一种强烈的心理需求，这种需求蕴含着重大意义。大部分小孩子对掌握生词有一种迫切的需求，这一点也就表明了掌握鉴别事物符号的重要性。只有掌握了鉴别事物的符号，似乎才算是掌控了这类事物。

在人类还没有语言之时，世界万物在人类的心目中便会留下不同的印象。人们可以感觉到它们之间的差异，并且通过不同形象的识别来对其进行分辨，但人们无法表达出来。也许在人们的大脑中只存在一些有关这些事物的简单的意会，没有标识的事物一旦多起来就会造成混乱。

例如，人们第一次见到一只兔子时，只知道兔子在田野里跑得很快，并不知道兔子是什么，只能在脑子里记住它的形象；当人们第一次见到荷花时，也不知道荷花是什么，但能感觉到荷花与之前看到的事物的差异，也只能在脑子里记住它的形象。随着脑子里的事物越来越多，而且都是叫不出名字的事物，这时记忆必定会变得混乱。在这种情形下，人们就有了为事物命名以示区别的客观需要，一些名称相继出现。随着语言的诞生和不断完善，为事物命名以及赋予事物以意义这些问题就得到了很好的解决，使得人类的记忆力得以提高，进而发展了人类的智力。

②陈述功能

陈述功能指的是，语言被用作说明事物或事件之间关系的手段。随着人类文明和社会的发展，仅有命名功能还不足以满足人们的交际需求。现实生活中人、事、物之间总是发生着各种隐含或外显的关系，而且人们往往有表达这些关系的需求。于是，最初人类就采用一些主谓句式或者"话题—评述"的功能语法结构等来表达事物之间的关系，从而形成一个个命题。但是通常情况下，一个命题显然无法满足人们交际的需要，于是人们就创造出若干命题，从而形成了篇章。因此，人类就慢慢学会了表达复杂的命题。

③表达功能

表达功能是指，语言被用作表达主观感受的手段，可以是简单的词语，也可以是短语或完整的句子，是人们对事物做出的强烈的反应，也就是人们对生活中喜、怒、哀、乐等情感的表达。语言的表达功能也可以指人们仔细推敲词句结构、韵律、语篇框架等，以达到传达内心情感的效果，如演讲词、散文等，这样语言就具有了美学意义。

④认知功能

认知功能是指，语言被用作思考的手段或媒介，是语言最重要的功能。人们的思维活动是以语言为载体进行的，即用语言进行思维。一切复杂的、精密的、抽象的思维都离不开语言。语言为人类提供了进行抽象思维、推理等高级思维活动的能力，进一步促进了人类智力的不断发展。这种智力的提升进一步推动了物质文明与精神文明的丰富多样化，创造出了一个辉煌灿烂的文化世界。人们进行思维时，就是在对客观世界进行认知，而语言在人们的思维活动中发挥着认知的功能。

⑤建模功能

建模功能是指语言被用作构建反映客观现实的认知图式的手段。随着人类的认知能力和语言表达能力的提高以及语言文化的发展，词语就能提供一种观察世界的图式结构，因此全部词语符号系统就形成了反映大千世界的模型。在这个模型中，词语可分成若干层次，当代语言学称层次在下的词为"下义词"，层次在上的词为"上义词"。最底层的词语指的是具体事物，层次越往上，词语所指越来越广泛。上义词和下义词也是相对而言的。随着新事物的出现，曾经的下义词可以变为上义词。例如，在远古时期，"树"只是个孤零零的无法再分的下义词，随着人类认识能力的增强，人们发现"树"可以分为很多种类，包括"松树""柏树""杨树"等，这样"树"这个词就升格成了上义词。这种由上义词、下义词构成的词语系统全面地反映了大千世界的事物类型。语言的建模功能不仅提升了人类认识客观世界的能力，同时也促进了人类语言能力的提升，从而增强了人类对自身主观世界的认识能力。

（2）语言的社会学功能

语言的社会学功能是指语言被用作进行人际沟通的手段。它是人们进行沟通的心理过程，体现的是语言的交际功能，是外显性的、交互性的。语言学家奈达将社会学功能进一步细分为人际功能、信息功能、祈使功能、述行功能、煽情功能五种。

①人际功能

人际功能是指语言被用作维持或改善人际关系的手段。人们为了维持或改善人际关系，会根据场合、身份的不同而采用不同的用语，包括礼仪用语、正式用语、非正式用语等。这样一来可以获取别人的好感，二来可以彰显自己的身份地位。有权势的人在和地位低于他们的人交谈时，往往会用一种盛气凌人的口气，而一些想讨好有权势者的人会曲意逢迎地和权势较高的人说话。这些现象在语言学家看来属于语言人际功能的过度运用。有时人们谈话只是单纯地出于维持交往、保持亲密的需要。例如，鸡尾酒会上的交谈会话的语义内涵常常为零，但为了创造一种开心惬意的氛围，人们就不断闲聊一些不相关的琐碎小事。在此种场合，所说的话大多属于过场话、客套话之类。

②信息功能

信息功能是指语言被用作传递信息的手段。一般来讲，人们在说话时都是在传递某种信息，从而发挥着语言的信息功能。但有一点需要强调，即所传递的信息必须与信息接受者已有的信息结构相匹配，否则信息接受者将无法接收所传递的信息。最典型的例子是课堂教学，教师必须在学生现有的知识结构的基础上传授知识技能，这就使得"因材施教"变得非常重要。不仅仅是教学内容，教学语言也应随教学对象的变化而变化。

③祈使功能

祈使功能是指语言被用作发布指令的手段。在语言交际中，人们常常会彼此提醒、告诫、请求等，此时多采用祈使句型。语言发挥着祈使功能，会影响受话人的行为举止。

④述行功能

述行功能是指语言被用作宣布行为或事件的手段。说话人大都是权威人士或代表着权威机构或组织，所用语言也都是十分正式、结构规范的词语和句式。说话人的讲话内容与受话人密切相关。

⑤煽情功能

煽情功能是指语言被用作煽情的手段。在很多情况下，人们运用语言只是想打动听话者的心弦，影响他们的情绪。所用词语的联想意义或内涵意义越是丰富，就越能达到煽情的目的。例如，政治家的语言可以鼓舞国民的士气而使他们同仇敌忾，广告宣传员的语言可以勾起消费者的购买欲，慈善活动组织者的语言可以触动人们的恻隐之心。总之，通过选用恰当的词语，发话者可以有效地激发受话者的情感，所激发的情感范围不受限制。

需要强调的是，语言的五种社会学功能在具体运用中是相互联系的。通常，语言会同时涉及几种功能，只是各种功能所占的比例不同。

3. 语言的规则

按照传统语言学的观点，语言是一个由各个层面的规则构成的系统，这些规则包括语音规则、构词规则、形态规则、句法规则、语义规则等。语言的上述规则可以称为语言的构成规则，这些规则有些具有任意性，如名词的单复数规则、主语与谓语动词的数的一致性规则，另外一些则似乎带有理据性，如句子倒装规则、先行词与前指代词之间的一致性规则。利用这些规则，可以产出符合英语语感的单词，构成符合语法或语义，或符合语法和语义要求的句子。

然而，仅有这些构成规则并不足以满足语言作为交际工具的需要。语言还需要拥有配套的使用规则，即所谓的调节规则。Saussure 曾经将语言比作象棋，而象棋也是包含构成规则和调节规则的。例如，"帅"和"将"只能在规定的几个位置上移动，"兵"和"卒"过楚河汉界前只能向前走，之后可以向前也可以左右移动，但不可以后退。这些规则都是构成规则。然而，在行棋过程中何时走"卒"，何时走"帅"，何时走"车""马""炮"等则属于调节规则。就语言而言，如何造合法的句子与构成规则相关，造什么样的合法句子与调节规则相关。前者是形式语言学关注的对象，后者是语用学关注的对象。

从语用学角度看，支配语言使用的调节规则往往是在社会文化环境中逐步形成的，与构成规则一样，它也具有规约性或约定俗成性。但是，调节规则的这种约定俗成一般都是有理据的，可以解释的。与构成性规则具有刚性不同，调节规则具有弹性，所以人们常称之为原则，如合作原则、礼貌原则、经济原则等。在一般情况下，理性的语言使用者往往会自觉或不自觉地遵循这些原则。然而在一些特殊的情况下，如为了强调表达效果、传递礼貌、引起注意等，语言使用者有时会放弃直接的、经济的、明晰的、相关的说话方式，转而使用间接的、冗赘的、含混的、离题的话语方式。除非是由于语用能力方面的缺陷，否则这些话语方式往往体现了修辞原则。甚至，人们会在可以理解的范围内超越刚性的构成规则，以寻求不同寻常的表达效果。可见，调节规则中驱动各种修辞性话语产出便是修辞原则。

语用学就是关于调节规则乃至修辞原则的研究。人们不仅共享关于语言的构成规则，而且在很高程度上共享语言使用的调节规则，这是人们得以成功交际的基础。因此，研究语言不能仅关注语言的构成规则，还需要探究语言的调节规则。对于外语学习者来说，需要学习的不仅是该外语的构成规则，同样甚至更为重要的是学习其调节规则。

语言的使用是以调节规则和社会习惯形成为基础，进而对语言进行了塑造，并建立了语言与语境之间的紧密的关系。语言的发展和使用是与社会环境紧密相连的，并且语言同语境这两者之间也同时存在着本质上的相互关联，而这种联系仿佛是天然的，这种"天然"联系反映在以下方面。其一，书面和口头语言的选择都是在语境和结构的"融合"过程中进行的。例如，Good morning 出现在上午的问候中；Good night 用于晚间的告别。其二，话语一旦发出，就成为语境的一部分，即所谓的语言语境。其三，语言形式或结构的意义会因为语境的变化而受到重大影响。例如，在北京的个别街巷里如今仍然偶尔可以看到"冬奥会"之类的宣传标语。显然，由于北京冬奥会已经结束，这样的"冬奥会"话语已经失去了原有的意义和作用，成了化石般的"死话语"。

与此相应的是，语言形式的选择会对语境产生一定的影响。举个例子，在进行语码转换的时候，因为要使用的语言是不一样的，语境也会发生变化。随着频繁进行语码转换，语境同样也会跟着尺寸进行切换。

对于特定的语言形式来说，它们可以在默认的语境下进行使用，也可以在非默认语境下进行使用。默认使用则是对调节规则下的一般遵循的一个反映，而非默认使用则展示了修辞原则的运用。针对一些特定的语境来说的话，也存在着默认使用与非默认使用这两种语言形式。

4.语言的属性

动物也有语言，人类语言之所以区别于并优于动物的语言，是因为人类语言具有以下几种属性。

（1）二层性

二层性指的是语言具有双重结构的特点，其中上层结构由底层结构的元素组合而成，而每个层级在构成的时候都遵循自己的原则。语音本身不传达意义，但是它们相互组合就构成了有意义的单位，如词语。底层单位是无意义的，而上层单位是有意义的，因此语音被视为底层单位，词被视为上层单位，二者是相对而言的。上层单位虽然有意义，却无法进一步分成更小的单位。

二层性只存在于人类语言系统中，动物交际系统就没有这种结构特征，所以动物的交际能力就受到非常大的限制。语言的二层性特征还使人们注意到语言的等级性。例如，当我们听一门完全不懂的外语时，流利的说话者像是在用持续的语流说话。其实，语言并不是不间断的。为了表达离散的意义，就要有离散的单位，所以要对一门新的语言解码，首先要找到那些单位。音节是最底层的单位，是由多个无意义的语音组成的片段。语言的二层性是"有限手段无限使用"的具体体现，为人类交际提供了大量的资源。大量的词可以组合生成大量的句子，大量的句子又可以生成大量的语篇。因此，语言的二层性使语言具有了强大的生产性。

（2）任意性

语言的任意性是指语言符号的形式和意义之间没有自然的联系。

①语素音义关系的任意性

拟声词是一种依据对自然声响的模拟而形成的词类。例如，汉语中的"轰隆"是模拟打雷的声音而形成的。所以，要想对词语形式的合理性进行推理，只有先了解该词语的意义。这个观点对大量所谓的拟声词都适用。

②句法层次的任意性

所谓句法，顾名思义就是指根据语法建构句子的方法。一个英语句子包含多种成分，这些成分的排列要遵循一定的规则，并且小句的前后次序和事件真实的顺序有一定的对应关系。这也就意味着，句子的任意程度低于词语，尤其在涉及真实顺序时。在功能语言学家看来，只有在对立的语言单位里才具有最严格意义上的任意性。

谈到任意性，必须提到规约性。规约性和任意性是语言符号的两种对立面。语言符号的形式和意义之间的联系是基于共同约定的。在学习英语的过程中，教师经常解释说这是习惯用法或者习惯搭配，这就是约定俗成。即使听起来有些不合逻辑，也不可以做任何改动。任意性带给语言潜在的创造力，而约定性又使学习语言变得困难。

（3）创造性

创造性就是指语言的能产性，是由于二重性和递归性而形成的。一个词语只要在用法上做一些变化，便可以表示不同的意义，并且这些创新的用法也能被人接受，此类的例子不胜枚举。而动物的交际系统允许其使用者发送的和接收的信息非常少，并且这些信息都是缺乏新意的。这也就是为什么人类语言具有动物交际系统无法比拟的优越性。因此，人们可以利用语言产生许许多多新的意义。例如，长臂猿的叫声就不具有创造性，因为叫声都来自一个有限的指令系统，所以很容易耗尽，而不可能有任何新意。句子可以无限制地扩展下去，所以语言具有创造性。

（4）移位性

移位性是指语言可以使人类谈论与自己处于不同时间和空间的事物。例如，人们可以很自然地说出"昨天风真大"这句话，或者身处北京的说话人说"杭州真的很美"。有些人已经将语言的这一特征看成理所当然，觉得没什么特别。但是，如果将人类的语言与动物的交流方式进行对比，语言的这一特征就更加清晰了。

（二）文化

1. 文化的定义

总的来讲，文化可以分为广义和狭义两种类型。广义的文化是人类从事物质生产活动和精神生产活动时所创造的一切成果。从这个意义上讲，文化实际是人类通过改造自然和社会而逐步实现自身价值观念的过程。狭义的文化是指，精神创造活动及其结果，是在社会中习得的一整套价值观、信念和行为规则。

2. 文化的特征

（1）动态性

文化的稳定性是相对的，而可变性却是绝对的。文化的可变性具有内在和外在两种原因。

文化可变性的内在原因：文化是为了满足人类生存需要而采取的手段，文化随着生存条件的变化而变化。在人类文化史中，因为科技的发展导致人们思想和行为发生变化，所以重大的发明和发现都推动着文化的变迁。

文化可变性的外在原因：文化传播或者文化碰撞可能使得文化内部要素发生"量"的变化，"量"的变化也可能促使"质"的变化。社会的发展以及国家、民族之间在经济和政治方面的频繁沟通、交流，都使文化不断碰撞乃至发生变化。例如，佛教的进入导致中国传统文化发生变化；儒家思想等也导致东南亚文化发生变化。

物质形态的文化比精神形态的文化变化得更快、更多。例如，发生在衣、食、住、行等方面的变化要比信仰、价值观等方面的变化更加明显。随着改革开放的不断推进，人们的衣、食、住、行等"硬件"都发生了巨大的变化，但是"软件"方面的变化并不明显。文化定势决定了中国人对西方文化的接受度是非常有限的，"同国际接轨"的多数属于文化结构的表层，而深层文化的差异永远存在。

（2）符号性

文化是通过符号加以传授的知识，任何文化都是一种符号的象征，也是人们的思维和行为方式的象征。人类最明显的特征就是符号化的思维和行为，文化的创造过程也就是运用符号的过程，所以说人是一种"符号的动物"。在创造文化的过程中，人类将认识世界和理解事物的结果转化为外显有形的行为方式，因而这些行为方式就构成了文化符号，从而成为人们的生活法则。人们在生活中必然接受这些法则的规范和引导，世界是充满文化符号的。人们一方面不可能脱离文化的束缚，另一方面又在这种文化中展现人生的意义和价值。例如，在中国封建社会，服装的不同颜色代表着不同的地位等级，服装颜色成了特定身份的象征符号。帝王一般穿着明黄色的衣服，高级官员和贵族一般穿着朱红或紫色的衣服，中下层官员通常穿着青绿色的衣服，衙门差役常常穿着黑色的衣服，囚犯穿着赭色的衣服。然而，随着社会的发展，服装颜色的等级象征已不复存在，只是人们又给色彩和款式赋予了一定的审美意义。

文化和交际之所以具有同一性，就是因为文化的这种符号性特征。文化是"符号和意义的模式系统"，交际被视为文化的编码、解码过程，语言被视为编码、解码的工具。在交际中，误解是常见的一种现象，要想尽力避免误解的产生而使交际顺利进行，就需要交际双方对同一符号具有一致或相近的解释。在交际过程中隐藏着一种潜在的危险，那就是差异，交际的顺利进行要求交际双方共享一套社会规范或行为准则。

（3）整合性

文化集中体现群体行为规则，某一群体所有成员的行为可能都会打上文化的烙印。因此，才有了中国文化、东方文化或西方文化等一些概念和说法，而主流文化又包含亚文化或群体文化、地域文化等。世界观、价值观等是文化的核心成分，社会组织、社会关系、社会地位等都属于文化范畴，文化规定着人们交际行为的内容和方式。由此可见，文化是一个由多种要素构成的复杂整体，在这个整体中，各要素互相补充、互相融合，共同塑造着民族性格。整个民族文化具有一个或几个"文化内核"，它发挥着整合文化的潜在作用。文化的整合性可以保证文化在环境的变迁中维持一定限度的稳定性。例如，在中国的传统文化中，融自然哲学、政治哲学和伦理哲学为一体的"天人合一"世界观以及"经国济世"等精神元素，作为中国文化的"内核"一直发挥着"整合"作用。因为不一样的文化具有不一样的核心特征，所以在价值观念、认知模式和生活方式上必然存在差异。如果交际双方不能理解对方的文化，就会导致交际冲突。

（4）民族性

文化植根于人类社会，而人类社会以聚居集中的民族为区分单位，因此文化也是植根于民族的机体。文化的疆界一般和民族的疆界一致，民族不仅具有体貌特征，还具有文化特征。例如，同为上古文明，古希腊、古印度、古埃及和古代中国的文化各有独特性；同为当代发达国家，日本和美国、欧洲就存在着文化差异。当一个社会容纳着众多民族时，就不可能保持文化的完全一致，其中必定包括一些互有差异的亚文化，使得大传统下各具特色的小传统得以形成。于是在民族文化的大范围内，多种区域性文化常常同时并存。

因此，文化具有选择性。每一种特定文化只会选择对自己文化有意义的规则，所以人们所遵循的行为规则是有限的。文化的这一特点导致出现了群体或民族中心主义，所以，跨文化交际对于我们来说非常关键。在人们的实际生活的交往过程中群体或者是民族中心主义是普遍存在的现象，人们往往会无意识地以自身文化为基准来解释或者是去评价他人的行为。然而，这种中心主义的观念会导致交际误解，并可能在一定程度上引发文化冲突。

3. 文化的分类

（1）从表现形式的角度

按照表现形式，可将文化分为物质文化、制度文化和精神文化，这也是当今比较流行的"文化三分法"。

物质文化是人类在社会实践中的物质生产活动以及产品的总和。物质文化是文化的基础部分，以满足人类最基本的衣、食、住、行等生存需要为目标，为人类适应和改造环境提供物质装备。物质文化直接对自然界进行利用与改造，并最终以物质实体反映出来。

制度文化是指人类在社会实践中建立的各种社会规章制度、法规、组织形式等。人类之所以高于动物，其根本原因在于人类在对物质财富进行创造的时候，也同时创造了一个社会环境，既为自身提供服务，又对自身施加限制。创造出一整串的用以调节内部关系，从而更有效地应对客观世界的组织手段。

精神文化是指文化的意识形态部分，是人类认识世界中的关系和完善自己的一种知识上的措施，包含有价值观等。精神文化是由人类在长期的社会实践活动和意识活动中孕育出来的，因此也称为观念文化，是文化的精神内核。

（2）从内涵的角度

从文化的内涵特点出发，可将其分为知识文化和交际文化。

所谓知识文化，涉及的是跨文化交际中没有表现出直接影响的文化知识，主要表现为一定的物质形式，如实物存在、艺术品等。交际文化主要涉及那些在跨文化交际的过程中有着直接影响的文化元素，主要以非物质的方式来展现。显然，在知识文化和交际文化中，交际文化是需要学者密切研究和关注的重点。在交际文化中，对内隐交际文化的研究又显得更为重要。因为只有深入研究不易察觉的、较为隐含的内隐交际文化，了解和把握交际对方的价值取向、心理结构、情感特征等，才能满足深层次交往的需要，如政治外交、商务往来、学术交流等。在交际文化中，生活方式、社会习俗等属于外显交际文化，易于察觉和把握，如世界观、价值观、思维方式、民族个性特征等，属于内隐交际文化，其往往不易察觉和把握，但更为重要。

（3）从层次的角度

按照层次的高低，可将文化分为高层文化、深层文化和民间文化。

所谓高层文化，又称"精英文化"，是指相对来说较为高雅的文化内涵，如哲学、历史、文学、艺术等。深层文化又称为"背景文化"，指那些隐而不露，但起指导作用和决定作用的文化内涵，如价值取向、世界观、态度情感、思维模式、心理结构等。可见，深层文化与前述所提及的内隐交际文化相当。民间文化又称"通俗文化"，是指那些与人们生活密切相关的文化内涵，如生活方式、风俗习惯、社交准则等。

（4）从价值体系和地位的角度

依照价值体系的差异，根据社会势力方面的强弱，可以将文化分为两种，一种是主文化，一种是亚文化。主文化与亚文化反映的是同一个政治共同体内的文化价值差异与社会分化状况。

所谓主文化，是在社会上占主导地位的，并被认为应该为人们所普遍接受的文化。主文化在共同体内被认为具有最充分的合理性和合法性。具体来说，主文化包括三个子概念：一是以权力支配为重点的主导文化。二是突出了主体文化在整个文化中的占主导地位，三是代表了某一时期主要影响和反映时代主要趋势的主流文化。其中，主导文化是在权力捍卫下的文化；主体文化是由长期的社会过程造就的；而主流文化是当前社会的思想潮流。

亚文化，也被称为"副文化"，是仅被社会上其中一些成员接受或者某个特定社会群体所特有的文化形式。亚文化的特点在于，其所含有的这个价值观和行为方式与主流文化有所不同，在文化权力的关系中处在一个从属的位置，并且在整体文化中占据较为次要的部分。亚文化又有休闲亚文化、校园亚文化、宗教亚文化等之分。一般来说，亚文化不与主文化相抵触或对抗。但是，当一种亚文化在性质上发展到与主文化对立的时候，就成了一种反文化。正如文化不一定是积极先进的一样，反文化也不一定是消极落后的。有时文化与反文化之间只是一种不同审美情趣的对立。在一定条件下，文化与反文化还可以相互转化。

（5）从民族文化比较的角度

通过对不一样的民族文化进行对比，还可以将文化分为具有评比性质的文化和没有评比性质的文化。

评比性文化是指有明显优劣、高下之分的文化。因此，是比较容易鉴别价值的文化，人们对它的态度也较为明显。例如，和平文化是一种优性文化，而暴力文化则是一种劣性文化；文化中的先进科技等为优性文化，而吸毒等则为劣性文化等。

中性文化，又称为非评比性文化，指的是不是特别明显的优劣或等级差异的文化，通常与人们的行为方式、风俗习惯等紧密相关，如行为方式、玩笑方式、禁忌等。例如，中国人习惯用筷子，西方人习惯用刀叉，有人说使用筷子有利于人脑发展，也有人说使用刀叉简单。这些观点并无对错，也无优劣、高下之分。承认并尊重非评比性文化，意味着承认各民族之间的平等，赞同各民族之间的文化差异。

4.文化的功能

（1）人生于世的基本需求

文化已经渗透到生活的每个角落，成了人类的基本生活需求。马利诺夫斯基认为，文化到现在已经成为满足人们三种需求的主要手段：基本需求，派生需求和综合需求。这些需求的满足方式受到文化差异的影响，但是归根到底人们求助于文化是想要正常而健康地存活下去。

（2）为人处世的一面镜子

从人们来到这个世界开始，文化就为人们提供了行为模式，引导人们的行为举止去符合特定文化的行为准则。有了文化的熏陶，人们才会逐步形成本文化的思维模式，并遵循一定的社会习俗、生活方式以及交往方式，从而能够在特定的文化中自由存在。失去了文化的引导，人们反而会觉得与他人的交往无法顺利进行，整个社会也会变得无序而凌乱。文化能教会我们利用人类历经数年的进化而积累起来的智慧，与他人、社会、自然和谐地相处，从而健康、顺利地向前发展。

（3）认识世界的锐利武器

文化能够帮助人们正确地认识世界，以及解决与文化相关的问题。文化的存在有其必然性，因为文化使人们清楚地认知和了解身处的环境。只有认识周围环境，才能以恰当的方式与他人、社会和自然交往，从而顺利地生存。

（三）翻译

1. 翻译的价值

"翻译是人类最复杂、最困难的活动之一，它涉及人的认知、审美、语言文化素养、对翻译的认识等诸多因素。"[①] 在人类社会发展的历史中，翻译是伴随着语言交际的出现而进行的。最初，各族人民之间的相互交往是通过口头语言翻译实现的，因此口头语言翻译必定早于书面语言翻译。而文字一经出现，各民族间的文字翻译也就越来越多。在当今社会，各国间的政治、经济、科技等各领域的交往日益频繁，所有这些交往都离不开翻译。翻译在人类社会前进过程中的价值与作用不言而喻，其肩负着时代和历史赋予的重任，与社会的进步、文明的演进、科技的进步创新以及人类的共同命运密切相关。

（1）翻译的语言价值

从形式上来说，翻译是将语言转变的过程。也可以这样去说，翻译从表面上看是一种符号改变的过程。完成任何翻译任务都需要经历符号改变的程序。若想要搞明白翻译的语言价值，那就需要先将涉及符号改变所引发的一些基本问题搞明白。

梁启超是对翻译问题有着深刻思考的学者之一，他在《翻译文学与佛典》一文中，从词语的吸收与创造、语法、文化之变化等方面，讨论了佛经翻译文学对汉语的直接影响，并提出了许多重要观点。梁启超的论述涉及语言转换中一个非常重要的问题，即源语中表达新事物、新观念的名词，如果译入语中没有相应的词语，译家有可能采取两种方法：一是沿袭旧名词；二是创造新词语。沿袭旧名

---

① 高华丽. 翻译教学研究 [M]. 上海：上海交通大学出版社，2020.

词有可能笼统失真，使得旧名词与新义不相吻合，起不到翻译的作用，于是创造新词语便成了译者努力的方向。可见，正是由于翻译，使汉语在不断创新中得到丰富与发展。如果说梁启超已经十分清醒地看到了佛经翻译对于"汉语实质之扩大"所起的重要作用，那么鲁迅先生则无论在认识上、还是在实践中，都把翻译视为改造语言、革新思维的重要事业去对待的。翻译并不仅是一种手段，而且本身便是目的。把外国语译成汉语，不仅仅是把外国人的思想、情感介绍给中国人，同时本身便是汉语自身的一种实验。或者说，翻译不仅是把外国人的思想、情感介绍给中国人，同时也把外国人的语言方式，也就是产生这种思想、情感的方式，一并介绍给中国。

从西方语言发展史来看，翻译对于语言改造的特别作用也在历史的进程中不断凸显。其中，马丁·路德翻译《圣经》便是一个具有深刻历史意义的例子。从路德当时所处的历史环境看，他翻译除了对德国宗教改革起到了实质性的推动作用外，还对德国语言统一与发展起到了开拓性作用。一方面，为了推动宗教改革，路德用德国大众的语言来翻译，这一革命性的尝试以"土生土长"的地方性语言为出发点，在翻译的过程中进行提炼，使其成为规范语言。另一方面，这种具有广泛大众意义的翻译语言的创立，不仅使新版《圣经》成为德国宗教改革的基石，更是扫清了中世纪的德意志语言的积秽，成为其后几百年里书面德语的典范。事实上，在欧洲，不仅仅是德国，在西班牙、法国、意大利等国，翻译都起到了培育现代语言的作用，使得与拉丁语这种公认的"文明语言"相对而言的"俗语言"，如西班牙语、德语、法语等，在翻译过程中不断丰富自身，在种种"异"的考验中显示了自身的强劲生命力，最终确立了自我。

当对翻译语言价值进行强调的时候，必须清楚在历史上，因为翻译策略的不当应用，过度关注翻译的"异化"，因而对目标语言形成了一些负面的作用。

（2）翻译的文化价值

翻译在全球文明进程中有着非常重要的地位。这与社会的发展、文化方面的积累与丰富以及文明的发展是密切相关的。目前，翻译界普遍认同一种观点，即翻译应该从"跨文化的交流活动"的视角来进行界定。这也暗示了我们在认识、理解和实施翻译时应该注重文化的重要性。

只要存在语言和文字的差异，无论是在单一国家或民族内部，还是说在各个国家以及各个民族之间，翻译都扮演着不可或缺的角色。相反，如果没有翻译，思想之间将不能够进行相互理解和交流，文化之间的互动也将受到限制，人类社会的进步也将受到阻碍。翻译的存在是为了满足人类相互交流的需求，因此，可以将其目的或任务归结为寻求思想沟通和促进文化交流。翻译通过克服语言障碍和改变语言形式的方法，旨在去传达某些意义、实现一些理解和促进某种程度上的交流。因此，将翻译看作是一种人们进行跨文化交流的一种活动的角度这样去理解就是一种正确的定位。从这个角度出发，可以更好地理解翻译在人类文化发展进程中所扮演的角色。

每一个民族的进步和发展都离不开传统的积淀，而随着时代的变迁，对传统的诠释和理解同样会被赋予一些新的意义以及新的内涵。对于各个民族之间的交流与发展而言，不一样的民族之间的语言和文化交流是不可或缺的需求。无论哪个民族都需要超越封闭的自我，并且具有一定的开放的程度与包容的程度，才能实现发展。无论一个民族的文化是多辉煌、多伟大，均不可能不去与其他文化进行交流。

在这种交流过程中，难免会出现碰撞甚至冲突，也正是在这种碰撞和冲突中，不同文化之间才能渐渐相互理解，相互交融。从某种程度上来说，这正是翻译的作用所带来的结果。可以说，翻译与文化的互动同在，正是因为有了翻译，世界人民之间才得以进行文化与思想上的交流。

此外，文化交流的一个重要方面是文学艺术间的交流，文学艺术的渊源是有民族性的，然而其社会功能是世界性的。人类在长期的文明发展史上积累了宝贵的精神财富和物质财富，这是属于全人类的。翻译建立起了连接不同民族与文化的桥梁，使得全世界各族人民可以享有人类祖先所创造的共同财富。

（3）翻译的社会价值

翻译在社会中具有重要的意义，主要表现在以下几个方面：对促进社会交流和发展起到了强大的推动作用；直接地影响了社会上一些重要的政治运动与变革实践；对民族精神和国民思维有着深远的影响。

①翻译对社会交流与发展起到了推动作用

翻译在本质上是基于交际的，其扮演着连接人类心灵的重要角色。翻译的存在是为了满足人类之间的交流需求。正是因为翻译的存在，人类社会实现了相互交往，由封闭开始向开放走近，由狭隘开始向开阔走近。因此，翻译活动拥有着明显的社会性质，其社会价值在促进社会交流与发展方面有着明显的体现。也可以这样说，如果没有旨在跨越文化进行心灵沟通的翻译活动，当下这个社会的发展成果将不复存在。

《影响中国近代社会的一百种译作》这本书揭示了翻译对中国近代社会的影响和推动作用，以及在哪些方面产生了影响。译作在不同程度上起到了推动中国社会文化发展的效应和作用，这些作用既有直接的，也有间接的；既有正面的，也有负面的；既有回返影响，也有超越影响。但无论如何，这些译作的接受与传播，均都无可争议地证明了其思想内涵深刻，并且通过具体的历史事实对社会产生了深远的影响。

②翻译对社会重大政治运动和变革实践拥有重要作用

翻译对社会的推动作用不仅仅体现在促进文化交流和语言传播方面，还直接影响着社会的重大政治运动和变革实践。把易卜生的《玩偶之家》这本书看作一个例子的话，人们就能够清晰地看到该作品的翻译在中国社会产生了深远的影响，尤其对我国妇女方面的解放运动起到了非常大的推动作用。

③翻译对民族精神和国人思维具有重要影响

翻译活动对国人思维产生了重要影响。在这方面，鲁迅先生是一个很好的例子。在 20 世纪的中国，可以说鲁迅是对翻译事业做出杰出贡献的最重要人物之一。在翻译上，鲁迅有两个独特的方面。一是鲁迅不同于那些只关注西方强国的译者，他对弱小民族的精神生活表现出了极大的关注和兴趣。鲁迅早年在日本时，便留心搜集被压迫民族的作品，并把这些作品译介给中国读者。因为鲁迅觉得弱小民族、被压迫民族与中国境遇相同，因而对中国读者更具有现实针对性，更能促使中华民族的反省和觉醒，更能激发中华民族的血性、热情和斗志。二是鲁迅希望通过翻译，改造汉语，从而最终改造中国人的思维方式。

（4）翻译的创造价值

实际上，翻译的创造价值体现在上面所论述的语言价值、文化价值以及社会价值中。从语言的角度看，为了真正导入新的事物、新的观念、新的思路，翻译中就不可避免地要像梁启超所说的进行大胆的创造。如果说文学是语言的艺术，那么在翻译活动中，语言符号的转换更是具有创造的特征，好的文学翻译不是原作的翻版，而是原作的再生。其赋予原作以新的面貌、新的活力、新的生命，使其以新的形式与姿态面对新的文化与读者。从文化的角度看，翻译中导入的任何所谓"异质"因素，都是激活目标语文化的因子，具有创新的作用。从社会的角度看，任何社会活动都必须以交流为基础，交流有利于思想疆界的拓展，而思想的解放又构成了创造的基础。

翻译的创造性既寓于翻译活动的本身，又体现在翻译活动的整个过程之中。而翻译打开的新的世界，更是为人们进行新的创造起到间接但却广泛的作用。此外，在探讨翻译的创造价值时，还有一个非常有趣的现象，那就是在"创造"两字之前，有一个限定词"再"。这一个"再"字，连接着源语文化与目标语文化，也连接着具体翻译过程中所涉及的源语与目标语，原作与译作。"再创造"提醒人们不要割断两者的血脉关系，同时告诉人们，任何创造都不可能是凭空的创造，而应该是一个继承与创新的过程。当"本我"意欲打破封闭的自我世界，向"他者"开放，寻求交流，打开新的疆界时，自我向他者的敞开，本身就孕育着一种求新求异的创造精神。这种敢于打开封闭的自我，在与"异"的交流、碰撞与融合中丰富自身的求新的创造精神，便是一种翻译精神，而这种翻译精神也构成了翻译的创造功能的源泉。

（5）翻译的历史价值

对于翻译的历史价值，可以从以下两个方面理解。

一是翻译在人类历史发展中做出了重大的贡献。人类发展史的每一次重大进步都离不开翻译活动。例如，9世纪的加洛林王朝的古典文化复兴，15—16世纪的文艺复兴，其都是以翻译为先锋的。

二是从历史的发展观来看，翻译有其自身不可避免的局限性。就具体的翻译活动来说，无论是对原作的理解还是阐释活动，都不是一个译者一次就能彻底完成的。而对那些艺术个性强的原作来说更是如此。但是认识到翻译的历史局限性并不是坏事，相反是为树立翻译的历史价值发展观奠定了基础。换句话说，一方面，可以通过人类的翻译活动考察人类历史的发展；另一方面，也可以从历史的发展来看翻译活动不断丰富的内涵和不断扩大的可能性。

2.翻译的分类

（1）不同标准下的分类

根据不同的标准，可以将翻译进行不同的分类，具体如下。

①根据翻译的处理方式，翻译可分为全译、摘译和编译。全译是指对原文文本的语篇和内容进行完整的翻译，这也是翻译实践中最为常见的方式。摘译是指根据译文使用者的需要，仅对原文文本的某些部分进行选择性翻译。编译则是指在对原文文本完整地或有选择性地翻译的同时，对译文内容进行进一步的加工、取舍、调整、扩展或重组。

②根据翻译的手段，翻译可分为人工翻译和机器翻译。人工翻译又可分为口译和笔译。机器翻译是现代智能科学和现代对比语言学相结合的产物，可望在某些领域代替人工翻译。

③按翻译的工具和成品形式，翻译可以分为口译和笔译。

④根据翻译所涉及的语言的形式与意义，翻译可分为语义翻译和交际翻译。语义翻译在译入语语义和句法结构允许的条件下，尽可能准确再现原作上下文的意义。交际翻译则追求译文读者产生的效果尽量等同于原作对原文读者产生的效果。

⑤根据翻译的题材，翻译可分为专业文献翻译、文学翻译和应用文体翻译。

⑥根据译者在翻译时所采取的文化姿态，翻译分为归化翻译和异化翻译。归化翻译就是通常所说的意译，是指把在源语文化语境中自然适宜的成分翻译成译入语言文化语境中自然适宜的成分，使得译入读者能够立即理解。异化翻译就是通常所说的直译，是直接按照源语文化语境的适宜性翻译。

（2）语内翻译、语际翻译和符际翻译

翻译是用另一种语言解释原文的语言符号。从符号学的角度，即按所涉及的两种代码的性质，将翻译分为语内翻译、语际翻译和符际翻译。下面就分别对这三种翻译进行介绍。

①语内翻译

语内翻译就是同一语言间不同语言变体的翻译，如把用古英语写的《贝奥武甫》译成现代英语，把用古汉语写的《史记》译成现代汉语，把长沙话译成普通话，把黑话译成普通语言等。也就是说，语内翻译是用同一语言的另一种符号来阐释其言语符号。英语学习中解释疑难句子常常用到的"paraphrase"实际上也是一种语内翻译，即同一种语言内部的翻译。

语内翻译不一定要指向某个预设的真理，还可以沿着不同的路线向导不同的目的地，唯一能够确定的是，对同一文本的阐释有着共同的出发点。某种程度上，语内翻译不需要将意指对象完整真实地显现出来，其仅是一种表现形式，体现着人类精神的相互沟通和相互阐发的过程，人类精神文化的不断创造过程使人类的文化不断地丰富起来。

②语际翻译

语际翻译是一种语言的符号与另一种语言的符号之间的口头或笔头的转换，如英译汉、汉译英等。也就是说，语际翻译是运用另外一种语言的符号来阐释言语符号。语际翻译就是人们通常所说的翻译，即狭义的翻译。语际翻译意味着两种或多种语言在它们共同构成的跨语言语境中进行的意义交流。

语际翻译是对原文符号在另一种文化中的解读，原文中所有的符号都置身于一个宏观的文化背景之中，或称非语言符号体系之中。要想达到语际翻译层面的对等，就要使处于源语文化中的符号在目的语文化中进行正确的解读与传译。从符号学的角度来讲，一个语言符号的指示意义由三种意义共同构成：语义意义、句法意义和语用意义。如何正确地传达出这三种意义是实现语际翻译的重点。

③符际翻译

符际翻译是语言与非语言符号或非语言符号间的翻译，语言与手势语间的翻译，英语与计算机代码间的翻译，数学符号、音乐符号、手势语与旗语间的翻译等都属于符际翻译。换句话说，符际翻译就是运用非语言符号系统来阐释语言符号。

符际翻译是指原文符号在非语言层面上的解读。其并不传递原文的意义，而是传递对原文的直接感觉，是对作为基于图像符号意义本身特性的翻译。具体来说，符际翻译对等表明了原文与译文的一些相关的物理特征。英汉差异使译文在长度、标点符号使用上难以达到对等，但在符际层面上至少要达到外观结构上的大致对等。

3. 翻译的过程

翻译活动的过程是一种思维过程，而且是一种有别于任何其他语言活动的思维过程。翻译的过程主要有四步：一是对原文进行解码；二是把原文信息转化为译文信息；三是对译文进行编码；四是对译文进行检验。在这里，奈达把本来复杂丰富的翻译过程简化成了近乎公式化的语言转化模式，但并未回答译者对原文的解码有无重要影响，译者对原文信息转化为译文信息这个过程有无重要影响，以及译者对译文的编码有无重要影响这些问题，而这些问题无一不与译者有着密切的关系，并且这些问题都不可能在纯语言的层面得到解决，只能靠译者根据具体的情况能动地加以解决。

译文是读者以读者的身份理解原文作者的意图，并将这些意图再创造地传递给另一种文化的读者群的语言表现；译者无论作为原文的读者还是作为译文的作者，其所起的作用都是积极的、创造性的，译者对翻译的操作过程绝不仅仅是被动地接受原文和纯客观地再现原文，而是在基本忠实原文的基础上创造性地再现原文。这就涉及译者的主体性，即译者在翻译过程中对翻译文本的选择理解与对译文的表达。

对于翻译的过程，理解、表达、审校的阶段划分比较合理，对中国学生学习翻译更有指导意义。其中，理解是表达的前提，没有准确、透彻的理解，就不可能有准确、透彻的表达。对初学翻译的人来讲，在时间允许的前提下，对原文至少要阅读三遍。第一遍初读原文，掌握全文大意和中心思想，将疑难词做上记号；第二遍细读原文，查资料解决疑难问题；第三遍通读原文，做到完全理解原文的精神。

总之，在翻译过程中译者必须付出艰辛的努力。具体来说，既要加强翻译技巧训练以及语言文化的学习，又要努力提高自己的翻译理论水平，充实自己对翻译作品的审美经验，在不同的文化和语境背景下，充分考虑原文作者的情感和意图以及译文读者的需要和喜好，从而综合运用各种翻译原则，达到最好的翻译结果。

（1）文本的选择

翻译首先涉及对翻译文本的选择。译者主体性是指作为翻译主体的译者在尊重翻译对象的前提下，为实现翻译目的而在翻译活动中表现出的主观能动性，其基本特征是翻译主体自觉的文化意识、人文品格和文化审美创造性。

从某种意义上说，译者的主观能动性在译者动笔翻译之前就已开始发挥作用了。在这个阶段，译者的主体性主要体现在对翻译文本的选择、翻译的文化、目的以及翻译策略的确定等方面，选择适当的翻译文本是译者开始翻译活动的前提。通常情况下，译者通过自己阅读或他人的推荐、评价等途径，形成对原作的初步印象，然后会自觉地调动自己的文化意识、鉴赏能力、审美情趣等已有知识结构，对这一印象进行初步的评价与批评。当这一印象与译者的知识体系相近或吻合的时候，译者多表现为对原作文本的肯定与接受。反之，则表现出对文本的否定与排斥。可见，选择什么样的翻译文本，多是译者根据自己个人的喜好而定，体现出了译者强烈的主体意识。不仅如此，文本选择得当也有利于译者主体性的发挥，使译者的风格自然地融于原作者的风格之中，从而产生成功的译作。

翻译的文化目的也是译者在动笔翻译之前主观上已确认了的，翻译不仅是语言符号的转换，更是文化内涵的交流与碰撞，而译者正是这一交流与碰撞的倡导者和实施者。从文化层面上来说，翻译的根本目的是借助翻译文本为译入语提供新的话语，支持或颠覆其主流地位。也就是说，译者在文化目的上有两种选择：一是引入外域文化来论证、坚固本土文化的主体地位；二是引入外域文化来挑战、质疑本土文化的正统地位。译者的选择取决于他对两种文化的感知和认知程度，这也是其主体性的重要体现。翻译的文化目的在很大程度上影响着翻译策略的确定。基于宣扬本土文化的目的，自然会使译者在翻译中凸显本土文化的优势，因而多采用归化意译的手法，而基于挑战本土文化的目的的翻译则会使译者采用张扬异域文化的风格，因而多采用异化直译等手段。此外，译者的读者意识也是影响翻译策略确定的重要因素。在读者对异域文化认识的初级阶段，译者要更多地借助本土文化来传播介绍异域文化的内涵；当读者对异域文化有了一定的认识后，其审美期待也必将随之提高，此时就不能再过多地依赖本土文化，否则就会显得很不合时宜。

（2）文本的理解

理解是翻译活动的基础，没有正确的理解，就不可能产生正确的译文。无论英语还是汉语，每篇文章都有一个总体构思，文章中词句的含义都与整体内容密切相关。所以，理解原文首先要通读全文，领略整个篇章的大意，而不是拿到文章便开始一字一句翻译。在对全文有了大致了解之后，应着重理解一些比较难的句子或段落，其中包括仔细推敲词义、分析语法、明晰各分句之间的关系。

在翻译实践中常会遇到一些理解难点，在英译汉中，由于英语词汇的词义比较灵活，一词多义的现象比较普遍，许多英语词汇的确定的、充分的词义不在其本身，必须结合上下文才能准确理解。所以英语中有这样的说法："No context, no text." 例如，Battery-electric cars are the most familiar of the alternative-fuel lot. They have been around for years, but limited by short range and long charge time. 翻译为：电池动力车是人们最熟悉的使用非传统燃料驱动的汽车。这类车出现有好几年了，但受到行驶路程短和充电时间长的限制。

上例中的 charge 在英语中既可以是名词，表示"货物、主管、指控、收费"等；也可以是动词，表示"控告、嘱托、冲锋、使充满"等。可以判断例句中的 charge 是名词，但这并不能帮助我们从 charge 当名词讲时的众多意思中确定其意，还必须根据整个句子的逻辑结构来进行判断。句子的主语是 battery-electric cars，显然这里的 charge time 指的是"充电时间"。

除了词汇意义的理解外，英译汉中另一个理解难点就是由于不熟悉英语的习惯表达方式，从而容易导致望文生义。例如，It was zero hour and the surgeon began the operation on him.

误译：零时，外科医生开始为他动手术。

正译：关键时刻，外科医生开始为他动手术。

此外，一些英语长句的理解也是比较困难的。译者应该按照语法规则，分析清楚句中各成分之间的关系，如先搞清该句是简单句还是复合句。若是简单句，则首先要确定其主语和谓语动词，然后再逐个确定其他附属成分或修饰语之间的关系等。若是复合句，则首先要确定是并列复合句还是主从复合句，若是并列复合句，则按简单句的方法对各并列子句进行分析。若是主从复合句，则先分别确定主句和从句，而后弄清各子句的类型，然后再按简单句的方法分析每个句子。

（3）文本的表达

表达是在实现由源语向译入语信息转换的关键。表达的好坏取决于对源语的理解程度和译者实际运用与驾驭译入语的能力。

就译入语而言，在表达方面首先要做到遣词准确无误，其次还要考虑语体、修辞等因素，切忌随便乱译。例如，a little, yellow, ragged, lame, unshaven beggar，语义比较清楚，有人将其译为"一个要饭的，身材短小，面黄肌瘦，衣衫褴褛，瘸腿，满脸短髭"。这就在表达中出现了各种语体混杂和遣词失当的错误。例如，译者没有弄清汉语的"髭"相当于英语的 moustache，且为书面用语，而"要饭的""衣衫褴褛"等词并不属于同一语域。另外，表达还受社会方言、地域方言、作者的创作手法、写作风格以及源语的影响。

在表达时还必须根据具体的情况选择合适的语言单位。如果把句子作为翻译单位，在句子内部又要考虑词素、词、词组、成语等作为翻译单位的对应词语，同时在句子外部还需考虑句子与句子之间的衔接和风格的统一等。由于两种语言之间的差异，译者在翻译单位的对应方面仍会遇到表达的困难。因此，译者必须对两种语言不同的特点进行对比研究，从而找出克服困难的某些具体方法和技巧。

在表达时还要处理好内容与形式的关系。任何语篇都是内容与形式的统一体。内容的表达需要借助一定的形式，特定的形式往往用来表达特定的内容。因此，要做到忠于原文，就要求译者既要善于移植原文的内容，也要善于保存其原有的形式，力求形神具备。所谓形式，一般包括作品的体裁、结构安排、形象塑造、修辞手法等，译文应尽可能将这些形式表现出来，借助"形似"更充分地表达原文的内容。例如，Henry Kissinger had slept there before, in July and again in October.

译文 1：在此之前，亨利·基辛格曾经两度在这里下榻，一次是 7 月，另一次是 10 月。

译文 2：这之前，亨利·基辛格在 7 月和 10 月两次在这里过夜。

译文 3：7 月和 10 月，亨利·基辛格曾经两次在这里睡觉。

本例中的 Henry Kissinger 指美国前国务卿，语体风格比较正式。因此，在翻译时不仅要准确传达语义，同时也要将语体风格表现出来。本句的三种译文都比较好地传达了原文的语义，表达也都通顺自然，但在表达形式方面却存在一丝差异。译文 1 语体风格比较正式，如"两度""下榻"；译文 2 语体风格居于正式与口语之间，如"两次""过夜"；译文 3 则倾向于口语体，如"两次""睡觉"。

综上所述，译文 1 优于译文 2 和译文 3，因为译文 1 形神兼备，充分表达了原文的内容和形式，更加忠实于原文。

（4）文本的分层

在表达的过程中，译者必须在四个层次上对原文和译文负责，即文本层次、粘着层次、自然层次和所指层次。

①文本层次

文本层次是指原文的字面意义，这是译者首先关注的层次，任何翻译都不能离开原文。原文是翻译活动的起点，也是终点。人们常说，同一个意思，可以有几种不同的表达方法，同一句话，用主动语态还是被动语态，直接引语还是间接引语，有时候差别是很大的。词汇的选择也是如此。在一定的语境中，原文作者最后采纳的那个词，与其同义词也肯定是有区别的。因此，在翻译时，不妨多加思考。当然，由于英汉两种语言受各自国家的文化影响甚深，在语音、语法、语用和词汇各方面都有着很大的差别。如果死扣原文，完全按原文的字面意义逐字翻译，就可能产生不符合译入语习惯的，甚至是错误的句子来。

②粘着层次

每种语言都有自己独特的衔接方式，衔接方式实际上反映了本族语说话者独特的思维方式。因此，在翻译时不能完全照搬原文的衔接方式，而必须在充分理解原文的基础上用合适的语言去组织译文。粘着层次主要指在段落和语篇的层面上对原文的忠实。有些译文看上去每个句子都是正确的，但是连在一起阅读时却感觉很别扭，不顺畅，这是因为英汉两种语言在语法，尤其是词序上，有着很大的差别。另外，英语和汉语句子的长短与标点规则也很不一致，英语的句子有时可能很长，从句多，译成汉语时需要在适当的地方断句并做必要的调整。总之，译文要通畅，必须在充分考虑到两种语言的语篇差别的基础上，仔细地"衔接"好每一个句子，使之成为一个连贯的整体。例如，The English arrived in North America with hopes of duplicating the exploits of the Spanish in South America, where explorers had discovered immense fortunes in gold and silver.Although Spain and England shared a pronounced lust for wealth, differences between the two cultures were profound.

误译：英国人抱着和西班牙人开拓南美洲一样的动机来到北美洲，西班牙的探险者在南美洲发现了大批金银财宝。虽然西班牙和英国都同样明显地贪图财富，但是两国的文化却存在着很大的差异。

正译：当年西班牙探险者在南美洲发现了大批金银财宝。英国人来到北美洲的动机也如出一辙。尽管两国对财富的贪欲同样强烈，但是两国在文化上却存在巨大的差异。

原文中的第一句含有一个定语从句，误译将其拖在主句的后面，结果两个句子之间的衔接显得非常别扭，整个段落支离破碎。正译中根据汉语习惯按时空顺序组织句子的规律，将原文中的定语从句译成汉语后放在主句之前，这样整个段落就比较连贯了。

③自然层次

自然层次是对译文行文的基本标准。对所有类型的文本，译文都必须自然流畅，符合译入语的习惯。只有极少数例外的情况，初学翻译的人可能常常译出很别扭的译文来，除了本身文字功底尚欠火候之外，主要是过于拘泥原文，选词用字照抄词典，不顾上下文是否合适，过于拘泥原文的句子结构，如词序等。例如，

It takes fifteen minutes to get there on foot.

误译：需要 15 分钟才能步行到那儿。

正译：步行到那儿需要 15 分钟。

例中的误译完全是按原文的词序翻译的，把不定式放在句末。汉语中虽然并非绝对不可以这么说，但总有些不太自然。

在翻译过程中，经常会发生译文不自然、不符合译入语习惯的情况。要消除这种现象，译者必须在理解原文的基础上努力排除原文的干扰，用地道的译入语文字表达原文的意思，做到既忠实于原文，又流畅自然。译者可以在完成初稿以后，把其"晾"在一边，过一段时间后，再去看看有什么不自然的地方，也许可以发现很多意想不到的问题

④所指层次

所指层次是指译者对原文所指意义的把握。原文说什么，译文就要说什么，这是对翻译的起码要求。但是，原文的字面意义有时候并不是很清楚。译者必须透过这层文字的迷雾，看清楚真实的画面，并将其准确地描绘出来。这时，由于两种语言的差异，译入语的文字和原文就可能会有一定的距离。在汉译英时，我们常常以为自己在理解上不会出问题，但事实并非如此。在翻译实践中，我们甚至往往会发现很幼稚的理解错误。

⑤文本的审核

审核是翻译过程的最后一步，也是理解与表达的进一步深化，是对原文内容的进一步核实，对译文语言进一步推敲的阶段。审校的目的主要有两个：一是检

查译文是否精确；二是检查译文是否自然、简练。

国内外翻译学者都非常重视译文的审校工作，纽马克主张用来审校的时间应该是翻译所用时间的 50%—70%，即使是考试，如果时间为 3 小时，审校时间也至少需要 35 分钟。此外，在环境许可的情况下，可以朗读一下自己的译文，亲耳听一听，对译文的修改也很有好处。

通常情况下，译完之后至少需要审校两遍，第一遍对照原文着重审校内容，第二遍着重润饰文字。如果时间允许，再把已审校的译文对照原文通读一遍，做最后一次检查、修改，务必使所有问题都得到解决，译文才算是定稿。具体来说，在审校阶段应特别注意以下几点。

一是审校人名、地名、数字和方位是否有错误。

二是审校译文中大的翻译单位，价差有无错漏、误译或欠妥之处。

三是审校专业术语是否正确。

四是审校成语以及其他固化的表达结构，包括各种修辞手法和修辞习惯。

五是校正错误的标点符号，使其符合目标语的语言规范。

六是力求译文没有冷僻罕见的词汇或陈腔滥调，力求译文段落表达自然、简练。

二、语言与文化的关系

从翻译的角度研究语言和文化必须审视翻译的直接对象——语言在文化体系中的位置及它们之间的互动关系。文化被理解为物质文明和精神成就的总和。对文化的广义理解自然包括作为人类存在重要条件的语言及言语交际的其他方面。

语言是文化的一部分。作为社会成员，每个人都要掌握某种语言，并同时也就掌握了语言中所包含的该社会的文化。语言是作为总的文化的一部分代代相传的。社会和语言互相不可或缺。只有在社会环境中，语言才能发展，而人类社会也只有在人们共同地使用语言进行交际的情况下才能存在，语言不仅是文化的重要组成部分，还是政治凝聚的重要力量。

（一）语言是文化的一部分

无论对语言下何种定义，语言都是人类所特有的、后天习得的一种文化能力。

语言作为一种符号系统和思想构建和言语交际的工具，是文化的重要组成部分。语言不能脱离文化而存在，不能脱离社会继承下来的各种做法和信念，这些做法和信念的总体决定了人们生活的性质。

语言是一种文化现象，既是民族文化的重要表现形式，又是民族文化的主要建构手段和传承手段。语言深深植根于社会生活中，不了解语言的社会文化背景就无法理解这种语言的确切含义。可以认为，语言结构和功能使用的特点是相应语言或种族集体文化的体现。但是，语言与其他文化成分的联系是复杂而间接的。周围的世界、人的精神生活和行为以一定的认知结构的形式，反映在人的意识中，这种认知结构同样在语言范畴和形式中得以实现并进行结构转换。认知结构，特别是语言的形成和发展不仅受到外部因素，即其他文化成分的影响，而且以自己内在的规律为根据，这些规律确定了认知结构和语言体系是作为整体构成而存在的。

语言在文化结构中的归属问题是一个争论性的问题。有人把语言视作物质文化的范畴，也有人把语言视作精神文化类的制度文化范畴，因为语言与制度文化一样具有象征性、约定性和共享性等特征。语言是一种十分独特的文化现象。它具有其他文化现象的特点，但又不能轻易归属于哪种文化现象。语言与意识文化关系密切，没有语言就没有思维没有意识。人们常把语言称作思维的外壳和工具，这足见其与意识文化的关系达到何种密切的关系，因此，人们大多把语言列为意识文化。然而，语言本身不是观念性的东西，恰恰相反，其是由声音、墨迹等物质组成的符号系统。同时，语言又总是以言语活动的形态存在着，言语活动属于行为文化活动。所以，语言是兼有意识文化、物质文化、行为文化三种品格而又不能简单归于某一种文化的特殊文化现象。确实，把语言视作物质文化或精神文化的观点都是片面的。物质性只是语言作为音义结合的符号系统的特征之一，作为物质外壳的语音如果脱离了特定的意义内容就丧失了其存在的基础。另外，语言只是意识和思维的基础和物质形式，它不等于意识，也不等于思维。

语言是文化中的特殊文化，其特殊性在于其他文化大多是单义的，如政治文化、经济文化、历史文化、饮食文化、服饰文化等，而语言作为人类交际、思维及信息的载体和工具，不仅记录和传承着其他文化，且语言系统本身就是一个色彩斑斓的文化世界。

　　承认语言是文化中的特殊文化并不等于在文化结构中找不到语言应有的位置。文化作为一个整体，其结构的各个部分间存在着密切的关联性。如果宽泛地理解行为文化，即行为有物质基础，受意识的支配，行为的结果具有物质性，并对意识产生影响，应该把语言归于行为文化，所谓言即行。

　　总而言之，语言和文化不是互相并行的概念，而是一种包孕的关系。语言作为文化的一部分，因此它具有文化的一切特征。

（二）语言是文化的载体

　　文化作为一种复杂的符号系统，是唯一能够储存社会经验并从上一代传到下一代，从上一个时代传到下一个时代，从一个国家传到另一个国家的机制。文化的储存和传递功能是通过语言这个载体来实现的。语言是人类思想的物质外壳和形式，又是人类传达思想和感情的交际工具及最重要的信息媒介。语言是在一定的人类共同体与一定的周围环境的交流过程中逐步发生与形成的，这一方面表明了一种语言体系必定伴随着一个特定的文化体系的形成而形成，并成为这一体系文化特质的重要体现物；另一方面也决定了不同人类共同体的语言必然不尽相同，从而造成了整个人类语言所呈现的复杂多样的形态。语言的产生为文化的积累创造了条件。如果对语言持广义的理解，可以毫不夸张地说离开语言，文化就无从谈起。语言是文化的符号，是文化的写照。

　　语言之所以能够成为反映民族文化的镜子，是因为其具有载储功能。载储功能指语言具有反映、记录和储存信息的能力。在文化发展的各个阶段，语言深刻地反映着社会生活的各个侧面，并将其固定下来世代相传，成为民族文化和知识的载体以及集体经验的贮藏器。一个事件在社会生活中占有的位置越重要，在语言中留下的影响就越广泛、越持久。文化因素积淀在语言系统中，反映一个民族的社会、历史、文化、心理的特征，如思维方式、价值观念、社会习俗、宗教信仰以及心理状态等。

　　"众志成城""金城汤池"等成语反映了中国人所特有的民族文化心态，即习惯用墙壁、篱笆等来保护群体和家庭的领域和利益。在崇山峻岭中看到一处"缺口"，英语用"pass"一词表示，于无路处找到了一个通道；汉语则说那是个"关"，该建一座城墙开个门将其"关"上。同一个词在汉英两种语言有完全不同的语义内涵，一个表示"堵"，一个表示"通"，其深层原因在于两个民族的不同思维方式和民族心理。

（三）语言和文化的相互影响

语言是文化的符号，文化是语言的轨迹。好比镜子或影集，不同民族的语言反映和记录了不同民族特定的文化风貌；犹如管道或轨道，不同民族的特定文化，对不同民族的语言的发展，在某种程度、某个侧面、某一层次上起着制约的作用。

语言与文化就是处在这种密不可分、相互影响、相互制约的互动关系中。语言是文化的符号，是文化形成和发展的基础。文化影响着语言，在语言的词汇、语法、篇章结构、文体风格等方方面面无不渗透着文化因素。语言反过来也作用于文化。世界上不存在没有语言的文化，也不存在没有文化的语言。

1. 文化对语言的影响

语言作为人类最重要的交际工具、思维工具和信息工具，必然要打上人类文化的种种烙印。

文化作为创造语言的动力和语言表达的内容，在语言与文化两者之间起着主导作用，制约着语言的产生和发展。文化对语言的影响是全方位的，不但决定着语言的内容和方式，还规定着人们的语言观念。同时，文化对语言的影响是不均等的，反映在词汇上最明显、突出、集中，而反映在语音、语法、言语的使用和语言系统本身上则比较含蓄、隐蔽。

汉语中亲属称谓繁多反映着汉族人强调血缘亲疏、系别的宗法社会制度。赵元任先生在《中国人的各种称谓》一文中列举了114种对于亲属的称谓，每种又有正式名称、直称及比较文气的称呼之分。在词层，汉语的伯父、叔父、舅父、姑父、姨父等称谓，在俄语中都是用同一个单词表达的。汉语中意义截然不同的姐夫、妹夫、大伯、小叔、内兄、内弟等称谓，在英语里均用"brother-in-law"笼而统之。

在操汉语的人看来，"红"往往象征昌盛、幸福和幸运，但在以英语为母语的人眼中，具有类似象征意义的却是"绿色"，而红色常使人联想起"危险""极端"等。汉语中的"松、竹、梅"能使汉族人联想到"岁寒三友"，具有斗霜傲雪、高风亮节的伴随意义，但英语和俄语中却不能令使用这两种语言的人产生联想，也不具有类似的伴随意义，在翻译时需要揭示出来。

在句法层次上汉语是一种意合语言，区别于印欧语言，其不具有繁复的变格、变位等形态变化，因此汉语的结合不受形态成分的约束，而主要取决于语义上的搭配是否合乎事理。汉语的这种文化特征和汉族人在哲学上重顿悟不重形式论证，在艺术上主张"神似"的悠久文化传统是分不开的。

许多学者认为，汉语排比对偶格的昌盛与中国传统思维中二元对待观及汉民族喜欢追求平衡与对称的心理有着必然的联系。所谓二元对待观，即认为任何事物都包含相互对立的两个方面，并相互依存、相互转化与相互包含。这种观点在某种意义上是正确的，但在讨论民族文化对语言的影响时，必须认识二元对立和对偶排比首先是一种普遍的现象。自然界和人类生活中相互对立、平行的事物是无处不在的客观现实，如自然界的日月、水火、冷热、香臭、明暗、雌雄、山河、湖海，人类生活中男女、长幼、大小、长短、粗细、轻重、多少、快慢、好坏、善恶等。在语言产生之前，人类在认识这些客观现实的过程中，应该已经具备了这种对偶与排比的思维方式。在产生语言之后，这种思维方式就由语言来表达。经过一段时间，在语言中使用的对偶、排比的表达方式就会逐步凝固这种思维方式，使之成为思维定式。这种定式在其不断的发展变化中对语言产生了制约作用。但是，这种思维定式对不同语言的作用力是有区别的。

汉字的结构特点与汉民族传统思维方式的形成和发展也有着密切的关系。汉字中的象形字很明显是以近似图画的形式来表达字义的，有直观的特征。指事、会意乃至形声字，亦同样是通过字形而知字义的。这种汉字的构字特点正反映了汉民族思维方式的重直觉、重整体的特征。汉字的表意性质，使其结构与特定的社会文化背景，尤其是上古时期的背景有着密切的联系。通过古文字的字形可以分析研究上古文化的传统，如玉石的雕刻、玉器的大量使用与普遍推崇，是我国古代文明的一个传统特征。

2. 语言对文化的影响

在看到语言受文化制约的同时，还应该看到语言对文化的反作用。语言的产生和发展是文化形成的基本条件，因为语言是人类最重要的交际工具和思维工具，没有语言就没有人的交际能力和思维能力，当然也就不可能有人的文化的形成和发展。语言是文化的符号，与文化结成能指与所指的关系。

物质文化、精神文化这两者的形成、发展和传播，都与其所使用的符号具有相关性。对语言符号的意义进行了直接的认知和掌握后，也就间接对这些符号所代表的对象的内容有了认知和掌握。同时，也能够理解人们赋予这些符号的意义和价值。这样，信息就会在思想和知识中被内化，使之在构建文化世界的时候起到一定的作用。人们可以通过语言中的借词来观察到语言对文化的影响。

语言是开放的，其可以通过借用其他语言的词汇来介绍与传播不同族群的文化。如果这些借词被长期广泛地使用，就会逐渐融入本族语言的词汇当中，并且这些词所指代的事物会悄悄地对本民族的文化产生影响。

物质文化和精神文化都会互相影响。在佛教传入中国的过程中，汉语从佛经中吸收了很多词汇，汉语的词汇库也由此变得更加丰富，比如"佛""塔""寺"等，数不胜数。以上词语经过千年的传承，一直沿用至今，成为汉族社会生活中处处可见的词汇。这些词汇的广泛使用促进了佛教文化在中国的传播，逐渐融入了中国主流文化。虽然大部分中国人并不是真正的宗教信徒，但这些词语已经渗透到人们的心灵中，潜移默化地影响着每个人的世界观、价值观和宗教观念。这表明语言对于文化的影响力是显而易见的。

三、翻译与文化的关系

翻译拥有一种"文化传播性"，以上正是因为语言作为文化的载体和文化本身的独特性所决定的。每个民族都拥有自身独有的生存环境，以及民族自身的发展历程，翻译活动不只是将语言符号转换的手段，还承载着传递文化价值和再现文化意义的相关交际方面的任务。翻译肯定会与民族的政治历史内涵、语言文字形式等各种因素相关联。翻译的基本任务是把陌生的文化概念与信息，变成读者们能够理解并且能够接受的内容。文化翻译很难，因为其直接关系到文化交流与文化传播等各方面的效果。好的文化翻译可以促进文化交流和传播，但翻译不当则会带来一些不好的影响。

从文化自身的实力的角度来说，文化具有强势与弱势之分，其影响着翻译进行的形式。通俗来讲，强势文化在很大程度上决定着译者翻译什么样的作品、如何进行翻译，虽然这也受译者本身的文化身份、文化环境和文化背景的制约。翻译既然是两种语言和文化的转换活动，那么强势和弱势文化在选材上可能会出现失衡现象。例如，很多人或许都了解，罗马人对希腊的征服犹如一种占领和控制，罗马人在心态上带有很强的自豪感，并且对希腊文学也表现出极大的剥削性，罗马人已经到了随意翻译希腊文学的地步。

翻译可以看作是两种语言体系的交流，同时也是两种互为不一样的文化之间的交流，甚至涉及不同程度的文明的交流。翻译过程的决定因素不仅仅取决于语言因素，还涉及社会因素和心理因素。转换活动涵盖的范围不仅限于语言，还包括形式和文化。所以说，在翻译的时候，应该考虑到交际语境的因素。而这种交际语境所关联的就正是文化要素。文化有两面性，文化一方面具有共同性，这也就意味着任何文化之间都有交叉的部分，这种交叉是可译的基础；文化另一方面也具有多样性，这是难译的根源。翻译中的原文很重要，对原文的理解也是关键的一步，然而翻译的最终成品也是需要表达出来的。举个通俗的例子，一篇文章不仅向读者传播了一定的文字知识，还向读者传播了特定社会条件下所形成的文化。这就表明，译者不能仅仅从字面意思对原文进行审读，否则原文的精神实质就不会传达到译者，那么接下来的译文也就难以成为理想的成品。因此，译者需要准确分析原文的文化意义，然后再进行翻译。归根结底，译者本身也是一个文化个体，不管其是否真正地意识到这一点，但译者确实受到自身文化身份的影响，这种影响会贯穿翻译过程的始终。

在具体的翻译实践过程中，译者需要考虑具体的交际语境，在文化共识的基础上，对译文进行有针对性的翻译，从而使译入语读者了解原文信息，明确作者所要传达的感情。翻译主要包括理解和表达两个关键步骤，对文章的理解是译者进行翻译的前提，表达是翻译的最终结果。这就是说，译者要从原文中找到和译入语文化背景相关的部分，针对原文中的文化特色，使用体现译入语国家的生活模式的语言进行得体翻译。在文化对翻译过程的影响下，翻译应该主要分为以下步骤进行：第一，准确分析和翻译源语中的文化信息。第二，考虑文化交流的目的。第三，进行译文文化传达。

文化对翻译过程的影响除了表现在原文文化对译文表达的影响之外，还表现在译者自身文化背景对翻译过程的影响。译者在翻译过程中，处在自身文化个体身份下，自己的文化取向会在一定程度上表现在翻译过程中。这种影响具有积极和消极两方面。译者应该正视自身的文化身份，进行灵活翻译。

文化对翻译形式的影响主要是文化强势与弱势的作用。译者在翻译过程中，也会受到文化强弱的影响。这是因为翻译过程带有目的性和倾向性。一般来说，人们总是试图选择强势文化下的作品进行翻译。翻译本身带有一定的目的性与倾向性，这种文化活动的进行会在一定程度上影响译者的选择。以文学翻译为例，基本都是在不同时期选取一些强势文化下的作品或是影响力强的作品。这种文化强势对翻译形式的影响主要体现在语言的对译过程中。例如，当罗马人征服希腊之后，以胜利者的身份自居，这种文化强势在对希腊作品的翻译中可见一斑。罗马人以文学战利品的态度对待希腊作品，翻译时十分随意。

在当今全球文化交流日益紧密的时代中，跨文化活动的数量也急剧增加。文化交流主要是通过语言进行的，而不同语言之间沟通的桥梁是翻译。在翻译的作用下，不同文化之间的沟通和往来更加密切，对语言表达也起到了丰富的作用。

翻译对文学的发展也有着重大的影响作用。由于翻译的出现，不同国家的文学作品得以进行传播与交流，从而丰富了世界文学的发展。例如，由于很多优秀的外国文学作品被介绍到中国，中国读者了解到了不同的文化，同时吸收借鉴外来文化中的优秀部分，结合传统文化进行创作，提升了我国文学的品质。翻译对文化发展的作用还表现在文化观念的交流与融合上。在翻译的中介作用下，新的文化观念不断涌现，使文学发展更加生机勃勃。

翻译不仅是作品之间的传播、文化之间的传播，同时还是一种文化交流活动。只要语言文字不同，不管是在一个国家或民族内，还是在众多的国家或民族间，翻译都是必要的，否则思想就无法沟通，文化就难以交流，人类社会也就难以前进。翻译的实质是为了进行不同文化间思想的沟通与交流。翻译通过克服不同语言之间的障碍，改变语言的形式进行文化意义的传达。这种传达是一种文化的交流活动，沟通着不同文化，同时也丰富着自身文化。

在国际交流日益频繁的今天，翻译的中介和桥梁作用越来越凸显，如何进行有效翻译，如何提升译文的质量成为译者关心的问题。在不断研究过程中可以发现，单凭翻译知识和技能，是无法提升翻译的有效性的。翻译中的文化因素越来越成为衡量翻译质量的重要因素，因此，进行翻译文化视角转向是时代发展的必然，同时也是提升翻译有效性的必然。

在进行文化翻译的过程中，以语义为中心的翻译，为异化翻译，强调语义的适应性；以文化为中心的翻译，为归化翻译，强调文化的适应性。以语义为中心的翻译主要强调文化的字面属性，也就是试图通过字面意思进行文化的传播，但是这种传播由于文化背景的差异，很可能让读者费解甚至误解。例如，汉语中的"龙"经常被简单地翻译为英语单词 dragon，但是英汉两种文化中，dragon 和龙的内涵大有不同。通常英语中的 dragon 为邪恶暴力的象征，但是汉语文化下的龙代表着力量与权力。

以文化为中心的翻译主要强调文化的内涵属性，试图通过字面的语言转换突出文化内涵，从而进行文化的传播与沟通。随着时代的发展，翻译不仅需要向译入语读者传达相关的文字信息，同时还需要表现出文化内涵。在翻译过程中进行文化视角转向能够提高读者对译文的理解程度，同时还能促进文化之间的传播与交流。

第二节　文化差异对语言的影响

多年来，学者们一直对文化因素对语言的影响表示关注。语言是文化的一种表达方式，因此要想学好英语，了解英美文化是至关重要的。然而，在英语教学中，对于文化因素并没有得到很好的重视。

要成为一名优秀的英语学习者，不仅需要掌握语音、语义和语法等语言技能，还必须关注文化对语言学习产生的影响。语言与文化是密不可分的，二者相互依存、相互交融。语言是文化的表达方式和媒介，同时也受到所处文化的限制。倘若没有对西方文化有充分的认识，就不能真正掌握英语。

随着文化研究的不断深入，一个被广泛接受的观点——文化是群体生活的方式，涵盖了人们从出生之后所有能学习的东西。这包括语言、行为方式和内容、信仰，同时还包含支撑人们物质与精神生活的基础。

由于不一样的民族所在的地域的环境与所处的历史背景的差异，人们对事物和经历有着独特的编码和分类方式。此外，不一样的民族的宗教信仰也同样就造成了当地人对信仰事物的独特态度，包括崇拜和忌讳。另外，每个民族都有其独特的历史发展过程，因此形成了该民族独有的历史典故和传说故事。

中西方国家两者都有着长远的历史与传统，每个国家的文化都有其独有的特点。因为各自国家的历史与传统不一样，中西方国家在漫长的历史长河中形成了不同的传统文化。所以说，在学习英语的过程中，我们不仅要掌握语言本身，还应该对语言所承载的文化内涵进行关注。

中西方文化差异在习俗文化方面十分的显著。不一样的国家的习俗文化在社会的生活方面和交际的活动方面均有所展现，包括称谓等方面。对中西习俗文化的差异缺乏充分了解会对彼此的交流造成非常大的影响。

价值观被广泛看作是文化里面的核心，而不一样的文化背景的人的价值观肯定存在差异。这些价值观在现实生活中对人们的语言表达有着非常大的影响，所以说，语言上常常反映了一个民族的价值观。在语言表达上中西方的价值观的差异性得到了直接展现，特别是在在禁忌、隐私等方面体现得十分典型。

中西方文化的差异对英语语言学习产生了必然的影响，因为语言与文化紧密相连。在学习英语的过程中，必须意识到文化在语言使用中扮演着至关重要的角色，因为语言的使用会一定程度受到所属民族文化的限制。虽然已有学者对此问题进行了研究，但对文化因素的不被重视依旧没能够得到妥善有效的处理。外语教育不应局限于纯粹的语言教学，而应将文化教学纳入其中。因此，学习英语，不仅需要学习语言自身，还应该深入了解其背后的文化背景。只有通过对英语语言和文化的全面掌握，才能将其有效地应用于跨文化交流中。

第三节　语言文化差异对翻译的影响

有时候，人们在语言交流中会受到种族、文化以及政治因素的干扰，这会导致信息上的遮盖、混乱。即使在使用的过程中语言无误，由于文化差异，也可能出现误解。对于不一样的个体来说，同样的一个词或表达方式可能展现出来含义却是不一样的。

对一些误解的理解只会让局面变得尴尬，商界或政界的领导人若因疏忽或不经意而犯下类似错误，可能会对潜在的商业谈判机会或外交关系造成损害。所以说，本节选择研究文化差异对语言交流的影响，着重分析文化理念，并将两种语言及其文化差异进行彼此之间的一个对照，这样就更加容易揭示在相互学习对方语言时双方可能遇到的一些问题。

文化是人类社会共同创造的一切产物，不只是含有物质层面上的城市等实体，也包括非物质层面上的思想等要素。语言是文化的重要组成部分，对于文化的形成和传承起着关键作用。某些社会学家觉得，语言可以说是文化的基石。没有语言，就无法存在文化。然而，语言本身也受到文化的作用，并反映了文化的内容。因此，语言是一个民族的特征体现；语言不仅仅包含着该民族的历史和文化背景，还蕴含了这个民族在看待人生方面的一些观点、生活方式和思维方式。语言与文化相互塑造、相互交织；对两者进行理解的时候都需要对彼此进行了解。

文化心理的对比上，可以说中国文化注重人的内在发展，西方文化注重科学的进步。中国文化看重人的精神和情感层面胜过物质追求，道德价值高于个人的价值，注重综合性思维和隐含的理解，强调非言语表达的重要性；而西方文化强调物质的发展和科学的推进，追求精确和明确的概念，强调分析和总结，注重实用性、人权以及个人主义。这些文化差异对于人类的思维方式与语言造成了深远影响。汉语看重感知和直觉，而英语则更看重理性和逻辑推理。所以，汉语更看重意义的表达，而英语更看重表达的功效。汉语倾向于通过具体的一些事物类比来表达抽象的概念，并广泛使用不一样的量词，以上充分展现了汉语使用方面的形象与生动。西方的个人主义和中国的集体主义思想渗透到东西方文化中，对各自国家的经济、政治等方面的发展产生了一定的影响。

中国哲学十分看重并崇拜天人合一、水乳交融的理念，从而形成了倾向于归纳思维的方式。相反，西方哲学主要是将个人主义看作是基础，觉得人类虽然对自然产生依赖但又相对于自然而独立存在，因而形成了更加注重个体独立的思维方式。以上提到的思维方式的差异，当进行语言运用的时候就会呈现出明显特征：汉语的词汇看重概括，而英语的词汇往往更加详尽；一些汉语句子的表达可能会相较而言有些模糊，而英语则更注重准确的表达。汉语往往会用到对偶结构、四字词组，英语成语则反映了民族的生活环境与历史方面的文化，这都和他们自身的精神世界和内心的情感是分不开的。这些成语在语义上通常采用隐喻的方式，含义模糊而结构固定。

在英语与汉语进行对比这个方面，语言作为人们社会交流的工具，词语的含义同特定社会文化密不可分，所以理解一些特定词语时需要关注上下文关系。语言也有其自身基于相关背景产生的语用原则。人们通过语言有效地进行交流时，依照惯有的相关的合作方面的原则。美国人更加看重真实原则，而中国文化十分看重谦虚的原则。当将汉语中的礼貌用语翻译成英语之后，一些尊敬的词汇或者谦虚的词汇基本不会再采用。由于缺乏相应的词汇来准确表达这种含蓄的意义，英语中存在着语用的不成功，这种不成功源于不同文化之间的冲突。

在进行跨文化交流时，经常会出现元信息混淆的现象。不管是何种语言系统，不管其精炼程度又或者是详细程度怎么样，均无法完美地翻译思维中一些微小的地方，还有去反映这无尽的现实世界。语言与现实这两者当中，总是会有一些不容易用言语表达的差距。所以，语言、思维和现实之间的差距是误解产生的部分根源。造成元信息混淆的原因可以归结如下。

首先，在使用英语时，可能会遇到一些挑战。因为在与陌生人互动时，可能缺乏恰当的表达方式来引起他们的注意。并且，英语的使用倾向于以男性为中心，这可能反映出对女性的一种贬低态度。其次，英语中的大多数词汇都是根据约定俗成的规则形成的，具有很强的任意性，其在语音、符号和意义方面并没有内在的关联。英语中的许多词汇都是通过类比推导形成的，这种构词法带来了丰富多彩的词汇，但是由于理据模糊不清，对语言的稳定性产生了影响，所以在与汉语相对应的词汇上，可能会出现模糊的状况，进而导致产生歧义的可能性增加。再次，中英两种语言在感谢词汇、问候词汇、告别词汇上存在显著的差异。最后，联想过程依赖于感觉、记忆和认知模式，所以其使用过去的经验来解释现在的新思想。这一过程在很大程度上与文化因素存在相关性。因此，联想必须借助于不一样的来源的文化。同时，因为不一样的文化均拥有属于他们自己的神话和信仰，所以，在跨文化交流中无法避免会出现误解或文化矛盾。

此外，因为文化价值方面的差异性，还与不一样的社会生活方式，英语和汉语在使用委婉的词汇、禁忌的词汇、"颜色"方面的词汇以及身体语言方面也都有着显著的差异。通过这一点能够了解，文化差异因素对语言交流产生了重要的影响。

所以说，学习一门外语不只是要对语言结构、习语等进行掌握，还需要了解说这种语言的人民是怎么样看待世界的，怎么样观察事物的。学习外语还要清楚这门语言怎么样反映他们社会的思想、习惯和行为方式。实际上，语言学习和了解所学语言背后的文化是密不可分的。

　　语言承载着文化，无论哪种形式的语言，都蕴含着特定的文化内涵。因此，对于译者来说，那些含有一些特定的民族情感、拥有着内涵的语言将成为极具挑战性的对手。一些学者将英汉语言与中西思维方式和民族文化联系起来，并将单向、双向或者交叉进行对比或者研究。所以，只有清楚地理解两种语言所传达的文化差异，才能确保翻译顺利进行。

　　在语言的演化和发展进程里，因为语言对象的差异以及语言使用者的心理思维方式的不同，必然会在语言中产生一些差异，还会有一些冲突对立。这种语言中体现的心理差异即为文化差异。文化差异在两种语言的各个方面都有所体现，包括语音、词汇等方面。

　　不一样语言的不一样的层次和相应层次的语言单位承载着不一样的文化内涵，在这里面词语作为文化内涵的重点。这些情况首先在概念词上面有所展现。英语在概念上会明确区分实体，而在汉语文化中可能没有这种区分，反过来的话也是这样。英语和汉语在定义的划分上基本上不会完全具有一致性，所以翻译才会出现很大的困难。亲属称谓就是一个非常典型的例子，英语的"uncle"可以涵盖汉语的伯父、叔父、舅舅、姑父、姨父等各种称谓。而汉语在亲属称谓上的区分比英语更加精细。

　　在比较不同语言时，会发现每种自然语言的词汇领域中都很有可能存在所谓的"词汇空缺"。这意味着某些表达方式在一个国家是独有的，而在其他国家并不存在。这种空缺在词语的使用上变得特别显著。尤其在英语和汉语中，习语、谚语、成语、禁忌语和委婉语所展现的文化差异更加明显，在翻译过程中，最大的风险在于遇到一些看似相似，但实际上在语义和语用上存在巨大差异的词语，我们称之为"假朋友"。这些词语在原语言和目标语言中的指称意义相同，但在隐含的喻义上完全不同甚至相反。因此，在进行中英文作品的互译时，关键是准确对词语上的文化内涵进行把握。当遇到文化冲突的时候，直译是应该避免的，否则将原作的内容与精神就会遭受严重的损害。

　　为确保翻译的准确性，必须充分认识到不同语言之间存在的文化方面的差异。所以，在进行翻译时，需要深入挖掘词语和句子所传达的真正含义，并对语言之间的差异给予高度关注，包括句子结构、思维方式以及不同领域和层次的文化差异。

第二章　文化翻译理论与发展

本章论述五个方面的内容，分别是文化翻译理论的意义、中西翻译理论的发展、关联翻译理论与翻译模因论、功能翻译理论与图式理论、文化翻译观和杂合理论。本章通过上述五方面对文化翻译理论与发展进行阐述。

第一节　文化翻译理论的意义

翻译作为两国或多国之间交流的桥梁，受到了越来越多的关注与研究。西方翻译界出现了许多新的观点、理论和方法。文化派翻译理论以文化作为切入点，重点研究影响翻译的因素，如意识形态、权力关系等与翻译的关系。对这些翻译的干扰因素的研究，使翻译研究不再是语言的对等，而是朝着更深入，更多元，多层次、多角度的方向审视翻译。

文化翻译理论是关于文化翻译本体的研究，是文化翻译学的理论部分。文化之于翻译的意义，是将文化翻译作为一个子系统并把它置于翻译母系统当中，可以揭示文化翻译对翻译其他子系统，如语言转换子系统、讯息传递子系统、审美再现子系统等，具有的重要作用。对于语言转换子系统，文化对源语组织结构的理解与转换都非常重要。这涉及词的构成与翻译、词组的构成与翻译、句子的语法关系与翻译、篇章的衔接与连贯及其翻译等。对于讯息传递子系统，文化影响讯息的理解与传递，文化空缺、文化交错、文化冲突给翻译带来不少困难。对于审美再现子系统，小到单个文化意象，大到整个文本，其理解与翻译都需要文化的积极参与。

一、理论与经验

"理论"一词起源于希腊语，意思是"思考"。在 17 世纪时，"理论"和"实践"这两个词开始被广泛区分使用。最初，"理论"和"推测"可以互换使用，但现在两者已有所区别。理论和实践之间的区别非常重要，因为实践可以说总会相对于理论而存在。实践指的是已经完成的行动，而理论则是对这些行动进行观察和系统解释。理论提供了一种建议或主张，而实践则往往涉及具体的行动。

事实上，在英语中，经验一词有两层含义，其中之一是指经历。虽然与实践非常类似，但二者还是有所区别。实践指的是已经完成的行为，而经历则是经历过的一些事情；尽管经历也包括已经完成的行为，但重点不同。实践是有意识的、为了达到特定目标而进行的活动，而经历可能不是这样的：不管是否有意识，只要是在个人身上发生的事件都被视为经历的一部分。另一个含义是指通过实践所获取的知识或总结。这两个含义之间存在密切的联系，因为经验是通过经历获得的。通过澄清这一概念，可以进一步探讨接下来的问题。

一个理论的基础必须包含经验的一部分，否则将是不可行的，也无法自圆其说。一旦理论的本体确立，就具备了自己的体系和自己的生命力，并能够推演和发展出接下来的理论。这时，理论同经验之间开始产生一定的距离。但是，当理论持续被实践用于检验时，可能会遭受问题的挑战。除非对其进行一定的调整，不然全部的理论体系可能面临崩溃的危险。

文化派翻译理论是将翻译研究的内部研究和外部研究连接的桥梁。翻译是一种文化构建，是不同文化之间相互调适的结果。在文化的视野中，翻译的内部研究和外部研究相结合，最终回答"翻译是什么"这一本源性的问题。文化派翻译理论将研究的视角从只注重文字、语义、修辞、文体等的转换和表现转向到考虑源语和译语文化的差异，以及译者在翻译中立场等问题上。翻译的核心是将文化作为翻译的基本单位，而不仅仅停留在对原始语篇的一个描述上面。翻译不仅要考虑原始语言文本，更要在目标语言文化中实现相应功能的等值转换。翻译的目标是满足特定文化需求以及不一样的群体方面的文化需求。这一理论的提出使得翻译研究不再只是对其本体的研究，而是拓宽到文化的大环境中，指出了翻译的文化性和历史性，将翻译本体与外界连接起来。就文化翻译理论而说的话，无论是原作者的意图语动机，还是译者的意图与动机，都难以仅凭经验把这个解释清楚。更不用说还有一些更广泛的因素，如社会、文化等。因为多种因素的综合，以及其对文化翻译的影响和作用的复杂性，所以要对理论的探究更加系统、更加深入。可以将文化翻译理论理解为一个"复杂化的机制"。在某种程度上，语言构成了这个世界。世界本身是一个复杂的符号系统，各种物质事物都被转化为符号，并嵌入到意义的体系当中去。然而，问题的关键就是人们常常默认这些符号已经存在，并可以直接用于英汉文化翻译。一旦在翻译过程中遇到问题，即发现目标语言中找不到或意识到根本没有现成的符号可用时，人们就会感到恐慌，并且会对文化翻译出现一定问题产生担心。如果对文化翻译理论有深入的了解，就能在面对翻译问题时心中有数，知道如何应对各种出现的翻译难题。此外，也不能忽视其他文化翻译相关理论对翻译研究的启示作用。

二、理论与实践

理论的合法性一直面临质疑和挑战，翻译理论也是这样，尤其在中国的翻译界，理论看上去更加具有争议性。有些学者对理论的价值和作用不以为然，甚至对理论本身充满了不信任，乃至敌意，似乎饱受理论的压抑之苦，采取了与其"势不两立"的敌视态度。在中国，有关翻译理论的合法地位一直是争论不休的焦点，而论争的方式对翻译学的发展十分不利。

理论与实践的关系一直以来都存在紧张和不和谐的状况，而文化翻译理论与翻译实践之间的隔阂更加明显，甚至呈现出分道扬镳的趋势。毫无疑问，理论通常都具有一定的难度，比不上经验直观，并且与实践的现实联系也不够亲切，无法为实践中有的一些问题给予出简单性、快速性的答案。在许多时候，因为翻译的内涵和性质不断重新定义，文化翻译理论并没有像人们所预想的对实践起到一定的指导效果，反而使实践自身更加的混乱与困惑，同时这样也不是很容易评估实践的作用，甚至导致实践陷入迷茫的状态。然而，尽管如此，文化翻译理论的意义以及重要性仍然不可忽视。文化翻译理论引起争议并不奇怪，是因为争议与冲突是文化翻译理论的特点，其自身可以说是不同观点和见解碰撞的一个平台，因而常常缺乏一些明确的结论。正因如此，出现了一些声称文化翻译理论无用甚至反作用的看法或者说法。实践中常常涉及一些理论问题，这些问题通常不是表面的、显而易见的，而是隐藏在表象之下的问题。仅仅依靠实证材料是无法回答，也不能够解释这些问题的。因此，对于文化翻译理论问题，只有通过文化翻译理论本身，去回答、去解释，最后再对其进行解决。

有许多文化翻译理论十分的晦涩不容易读懂，对于英汉文化翻译中具体问题的关注不足。过于机械地使用理论术语和定义，特别是针对一些外来理论的应用，缺乏融会贯通，最终导致其意义难以理解。然而，虽然有些从事文化翻译理论的人缺乏必要的、某种程度的自律性，导致了一些人对文化翻译理论深刻怀疑，认为其与实践毫无关系，但毕竟文化翻译理论与实践的关系不是简单的二元对立。但在深化文化翻译理论探索的同时，又不可罔顾实践，需要作一番探讨。一般认知规律似乎是：实践在先，经验总结在后，而文化翻译理论则该排在最末。经验的缺失导致了实践和文化翻译理论之间的脱节现象，这是人们常常提及的。从认知的规律和过程来看，实践和文化翻译理论本来就存在一定的距离，这个距离既可以去变小也可以变大，但无论如何都不能完全消除，否则理论就无法成立。确实，人们经常讨论文化翻译理论的问题，似乎更关注理论的危机，而很少提及实践的危机。当实践遇到困境时，人们常常将错怪罪于理论的混乱，认为是文化翻译理论进而使实践出现了问题，或者理论无法适应实践。然而，相反，如果实践取得成功，可能与理论关系又不是很大了。

在我国的翻译界，长期以来一直存在着对于文化翻译理论到底是否有用的问题。相对于其他学科而言，翻译学可以说是相对来说较为新型的学科，在其发展历程中已经经历了几十年的时间，这在西方学术界也是这样的。在中国，相对来说，对于当今意义上相对系统的翻译研究的启动比较晚，但其发展却非常迅速，并且展现出了不错的势头。但是，翻译到底是否需要理论来进行支持，这个问题依旧是争论的焦点。有一些成功的翻译实践并不依赖于文化翻译理论，在这里面经验起到了重要的作用。经验是在实践的基础直接性的一个总结，因此与实践之间有着密切的关联。经验的总结肯定对接下来的实践是非常有帮助的。经验主义者善于进行具体性的分析，以上在实际生活中去解决一些问题十分有利。尽管实践从经验中受益，但也必须认识到经验的限制是明显的。经验通常仅限于解决特定的局部问题，容易陷入零碎的具体情况中，变得庸俗而缺乏普遍意义。这种经验的局限表现为较为低级和具有重复性的摸索，无法提供广泛而普遍指导的实践原则。翻译实践家的经验可以说是十分的珍贵，且通过实践验证后是具有效果性的。然而，仍然存在一些陈词滥调的局部经验之谈。尽管不应将经验看轻，但经验的讨论也需要具备创新的精神，简单地重复已有的经验就失去了意义。如果非常依赖经验的讨论这将肯定导致经验主义，仅仅依靠直接经验来进行翻译研究，会限制翻译学的视野与范围，阻碍学科的健康方面的发展。

三、文化翻译理论的意义

了解在认知层面上文化翻译理论的意义十分重要并且十分具有价值。首先，需要充分看到认知对象的一个复杂性，不能仅仅依靠零散的经验来解决问题。因为文化翻译理论在概括性方面非常好，其适用范围也扩展了不少，在更高层面上同样拥有着指导意义。这一点可以通过文化翻译研究所涵盖的多学科特征得到直接证明。文化翻译研究不仅涉及语言学，还包括比较文学、语言哲学等领域的理论视角。在应对全球化对文化语境与翻译所带来的挑战，仅仅凭借简单的经验总结是远远不够的。这些事实表明，翻译早已超越一种单纯的技巧性操作，反而是一个与多个领域的有着关系、非常复杂的交际过程。翻译是一个异常复杂的任务，涉及文本、意图、阅读和接受等多个方面。当涉及跨语言和跨文化的翻译时，其复杂性更加显著。翻译的经验通常是零散的，而理论则更为系统化。经验更加注重处理具体细节，而文化翻译理论更倾向于把握整体。经验在处理细节方面存在局限，而文化翻译理论则具备更高的综合视野。可以说，经验更关注表面结构，而文化翻译理论则聚焦于深层结构。同时，文化翻译理论很具有实用性。通过将实践与理论相结合，可以将经验归纳总结，提升到更抽象的理论层面。文化翻译理论的理性思维，力图透过多种经验的表面，去探究其背后的先验根源。文化翻译理论的研究对象非常广泛复杂，面对现实世界时，深入思考是不可避免的。尽管经验的总结和考察是重要的，并可以当成理论化的基础，但其无法完全替代理论模式的作用。理论和经验两者之间存在互补性，但彼此并不能互为替代。文化翻译理论模式被视为一种理性的思维模式，其关注点在于建立一个体系，并分析体系中各个成分及其相互关系。

文化翻译理论的意义在于，激发人们对于翻译这一古老的人类文化活动产生新颖且更深入的理解。其可以为相关问题提供十分合理的解释，甚至是更加优质的答案，即使目前尚未形成定论。这种探索发生的时候本身也能够带来丰富的启示，在一定程度上来说的话，推动该学科的不断发展，避免陷入重复而浅显的经验论述。人们有必要探索经验背后的规律，这与我们的认知提升密切相关。人类一直在追求认知的突破，并没有在前人们总结出的经验上得到满足与止步。历史和社会的语境不断演变，因此应该不断总结经验。然而，由于经验具有短暂性，如果不将其提炼为理论，那么适应范围就会变得有限。当然，并不是说一旦理论形成就能够永远指导实践，但是，最低具有相对的稳定性。理性的推断，可以让人们少走弯路。翻译的本性及本质究竟是什么？与其他什么学科有何关联？需要人们不断去思考、探索、研究，这样，人们的认识才能提高。文化翻译理论和学术的过程旨在克服主观偏见，全面考虑研究对象的各个方面，而不是被狭隘的观点所限制，从而形成片面的结论。学术研究的目标是探究对问题的观点是否具备理性性质，是否具备全面性，以及是否具备客观性。尽管这些特征都是相对的，但应当是追求的目标。为了确保学术活动的正常和健康开展，必须借助必要的学术规范和机制来控制、调节和监督。情绪化地得出结论对学术研究的开展并不是十分有利。

倘若有些人对文化翻译理论表示怀疑，这主要是由于文化翻译理论倾向于将一些简单性的问题讲得过于复杂。总的来说，文化翻译理论目前面临着连续不断的危机，包括元批评，即对批评的批评，以及元理论，即对理论的理论等，问题接连不断。目前存在着很多所谓的"理论"性的文章，这类文章内容较为空洞，满是关于专业方面的一些虚张声势的术语。有些甚至过于晦涩，刻意创造那些不管是谁都看不明白的"理论术语"，以展示其高深莫测的学问，同时，频繁用到一些晦涩难懂的言语与语句，并想要借此掩盖在思维方面的贫乏以及在内容上的陈旧。然而，文化翻译理论面临的危机并不意味着理论的消失。人类文明的发展历程充满曲折，伴随着理论上的各种偏差与错误。虽然这些问题令人感到疲惫，却不能以此来否定文化翻译理论的实用性。实际上，全部的人文学科都涵盖了众多理论，这些理论相互交织、互相渗透，形成了理论互文的现象。因此，翻译本身也无法独立存在，其与充斥着文化翻译理论的现实世界密不可分，两者不可割裂。

应该承认，任何理论都有局限，但一般来说，就其性质而言，因其关注超验性，关注普遍性，相较于经验的有限性，文化翻译理论的限制较小。文化翻译理论必须为翻译领域的发展做出贡献，否则就无法持续存在。那些不从事文化翻译理论的博学之士，通过独到的视角去看待翻译方面的研究的相关问题。这些博学之士对当前的翻译理论状况并不是很满意，这其中是有道理可言的。而且，提出的大部分批评意见对文化翻译理论的发展具有积极的影响。从事文化翻译理论研究的人需要拥有广阔的心胸来接受批评。有些理论缺乏深度，只在一些无聊的话题上无休止地争论，这种肤浅的方式确实会让人们感到厌烦。然而，对于理论的发展也不应过于急躁，过早下结论同样会显得十分无聊，对于某些问题是否重要并不在乎的态度，将导致翻译理论失去生存的空间。同时，从事文化翻译理论研究的人应该保持自律，不要陷入纯粹的理论与概念游戏中去。文化翻译理论研究的目标是解决难题。所谓的难题，是指让人感到困惑或迷惑的那方面，我们的目标是找到答案，又或者是给出解释，而不是不断制造更多的难题。

文化派翻译理论在传统翻译理念的基础上提出新的翻译理念。全新的翻译理念是对翻译实践中存在的鱼目混珠似的伪翻译进行辨别分析，肯定了伪翻译是以一种新的方式为文化注入了新鲜血液。文化派结合伪翻译现象事实存在的合理性，创新性地提出译者应注重原作与译作之间的内在联系和渊源，具有务实性。此外，文化派的翻译理论还具有灵活性。在跨文化的翻译中，尤其是诗歌语体翻译中，超文本特征的研究更为重要。在当今世界全球化过程中，不同文化不可避免地在接触中互相碰撞，或冲突或融合，从而形成从单一文化向多元化发展的趋势。翻译从来都不是简单的词语翻译，其受翻译语境的制约。文化派翻译理论真实地反映了翻译中伪翻译的现象，并辨别分析其种类和原因，肯定有些伪翻译不是原于翻译者的水平不够或道德败坏，而是灵活地处理局部的不对等，不忠实，实现整体的对等和忠实。务实中体现灵活，灵活以务实为基础。

文化派翻译理论对翻译研究具有深刻的时代意义和理论指导意义。然而，文化派翻译理论也不是完美的。其以文化为翻译单位的方法似乎过于笼统且缺乏切实可行的划分标准。"翻译则改写""翻译则操控"等过于绝对的论断容易违背翻译的价值判断。紧密地将翻译与文化研究相融合，以更广阔的历史和文化背景为基础，探索翻译研究，同时，还会对跨学科研究加以看重。所以说，该领域的理论拥有着高度宏观性，并且还将许多的制约因素纳入了考虑的范围，如评判标准、对等和等值等问题，进一步为翻译研究提供了更广阔的思维空间。

第二节　中西翻译理论的发展

翻译是随着人类社会进程的发展应运而生的，可以把翻译看作是世界文化融合的产物，是人们想要迫切了解各个国家文化的一种途径，翻译对人类社会的融合起到了积极的作用，对中西方文化的交流也具有促进作用。本节主要论述中国翻译理论的发展历程和西方翻译理论的发展历程两部分内容。

一、中国翻译理论的发展

（一）中国翻译理论研究的百家争鸣

中国是一个拥有悠久翻译研究史的国家，20世纪30年代，我国文学翻译家董秋思首次使用"译学"这一词语，并将翻译研究定为一门科学，在80年代召开"中国首届研究生翻译理论研讨会"和"全国翻译理论研讨会"之后，我国的翻译学如雨后春笋般的气势继往开来，并取得了一定成就。

在中国翻译学不断发展进步的背景下，一些研究翻译学的学者开始探究中国的翻译学理论可不可以构建成体系并且发展成为一门学科。针对这个问题，出现了三种观点：（1）中国传统的翻译大多是依靠经验总结出来的，在现在的条件背景下，并不能成为专业的翻译理论体系；（2）中国的翻译研究不仅不善于总结理论，而且更不能深入地研究，因此也创建不了什么流派；（3）衡量翻译学术发展质量的第一标准并不是系统性体系，人类要接受不完美结构的存在。

1. 横向引入

"横向引入"这一模式的发展背景是20世纪80年代，许多西方先进的文化翻译理论不断传播到中国，不仅如此，很多学术会议和杂志期刊也刊登西方的翻译理论，这在中国引起了强烈的反响。

随着我国加大改革开放的力度，中国的翻译界学者踊跃深入学习国外先进的翻译理论，并对本国的翻译实践进行全方位的讨论研究，把西方先进理论与中国实际进行完美结合，这两者相互作用、相互影响，在实践中可以提高理论认知，反过来，提高的理论认知又能更好地指导实践，在横向引入这一方面，中国学者的突出贡献体现在第三类西方译论著述上。

西方先进的翻译理论中，奈达的动态对等论在中国最广为流传，其基本思想是翻译是母语与第二语言的无缝切换，要求意境相近、风格相近，翻译者文学造诣应高度对等，否则就不能完成这项工作。

翻译的"效果"是翻译者的"感受"，是翻译者自身对翻译的理解，并不是奈达所说的"反应"，"反应"包括行动，翻译信息对翻译者的作用、行为是不一样的，因为外部环境和个人因素都可以影响翻译者的行为，所以"反应"不应该是翻译的目的。

2. 传统继承

在中国历史上，传统译论已经发展了几千年，虽然没有系统性的理论著作，但其思想源泉主要是吸收中国传统哲学、美学和文学，翻译的思想都集中体现在哲学、美学、文学与诗学著作中。

在哲学上，中国的翻译家和学者深受儒家、道家和释家思想的影响，在这三种思想的影响下，逐渐形成自己的思维认知，通过自己的个人经验、个人实践最后作用于内省的思维模式。当代，翻译家和学者运用太极道家哲学的观点，认为翻译是两种语言之间的自由切换，根据译者的经验、实践和深刻的意境理解，完成两种文字的完美替换，使之在意境中更贴合母语。每个学者都有自己不同的观点，正所谓"万变不离其宗"，无疑中国传统古典哲学深深影响了中国学者的思想。

在美学上，把翻译美学带入到翻译理论体系当中并论述了翻译美学的定义、规律和范畴，中国传统的哲学观念深深影响了翻译美学的观念。此外，中国翻译美学的三大特点是模糊美、音形意的对称美、对美的整体感知，在这三大特点中无一不透露出中国传统哲学的美感。

3. 平行融合

随着翻译理论研究逐渐平行融合，随之而来的是各种"转向"的出现。这其中包括技术转向、社会学转向和心理学转向。

在技术转向上，随着科技水平的飞跃发展，翻译技术也发生了质的改变，人工翻译逐渐被机器翻译所取代，云技术翻译更是把现代翻译技术推向了高潮，机器和技术翻译模式的运用代表翻译技术发生了转向。运用机器和技术翻译的优点是为翻译工作者提供了便捷，创造了高效的工作效率，为翻译工作者带来了利益；

缺点是机器和技术翻译显得太过生硬，上下文衔接不流畅，不能翻译语言的真实意思，这样翻译过于生搬硬套，毫无生气可言。在当代，翻译工作已经从人工翻译转变为人工和技术相结合的翻译方式，学者们研究翻译理论的方向也发生了改变。

在社会学转向上，有两种不同观点。一种观点认为社会与翻译的相互作用是社会翻译学的研究对象，社会翻译学应准确客观的反映与社会之间的关系；另一种观点与之相反，认为社会学角度的翻译研究并不是翻译学加社会学，而是要注重怎样解决翻译本身的问题，翻译问题不要强加在社会问题上，这样会混淆本质问题，对学者翻译文学作品产生害处。

中国译论的发展具有感性特征，在引进西方翻译理论的时候，要去其糟粕取其精华，好的东西要积极吸收，但也要与中国翻译理论的实际相结合；在运用中国传统译论方面，翻译学者还要深刻理解中国传统文化，把传统文化与先进理论体系进行有机协调；在学科融合方面，翻译研究者要找到使各学科互补和适用的方法，用以解决跨学科翻译中出现的问题，中国学者应该承担起发展中国翻译的责任。

（二）中国特色翻译理论

在国家大力提倡理论自信与文化自信的大环境下，中国特色翻译理论建设显得尤为重要与迫切。中国特色翻译理论指的是基于中国传统哲学、美学、文论等学术话语资源发展而来的翻译理论，国内学者提出的文章翻译学、和合翻译学、大易翻译学等是其典型的样态，理论构建遵循本位观照，外位参照，古今沟通，中西融通的基本原则，具体方法视研究对象与研究目的而定。中国特色翻译理论具有广阔的发展空间，除广为人知的信达雅、神似、化境之外，其他如道、气、诚、本、和、韵味、阴阳、自然等重要哲学、文论范畴还有待深度引入翻译研究之中，同时也面临着志士难寻与方法论层面的发展困境。唯有扎扎实实地做下去，才有望在国际译坛上发出自己独特的声音。

自 1986 年桂乾元在《中国翻译》上发表《为确立具有中国特色的翻译学而努力——从国外翻译学谈起》以来，中国特色翻译理论，或者说中国特色翻译学的提法已经有 40 余载。在过去的 40 年中，中国翻译学经历了艰难起步到迅猛发展的历程，而中国特色翻译理论和中国特色翻译理论学的提出也引起了广泛的争议。

1. 代表人物与典型样态

倡导中国特色翻译理论和中国特色翻译学的学者甚多，既有倡导呼吁者，又有踏踏实实搞科研的，如许渊冲、罗新璋、刘宓庆、张柏然、张佩瑶、桂乾元、陈福康、潘文国、何刚强等。翻译理论在中国得到了飞速发展，特别是近20年来发展飞快。在2000年之前谈论中国特色翻译理论和中国特色翻译学的时候，还仅仅只限于学理方面的讨论，除了现有的中国译论外，事实上体系化的成果尚不多见。目前，国内拥有了许多关于中国特色翻译理论和中国特色翻译学的研究成果，可以将其归入到中国特色翻译理论体系的研究范畴。这类研究比较有代表性的是：潘文国的文章翻译学、吴志杰的和合翻译学、陈东成的大易翻译学、张俊杰的中庸诗歌翻译观等。另外还有很多零散的中国特色翻译理论和中国特色翻译学，研究范围十分宽广。

最近几年，一些学者开始大力倡导发展中国特色翻译理论和中国特色翻译学，其中的代表人物之一是潘文国。潘文国是立足于中国传统文论话语资源（文章学）而提出文章翻译学，属于中国特色翻译理论中的一个典型模式。其主要观点表现在以下几个方面：一是在翻译文学作品之前，要先学习做人，只有懂得做人，才能创作出好的作品。二是不区分文学与非文学翻译。三是重文采。四是重"气"。

文章翻译学以中国古典文论资源为基础，尤其注重文章的原汁原味，特别注重文章的内在神气及文采。现在尚在初始阶段，潘文国对此做出了重要贡献，后续的研究空间亦十分广阔。单单是一部《文心雕龙》，便能够衍生出许多中国特色的译学论题。清唐彪所著的《读书作文谱》一书，亦对后世很多启发，其中许多主张都可直接或者转化后在翻译研究中使用，有兴趣的学者不妨主动参与其中。因为文章学所包含的方面十分广泛，而其中的话语资源亦十分丰富，又和翻译学关系密切，因此脱离文章谈中国译学传统，只能是"隔靴搔痒"；放弃文章学来确立中国特色的翻译理论也只会成为"无源之水"。

作为中国特色翻译理论的另一位重要代表人物，张柏然曾发表过许多纲领性文章，这些文章主要集中在其与辛红娟共同撰写的《译学研究叩问录——对当下译论研究的新观察与新思考》中。张柏然还尤其重视有关人才的培训，率领众多博士生投入到具有中国特色的翻译理论研究中，并取得不俗成果，吴志杰就是其中表现突出的人才之一。吴志杰在其博士论文的基础上发表《中国传统译论专题研究》一书，探讨了意、诚、心、神、适五种话语体系，覆盖翻译本体论、翻译之伦理学、翻译之认识论、翻译之美学攻略、翻译之文化生态学，为深入探讨中国特色翻译理论提供了依据。在此著作和张立文和合学思想的基础上，吴志杰出版了集和合学精髓于一体的新著作，并提出了和合翻译学理论模型，包括和合翻译学结构模型和翻译过程、翻译属性、译者修养、翻译评价和欣赏等理论模型在内，反思得更透彻，不失为一种从中国哲学话语资源中构建具有中国特色翻译理论有价值的尝试。建立在中国传统和谐思维和和谐文化基础上的和合学，给翻译研究带来的启示值得不断地深入挖掘，吴志杰开了一个良好的开端。

陈东成的大易翻译学又是一种具有中国特色的翻译理论典型模式，同样反映了中国传统哲学对翻译研究的应用。大易翻译学以易学原理为基础，翻译含义（生生之谓译）、翻译本质（文化交易）、翻译标准（太和）、翻译原则（求同存异，守经达权）、翻译方法（阳译和阴译）、翻译审美（若立象尽意，则止太和）、翻译伦理（比如修辞立诚，以利和义等）等都有所思考。构建中国特色翻译理论的基础，便是开发本土理论与思想话语资源。另有张俊杰所著的《试论中庸诗歌翻译观的构建——以王维诗歌英译为例》，同样是对本土思想资源开发的积极探索，以古代中庸哲学思想为依据，将"至诚"的观点当作对诗歌翻译的最高追求，以"中和美"为古典诗歌翻译的审美理想，将"用中"当作是古典诗歌英译之途径和方式。

朱纯深提出翻译的阴阳诗学的观点，并从太极推手、浩然之气和纯语言等角度做了论述。其观点包括：翻译作为功夫、推手中的"听劲"；孟子"浩然之气"和"以意逆志"；翻译是两种语言之间的推动者；信息焦点是推动者接触点的翻译，并从太极哲学中认识本雅明纯语言等等。"推手"概念运用于翻译研究的潜力仍然较强，但仍需对中国传统哲学思想进行深入探讨，同时对照西方类似哲学思想和理论资源，在"推手"基点上构建中国特色翻译"推手"理论。这本论文集是有价值的集体探索，对中国特色翻译理论迈向国际舞台也有借鉴意义。

部分国外的学者也十分推崇中国文化，并对中国特色的翻译理论的研究做出贡献。比如，西方学者道格拉斯·罗宾逊的著作《翻译之道：中西会话》，采用了中国传统的儒道思想，将其同西方的符号学做出比较，探索如何实现翻译的"神秘力量"，以及提升对翻译习惯和惊奇张力的认识。该著作虽然未构建典型的理论形态，但是作者提出的思想是深邃的，其积极发展中国传统的哲学思想，与西方现代理论进行对话的努力值得学习。

2. 前景展望

对人文学者来说，文化传承极为重要，只有在继承民族文化文脉的基础上，才能实现融会贯通、不丢本色、创新发展。特色注重理论个性，同时，也并不排斥追求翻译学的共性，有中国特色的翻译和中国特色的翻译学理论只是中国翻译学的一部分内容，我们强调它的流派属性，而不是学科属性。古人云，"同则相亲，异则相敬"[①]，中国翻译学要想有所发展，需要走出自己的特色，同西方译论话语体系区分开来，只有这样才会有和西方进行平等交流的资本，在国际译学舞台上的地位也才会相应提高。随着时间的推移，翻译学家们逐渐认识到，我国需要建立具有中国特色的翻译理论和中国特色的翻译学，同时还积极探寻建设路径。那么，在未来非常有必要谋求特色的建设论题。

中国特色翻译理论的构建可以朝着两个方向进行，一是比较宏观，系统化，涵盖面广的译学理论，二是比较微观，操作性强，面向某一领域的理论。以上所述具有中国特色的翻译理论典型样态，即文章翻译学，和合翻译学和大易翻译学，均较为宏观，涵盖了翻译研究中的各个方面。这些宏观研究可继续深入挖掘，以便丰富和加深，特别是对其中的微观课题（核心范畴）进行研究，如文章翻译学的气与体，和合翻译学的诚与神，大易翻译学的易与和等等。还有一些诸如以中国传统哲学和美学为基础的翻译美学以及以中国传统文论为基础的翻译修辞学也有希望发展为中国特色翻译理论。

宏观构建中国特色翻译理论并不容易，它要求有深厚的国学素养和人文底蕴，并非人人皆可胜任。所以，也可以从微观角度来实现，逐步探索一个个翻译论题，深入扎实地为中国特色翻译学增砖添瓦。我国文论资源移植和借鉴，改造学界亦进行了一些初步探索，如王宏印由"文笔"向"译笔"转变，陈大亮由刘勰"三文"向译诗"三味"（译味）转变，冯全功由"创作个性"向"翻译个性"转变

---

① 徐林旗. 四书五经名言名句下 [M]. 北京：中国纺织出版社，2014.

等，有关译学术语都来源于中国古典文论并具有民族特色。还有一些，如马建忠所提"善译"应受到刘向所提"善说"之影响，严复所提"信达雅""文章正规"，钱钟书所提"诱""讹""化"等都有文论渊源。①

将刘勰的"六观"思想运用于文学翻译批评中，或者可以对相关术语进行改良，为其赋予新的含义，并将其与中西现代译论相结合，以便更恰如其分地为文学翻译批评提供服务。叶燮曾在《原诗》中提出，个创作需要"理、事、情"及"才、胆、识、力"，将这种理念融入翻译研究里，有助于深化对翻译本质和翻译批评的理解，同时，也为中国特色翻译理论话语体系的丰富做出贡献。问题的关键是，怎样界定气的所指和次级范畴，气的分类和表现等。在翻译过程中，译者的职责在于坚守并传递原文的气息，气盛则言宜。考虑到气在文学作品中具有类似本体地位，因此在翻译过程中，气的盛衰变易也是需要进行进一步深入研究的。

"气、神、韵、境、味"由童庆炳提出，属于中华古代文论五大基本范畴。虽然气在学界很少有探讨论，但是其他范畴"神似"说、"化境"说、"韵味"说等，均已被引入翻译研究，然而这些范畴仍有一定的需要进步的空间，特别是在次级范畴的设置方面。中国传统文论以体验感悟式为主，将审美生命化，蕴含着诗性智慧和生命意识，其中许多术语与人类息息相关，这是古人的文章观，即将文章视为一个充满生命力和洞见的有机体。在翻译研究中，将这些文论话语移植到其中，需要注重体现一种有机的整体观念，以确保其整体性。

在翻译研究中，值得深入探究的是，中国古典哲学文论话语在其他方面的应用，在传统的翻译理论中，常常探讨"本"的概念。例如，"案本而传""因循本旨""贵本不饰""趣不乖本""五失本三不易"等，而本书所指的"本"究竟意味着什么，是否具有翻译的本体论意义，以及在现代语境中是否能够赋予其多重意义，这些问题值得重新思考，特别是在哲学层面。在翻译领域中，古典哲学中的"诚"一词具有广泛的应用价值，特别是在翻译伦理方面，可以被视为其核心概念之一。能否将诚和信的主体间性、文本间性、文化间性等西方哲学思想转化为现代形式，并将其应用于翻译研究中，是一个值得探讨的问题。冯全功对此进行了初探，其底蕴和本质仍然是中国传统思想的代表，同时，也是一次中西文

---

① 薛蓉蓉. 从《林纾的翻译》看钱钟书的翻译思想 [J]. 山西大同大学学报（社会科学版），2009（2）：75-77.

化融合的探索。对于翻译研究而言，"和"这一文论基本范畴，即"气、神、韵、境、味的共同民族文化之根"，具有极其重要的意义，因此建立并实践和谐翻译观，是中国特色翻译理论建设的核心之一。

"自然"是中国哲学和文论的另一个重要方面。其受道家思想的影响，经常被当做文章风格的一种。例如，在《二十四诗品》这部著作中，司空图就将"自然"列为其中一品。"自然"也被视为一种画品或者书品，如唐张彦远的《历代名画记》中崇尚自然，以为天然的才是上品以上。"自然"，有时也指人生取向或者精神追求，因此，将"自然"嫁接于翻译研究将是可贵的，这对于传统译论的"文质之争"不乏启示。刘宓庆先生曾经探讨墨家思想对于现代翻译学建构的意义，并强调站在挖掘与重估中华民族文化思想资源，以期获得更大理论活力与民族特色的位置上，是颇有见地的，遗憾的是，学界却很少沿着这一思路持续进行研究，而这无疑是同国内翻译学者们的视野和才能的局限性相关。除儒家、道家、墨家的观点之外，名家们的观点同样值得介绍，对于含义和共识的形成颇具启示。这说明自家后院有不少富矿有待深入挖掘。

具有中国特色的翻译理论拥有广阔的研究前景，可以充实和完善中国当代译论话语体系。中国特色的翻译学建设，还需要翻译界的不懈努力。这并非是一个理论问题，而是需要努力实践的问题。所谓实践可以理解成语言实践和中外翻译的实践活动。实际上，还可以为其赋予第二层含义，即对理论实践，也可说是对中国特色翻译理论建设方面的注重干预和深入探讨。只有踏踏实实地进行中国特色翻译理论的研究，才能够做到聚沙成塔、形成合力，在合力够大的情况下，中国特色翻译学才会水到渠成，否则很可能流于形式、无济于事。

二、西方翻译理论的发展

公元前 1 世纪西方就已经开始研究翻译理论了，由此可见，西方国家在研究翻译理论领域方面是非常先进的，西方国家学者针对直译与意译展开了激烈的讨论，首先，古罗马哲学家西塞罗发表的观点是：没有必要每字、每句相对应翻译，要把语言的整体意思用另一种风格的语言体现出来。多雷提出的"翻译五原则"和泰特勒提出的"翻译三原则"都是围绕两分法直译和意译进行讨论，英国诗人德莱顿推陈出新，创造了三分法即直译、意译和拟译，这种方法是对传统分类方法的继承和创新。

长期以来，许多的专家都将西方翻译理论当作重点研究对象。近年来，也正是因为不断学习西方翻译理论，我国在翻译理论方面才会取得优异的成绩。下面将会详细阐述西方各国翻译理论的发展历史以及未来展望。

（一）西方翻译理论的发展历史

西方翻译起源于两千多年前，同中国翻译一样，历史悠久、源远流长。公元前 3 世纪出现的，希伯来语译为希腊语的《七十子希腊文本圣经》，是人们发现的首次用文字记载的翻译作品。西方翻译理论学者关注翻译的过程，并对此有自己的观点，支持对作品的意译，反对机械的直译，因为意译可以出现新的词汇来丰富民族语言。同时，还对口译和笔译之间的差异做了比较。学者哲罗姆提出了"二元"翻译理论，将翻译分为直译和意译两种类型，具体使用方法视翻译文本来选择。施莱尔马赫则提出，思维是由语言决定的，提倡从语言学与文学的角度出发来探索如何做好翻译。施莱尔马赫指出，翻译文本之前，译者必须先吃透、全面理解文本 [①]。其主张突破了经院哲学主义的约束，给西方翻译理论带来了新鲜的血液。还有一些西方的学者持有各式各样的观点和意见，对翻译活动做出阐释。这些见解很难达成一致，反映了西方学者在研究翻译时是从不同角度出发，研究的重点也有差异，同时还受到不同学科的间接的一些影响。

从时间角度上来分析，西方翻译可以分为早期翻译时期、文艺复兴翻译时期、近代翻译时期、现当代翻译时期四个主要的时期。

1. 早期翻译时期

西方早期翻译是从罗马帝国的鼎盛时期到罗马帝国的灭亡，这期间经过了700 多年，并且出现了两大发展阶段。

第一阶段是古希腊文学第一次传播到罗马，进而促进了罗马文学的发展，也为后来古希腊文化在欧洲各国的传承奠定了基础。

第二阶段是西方各国大量翻译宗教著作，这与当时的社会环境有很大的关系，这时期，宗教著作的翻译数量逐渐超过了文学著作的翻译的数量，成了当时西方翻译的主流文化。

---

① Ｏ·Ｈ·图蕾舍娃. 国外文学学理论与方法 [M]. 郑文东，王盼，译. 开封：河南大学出版社，2016.

2. 文艺复兴翻译时期

14 世纪末文艺复兴首先在意大利兴起，15 世纪至 16 世纪传播至整个欧洲，文艺复兴影响着西方文化思想的变革，在世界史上占有不可撼动的地位，它引领了文化解放思潮的方向，是人类在世界文化解放运动的标杆。文艺复兴是对古希腊、罗马的文学、科学、艺术重新进行挖掘并发扬，其传播的主要是人文主义思想，经过一个世纪的发展，人文主义思想已经渗透到文学的各个方面，16 世纪达到鼎盛并传播到其他国家。文艺复兴对翻译领域也产生了巨大的影响，翻译家们积极研究新的文学作品，并且将古代和近代的经典著作翻译成民族语言。这一时期不同国家翻译风格也迥然不同，下面将重点对德国、英国、法国这三个国家的翻译进行分析。

（1）德国翻译

在德国翻译史上最著名的就是伊拉斯谟，伊拉斯谟的思想不仅对德国且对整个欧洲都产生了深远影响。伊拉斯谟非常擅长语言研究，并且在拉丁文学和希腊文学上很有建树，国外的学者非常支持其发表的关于文学和风格方式的观点。在文学作品上，最享有盛誉的翻译作品是《旧约》，一经问世，便轰动了整个欧洲。伊拉斯谟翻译的风格特点是语言灵动优美，翻译非常到位。其对于翻译理论也做了详细的阐述，主要体现在以下四个方面。

①必须尊重原作，因为任何译本都很难译出原作的思想和语言。

②译者需具备丰富的语文知识，因为读懂原作品是翻译的基础。

③风格是翻译的一项重要组成部分，在翻译中要表现出希腊语的修辞手段，即如果原文是诗，那么就用诗进行翻译；如果原文是单词，那么就选择单词进行对应；如果原作选用的语言比较朴素，翻译的时候语言也应该朴素；如果原作的风格高雅，那么译文的风格也应该是高雅的。

④风格的性质还受到读者要求的制约。在翻译中如果遇到歧义，伊拉斯谟会选择在文中加注来进行解释说明，至于读者会选择用哪个，这由读者自身根据上下文决定。

（2）英国翻译

16 世纪英国的伊丽莎白女王执政，此时，英国正处于政治、经济地位强盛时期，间接推动了文艺复兴运动在英国的兴起，继而许多英国的翻译家也开始翻译古典文学著作，针对学术的研究也进入了飞速发展的阶段，并且英国的翻译也进入了全面发展时期，与其他国家不同的是，英国翻译家们并没有局限于翻译理论，许多著作不是对原著进行翻译，而是对译著进行翻译，其中主要是对历史作品进行翻译，主要有尼克尔斯的《伯罗奔尼撒战争史》、萨维尔翻译的《历史》以及诺思的《名人传》等。除此之外还有戏剧作品的翻译，最有名的是塞内加的作品。由于英国的翻译家并不是很多，因此也没有成就系统的翻译理论。

（3）法国翻译

16 世纪文艺复兴逐渐传播到法国，此后人文主义思想在法国达到了鼎盛，法国的翻译也在这个时期达到了顶峰。人文主义学者们投身于研究古典文学作品之中，将许多古典文学作品翻译成法语，但问题是翻译著作质量并不高，而且也没有流芳后世的经典著作。在这期间，还是有引领性人物的，那就阿米欧，其早年接受过古希腊和拉丁文学的教育。在这样的背景下，阿米欧开始翻译少量的古希腊、古罗马文学作品，阿米欧的翻译风格也有局限性，那就是过于追求和原著作一样完美，所以后人对其评价更像是一位作家。阿米欧在翻译中，始终坚持两条原则：一是译者必须清楚、明白原作，在内容的转译上要下功夫。二是翻译的笔调应该是自然流畅的，不需要过多的修饰。

与之前的翻译家不同，阿米欧强调内容与形式、直译与意译的和谐统一。在这一原则指导之下，文字的运用上更注重大众化、朴素化，并且形成了独特的语言风格，对以后提高读者文学修养起到了极其重要的作用。

综上所述，西方翻译在这一时期的最大特点是，各个民族语言的翻译呈现了均衡的发展，这说明西方翻译开始向民族语翻译转型。因此，文艺复兴时期是西方翻译史上的一个重要的转折点。

3. 近代翻译时期

西方翻译理论研究在文艺复兴的影响下，在 17 世纪至 19 世纪的两百年间达到了前所未有的高度，西方各国争相翻译原著作品，这一时期把西方翻译推向了顶峰，下面就对这一时期不同国家的翻译发展来进行研究。

（1）德国翻译

进入近代翻译时期，德国在翻译领域取得了令人瞩目的成就，18 世纪末至19 世纪初这一时间段德国涌现出了一大批翻译学家和理论家，这些人的出现，使德国在翻译领域更上一层楼，达到了德国翻译史上的巅峰，让德国成为欧洲各国争相研究的翻译文化、理论中心。这其中知名的理论家有歌德、赫尔德等，翻译家有席勒、蒂克等。歌德无疑称得上是德国最为卓越的文学家，其早年对莎士比亚、荷马以及英国现实主义小说非常感兴趣，并精通多国语言，这在很大程度上对其翻译工作提供了有力的支撑。歌德翻译的作品质量上乘，对后世的影响也颇为深远。在翻译理论上，歌德对翻译问题的处理几乎可以呈现在其所有的翻译著作之中，概括起来主要可以归纳为以下三点。

一是语言形态之间是相互交织的，不同语言之间是彼此相通的。

二是任何翻译活动都可能是不完美的，但翻译是整个世界文学领域的一项最具有价值的活动，因此人们应该重视翻译。

三是最适当的翻译应该是朴素无华的。

（2）法国翻译

16世纪之后，法国的翻译并没有出现衰落，反而朝着多样化继续发展，法国翻译家结合理论与实践继续翻译的高潮。17世纪法国出现了古典主义思潮，翻译家对大量的古典著作开始有序翻译，翻译方法的不同也引来了巨大的争论，翻译家各有各的看法，有的翻译家认为要活在当下，可以对原著进行无限畅想；还有的翻译家的观点是应该侧重古典著作，翻译时要字字对应，而且要保证翻译准确。到18世纪的时候，法国翻译家开始翻译中国著作，19世纪翻译西方当代文学作品，并把这些著作向世界各国人民展示。18世纪法国最具代表性、最具影响力的翻译家，无疑是巴特。巴特翻译过古希腊、罗马的经典作品，这为其翻译理论提供了灵感，这些作品是其思想的源泉，为此，巴特把这些理论整理成一部书，在书中其从语言技巧方面来论述翻译原则，论述的重点是语序的问题，同时，针对这一问题，也总结出了一些方法，具体体现为十项原则。

一是对于原作所说的事情先后次序不能改变。

二是无论原作句子的长短，应该保持其完整性。

三是应该保留原作思想的前后顺序。

四是副词应该出现于动词左右。

五是应该保留原文中的语言形式与修辞手段。

六是关于谚语，应该运用自然的语句翻译成谚语。

七是如果对于某些词句进行解释，就不再是翻译了，而是评论，这一问题的出现与原文或者译文语言有关。

八是为了满足意义的需要就必须放弃表达形式，保证语言的通俗易懂。

九是应该尽可能用相同的篇幅来表达原文中色彩斑斓的思想。

十是对于原文的思想在本质不改变的情况下，可以选用不同的形式进行表达，可以通过运用表达词语进行组合或者分解。

近代翻译时期的德国和法国翻译在西方翻译史是最辉煌的，这两个国家在这一时期出现了两位翻译巨匠，他们引领了那一时代的潮流，是那一时期的风向标，他们创造了历史，也改变了历史，有他们在的这一时期，总体上来说已经超越了前一时代，历史会永远记住他们，他们的作品是永垂不朽的。

4. 现当代翻译时期

西方翻译史因为第二次世界大战划分为两个翻译时期，战争前是现代翻译时期，战争后是当代翻译时期，一场战争把一个时代的翻译史改变了，翻译时期不同了，翻译理论也发生了本质变化。在这一特殊时期，现代语言学应运而生，为翻译理论的现代化发展提供了理论模型，因此，翻译理论家注重的是源语和译入语所固有的语言结构的差别，二者存在着明显的对应规则。但是这一理论对实际的翻译效果并不明显，因为大多都是在表层进行。

（1）现代翻译

20世纪以后，西方的发达国家相继进入了帝国主义阶段，各个国家间不仅经常发生战争，还相互争抢土地和财富，在长期的矛盾斗争中，终于引发了世界大战，在30年的时间里发生了两次世界大战，在战争的背景下，翻译事业停滞不前，遭到了前所未有的破坏。在这样的背景下，有的国家的翻译道路却走出了自己的特色，主要有以下四个方面。

一是对于古典作品的翻译，翻译家着重于译文的朴实、准确、通顺，而不再强调译作的优雅。这一时期各国的翻译家们都打破传统的翻译模式，通通用朴实的语言将原著翻译成散文，而不是翻译成韵文，读者可以不用看注释就能读懂文章，这种方式改变了之前的烦琐的阅读方式，给读者提供了方便。

二是翻译的重点集中于对近代、当代文学作品的翻译。19世纪末到20世纪初俄国和北欧的文学发展起来，诞生出了好多文学巨匠和戏剧家，其作品深受西欧、北美各国的喜爱，其思想也通过文学作品传到了千里之外，影响着西欧、北美国家的学者。

三是开始频繁的翻译中国作品，出现汉学热潮。这一时期的西方的翻译家醉心翻译中国的作品，把中国的作品翻译成外文并传播到西方，翻译的作品包括中国最著名的古典名著其中的三部名著，以及中国儒家经典著作，这些翻译家们翻译的作品受到西方读者的热烈追捧。

四是苏联的翻译是独树一帜的。到了现代翻译时期，苏联的翻译后来者居上，成了西方国家中成就比较突出的国家。这一时期，翻译出现了新的特点，具体表现在马克思主义理论成为翻译理论和实践的依据；各个民族之间相互交流翻译思想，使国家整体的翻译水平取得了长足的进步；西方作品的翻译和出版已成体系；西方翻译家的共识是翻译要忠于原著，不要直译，而要了解作品的意思。

（2）当代翻译

到了20世纪中期西方进入了当代翻译历史时期，这个时期把西方的翻译水平推向了更高的层次，尤其是翻译理论，这么说的原因不仅仅是翻译理论研究的成果非常丰硕，而是翻译理论产生了质变。

随着二战的结束，各国进入了和平发展阶段，对科技研究的投入也越来越多，科技水平越来越高，翻译这个领域也被改变了，最重要的就是观念的变化，之前翻译这项工作一直是文学家、翻译家、哲学家的专属名词，现在普通人也可以从事这项工作，现在翻译对人们来说是一个学科和技术。可见，这一时期翻译理论得到了创新。当代翻译理论也呈现出以下两个特点。

一是翻译研究融合到了语言学研究的范围，在这个框架之内会受到体系的制衡，也会受到信息的影响。

二是不同国家之间的学者也会进行广泛交流，民间学术开始盛行，学者之间能敞开心扉交流自己的心得。

（二）对西方翻译理论的展望

第一，西方翻译理论由之前的以语言学为主流，发展到了以文化为主流，文化学派开始兴起。二战之后，西方的翻译理论迅速发展起来，不仅在理论数量上成倍数增长，同时在"质"上也出现了飞跃。翻译研究理论从译者对翻译经验的简单的概括过渡到一门系统化的科学，有一整套科学的理论依据，为翻译学的发展和创新提供指导。从单纯的语言翻译发展到十分重视翻译的文化意义。

第二，翻译学研究中引入了数学模式，如统计学，从而给翻译学研究的教学带来更多的可能。很多有关经济财经方面的报道，以及日常用语都与大数据有关系。比如，某一词汇的使用频率，某一句型的变化，语篇结构等等，都能够根据统计数据用数学模式表现出来，从而指导翻译。

第三，将文化新理论用在翻译学中，以便诠释翻译中文化现象的内在含义，从不同的视角进行翻译学的研究对比。比如，"女性主义""后殖民主义""食人主义""生态批评主义"等目前热度很高的词汇，频频被用在解释作者对文学作品进行翻译时的理念及现象。这些文化新理论的出现，对人们的视野和翻译思维是一种开拓，译者因此可以站在更高的文化视角，或站在逻辑严密的数学模式视角来进行翻译。这一方法，是翻译理论的进步，同时也为未来翻译理论的发展指明了道路。

以上重点阐述了西方翻译史的起源以及发展脉络，并对其进行详细的概括。同时，对西方翻译理论进行了划分，并在总结其特色的基础上，根据目前世界翻译理论发展趋势，站在文化语境的高度，科学合理地预测了西方翻译理论的未来发展趋势。在当今纷杂的国际形势面前，西方翻译史该何去何从，这是西方翻译理论研究者首先要考虑的问题，西方翻译理论研究者应更好地把本国实际情况和国际趋势相结合，继续利用西方翻译理论研究的优势，推动西方翻译学向前发展。

第三节　关联翻译理论与翻译模因论

一、关联翻译理论

关联翻译理论十分强大，该理论不是要解释如何做好翻译，而是要从宏观角度为翻译提供一个统一的理论框架，以此来解释翻译这一复杂现象。这一理论，为翻译本体论和方法论奠定了理论基础。关联翻译理论将翻译看作是对原来语言，在语内或语际做出阐释的过程。译者必须能够根据交际者想要表达的真实意图以及接收者的期待做出一定的取舍，相关因素间的一致性是翻译质量好坏的关键。

（一）关联翻译理论的观点

翻译的过程也是一个交际过程，是一个"明示—推理"的过程。由原交际者明示行为出发，经过推理寻找最佳关联，这是译者努力追求的目标和翻译研究原则标准。译文的关联性主要由两个因素决定，即处理努力和语境效果。译文读者需要的并不是最大关联性，即用最少的加工努力，得到最大语境效果，而是最佳关联性，也就是不需要耗费不必要的精力，就能从语境中得到充分的效果。

依据最佳关联原则，译者可从包括译者百科知识，原文语言所提供逻辑信息与词汇信息，以及原文文化背景信息等一些隐藏的认知语境中寻找线索，揣摩作者真实的交际意图，从而寻找到最佳关联达到理解原文语境的目的。译者进而在准确评判译入语文本的读者认知语境与阅读期待的基础上，灵活地运用多种翻译策略，努力使译入语文本处于音、形兼备的状态，在意上尽可能向源语文本靠拢的同时，向译文读者准确传递原文作者意图，实现译文读者阅读期望，也就是不需要耗费无谓的加工努力就能达到充分的语境效果来理解原文。①

（二）关联翻译理论对翻译理解阶段的指导

翻译过程中，首先要做到的就是理解原文，这至关重要。在理解原文时稍有出入，译文表达便不能做到准确，甚至可能是与原文相去甚远。正确地理解原本不应该流于形式而应深入细致。关联翻译理论认为，译者若想要将理解做到深入细致，就必须对源语作者认知语境有一个全面地认识，并尽可能地拓展与源语作者在认知语境上的共享范围，再依据最佳关联原则，在潜在认知语境下筛选出恰当的语境假设并从源语文本所提供的交际线索信息意向出发，经推理探索出作者的交际意向，寻找最佳关联以获得对原文准确而透彻的语境效果。

1. 扩大和源语作者认知语境的共享

关联翻译理论中的语境观，注重语境的选择性与渐变性。对话语的理解指的是，从认知语境出发，对有关假设进行筛选，以做出某种加工努力来达到相应语境效果的过程，以寻求话语与语境假设最佳联系。在对话语进行理解时，新信息经过加工编程旧信息，扩大了认知环境，方便了接下来新信息的加工。译者与读者分享的认知语境，为原文作者意图的顺利传达提供了某种保障。因此，译者应

---

① 薛蓉蓉. 关联理论在科技翻译中的应用 [J]. 山西科技, 2009（4）: 96-98.

考察原文产生的历史背景，了解作者在写作过程中的境遇和心态，这样才能充分利用分享的认知语境来全面、深刻、准确地理解整篇文章。

例如，On the junk，a man stands amidships heating a drum incessantly to guide their efforts，and they pull with all their strength like men possessed，bent double；and sometimes in the extremity of their travail they crawl on the ground，on all fours，like the beasts of the field. 例句中的 possessed 一词是指人"疯了的""鬼迷心窍的""像被鬼缠住了似的"吗？ beast 在文中是指"野兽""动物""畜生"吗？译者要想对原文有一个准确的理解，必须弄清本文产生的背景信息并拓展与源语作者在认知语境上的分享，在话语与语境假设之间寻求最佳联系。

2. 传递源语作者的信息意图和交际意图

（1）区分信息意图和交际意图

关联翻译理论认为意图有信息意图与交际意图之别。所谓信息意图，就是为交际提供线索。交际意图指语境暗含的意思，通常是根据信息意图的明示通过推理而得出。译者可通过评判原文中信息意图是否符合交际意图，也就是原文中字面意义是否恰好是作者意图，并在传译原文中并不影响读者理解，反而能拓展读者认知语境等情况下，就能照译不误。

（2）充分运用推理技巧

通过推理，正确地理解源语作者想要表达意思，是翻译交际得以顺利进行的先决条件。所以，译者在翻译中应准确鉴别多义词、解歧、理顺逻辑、推导交际意图，从而提高翻译质量。

①确定原文词义

常常出现的情况，原文仅有信息意图。想要获取，必须进行一定的推理。例如，原文：Though the rope may part and the great junk swing back，in the end the rapid will be passed：and at the close of the weary day there is the hearty meal.

译文1：尽管坎坷的途中帆船会因缆索的断裂而掉头迂回，但经过一天的疲惫倦怠之后，他们终会穿越湍流，到达彼岸，去享受那丰盛的美宴。

译文2：虽然绳子可能扯断，大船不进而退，但最终险滩必将通过。精疲力竭的一天之后，可以痛快地吃上一顿饱饭。

译文1把 hearty 翻译成丰盛的晚餐、丰盛的美宴、美味佳肴等。但是，假如译者头脑里储存有下面这些词汇信息、逻辑信息和百科信息，同时进行一定推理，那么就不会出现错误的翻译。在英英字典中 hearty 一词的释义为 "（of meals）large；substantial"。此句上半段描述的是一副纤夫在波涛涌动的河上努力拉纤的悲壮场面。虽然绳索可能会被拉断，船会倒退，但是纤夫们通过努力，终将展示波涛激流，拖着疲惫的身躯回家吃上一顿饱饭。这个情景当中，作者表现的是对劳动人民及其命运的深深的同情。若是这些生活在底层的纤夫可以每天可以享受"丰盛的晚宴"，那么原文所要呈现的悲壮色彩就不复存在了。对上述两种译文进行比较，尽管译文 1 的语言流畅，用词优美，但是有表述不恰当的毛病，读者理解起来就会造成偏差，不能抓住原文本意。所以，在翻译的过程中，译者必须揣摩原文，在原文中寻找交际的线索及信息，抓住作者想要表达的意思，做到语境间的最佳关联，力求准确地做好表意。

②消除文中歧义

推理可以起到解歧的作用，因为译者利用认知语境能使原文中歧义句的意义明确化，进而得出正确的信息意图，然后才能翻译。

例如，原文：Writers cannot bear the fact that poet John Keats died at 26，and only half play fully judge their own lives as failures when they pass that year. 译文：作家们为诗人约翰·济慈 26 岁就离开尘世而叹息不已。他们在过了这个年龄时，便不无戏谑地叹息自己的一生碌碌无为。

在翻译此句时，有不少译者将 half 看成了谓语动词 judge 的主语，译成"半数的作家"。在翻译过程中译者脑中应该出现如下语境假设：一是根据常识，全国有多少作家曾经如此说过无法进行精确统计。二是根据词汇信息，half 如作主语不能单独使用，原文应为 half of them。三是根据逻辑信息，原文有必要强调只有半数的作家对约翰·济慈年仅 26 岁便与世长辞表示惋惜之情吗？因此，通过推理可以断定，文中的 half 不是名词，而是作为程度副词修饰 playfully，意为"不无""不完全的"。

③推导交际意图

译者根据原文提供的背景信息和词汇信息等交际线索，通过处理努力，可以推理出隐含在信息意图之下的交际意图。例如，原文：I took her first to dinner. "Gee，that was a dilish dinner，" she said as we left the restaurant.Then I took her to a movie. "Gee, that was a marvy movie," she said as we left the theater. And then I took her home. "Gee, I had a sensaysh time," she said as she bade me good night.

译文 1：我们先是共进晚餐，临走时，她说道："哎呀！真好吃！"接着我们去看电影，散场时，她说道："哎呀！真好看！"看完电影后我送她回家，道晚安时，她说道："哎呀！今天玩得真高兴！"

译文 2：我先带她去吃晚饭。临走时，她冒出了一句："哇，这顿饭贼好！"接着我们去看电影，散场时她又来了一句："哇，这部电影真精彩！"完了我送她回家，临道晚安她又蹦出一句："哇，今天玩得忒爽！"

本段作者是大学法律系的一名学生，他用一件皮夹克换到了室友皮蒂·伯齐头脑简单但是非常漂亮的女朋友。他想看看她的情商到底有多高，于是约她出来吃饭、看电影。这位漂亮女孩的用语却令人大跌眼镜。从原文的词汇信息，即感叹词 Gee 和三个形容词 dilish，marvy，sensaysh 的使用，结合原文的背景信息可以推断出作者的交际意图。通过女孩的用语告诉读者，她虽然很漂亮，但是头脑简单，情商不高。相比较而言，译文 2 语言地道、流畅，生动、活泼，保留了原文的交际线索，同时，成功地传递了原文的交际意图。

（三）关联翻译理论对翻译表达阶段的指导

表达对译文质量同样有着至关重要的影响，在深入理解原文的基础上，只有通过表达才能将原文意思传递给读者。译者需要根据译入语文本中读者认知语境与阅读期待进行精确判断，灵活采用多种翻译策略，使译入语文本能够在音、形、意等方面与源语文本最大程度收敛的前提下，向译文读者准确传递原文作者意图，以满足译文读者阅读期待，并实现译文与原文的最佳衔接。

1.考虑译文读者的认知语境和阅读期待

在跨文化、跨语言翻译交际过程中，译文读者理解译文受其具有的认知环境制约。有时候源语读者具有的文化图式和社会经验，是译语读者认知环境所不具备的，所以语篇中相关符号不能激活译文读者印象中相关图式，则造成解读失败。

有时候，源语读者和译语读者具有截然不同的文化图式，读者习惯根据自身认知习惯进行阐释，从而造成误读。所以译者想要保证译文读者在不耗费必要的信息处理精力的情况下，能够正确理解译文，并推断源语作者所要表达的信息意图与交际意图，必须对译文读者所处认知语境进行正确估计与评判。同时，译者要处理好文化信息丰富的语篇，通过译文内增词和译文外加注的策略，解决译文读者认知语境下文化图式缺省带来的解读障碍。

2. 兼顾源语作者的意图和译文读者的认知语境

最佳关联性是译者一直想要努力达到的方向，为了使译文达到最佳关联性，需要综合考虑语境效果与处理努力这两个主要因素。若是读者认知语境中缺少相关信息，或者说源语作者认知语境存在着文化冲突，如果盲目地传达原文信息意图，即使读者花费更多的处理处理，也未必能够判断出原文交际意图而不能获得相应语境效果，译文也就不能达到最佳关联。

译者在选择翻译方法时，首先需要对源语意图进行识别，以及对译文读者认知语境和阅读期待的有一个合理的估量，只有这样，才能达到翻译最佳关联性，翻译交际的效果才能更好地呈现出来。

二、翻译模因论

（一）翻译模因论概述

模因（meme）这一概念最早出现于英国牛津大学生物进化学家、生态学家理查德·道金斯（Richard Dawkins）1976 年出版的《自私的基因》（The Selfish Gene）一书中。模因 "meme" 是模因论的核心术语，是由基因 "gene" 衍生而来，基因是通过遗传而繁衍，模因则是通过模仿而传播。因此，模因是指由一个个体（人或动物）传给另一个个体的认知或行为模式，即人类社会文化传递的复制因子。在生物学中，生物体需要靠遗传和进化来延续其生命基因。同理，文化也需要靠继承和发展来延续其传统文脉，随之而来的翻译活动便成为模因传递过程中的重要环节。基因靠遗传传递，其变异方式是突变和重组。模因靠模仿传播，其变异方式是改革和整合，如流行语、新思想、流行音乐、网络新词等现象都可以看作是模因的传播。模因作为信息的各种表征，具有信息的某一特定内容。文化的传播就是信息模因的传播。道金斯的学生布莱克摩尔（Susan Blackmore）于 1999 年出版的《模因机器》（Meme Machine）一书，进一步充实和完善了道金斯的观点，初步确立了模因论的理论框架。近年来，模因概念及其理论已经引起中国学者的研究兴趣，成为当前人文社会科学的研究热点之一。众多研究者对模因进行了深入系统的探究，形成了模因的理论——模因论。何自然先生于 2005 年在《语言科学》杂志上发表《语言中的模因》一文，运用模因论探究语言中的各种现象。该论文引发众多学者对模因论的关注，不同学科领域的研究者开始将模因论与自己的研究领域相结合，从模因论的角度探讨各自领域的相关话题，如模因论在外语教学中的应用、语言学习中的应用、对话分析、翻译学研究、修辞学研究、流行语原因研究、文学研究、文化研究应用等。

模因论认为模因是文化传递的单位，它通过复制实现文化传播，最终决定民族的文化以及民族心理结构。单个模因之间一方面互相竞争，有强弱之分；另一方面又互相支持，构成模因复合体（memeplexes）。模因的表现形式有两种：基因型和表现型。基因型模因的特征为"相同的信息异型传递"，如"出租车"，也叫"的士"。表现型模因的特征是"不同的信息，同型传递"，如"杰迷"（周杰伦的粉丝）、"菲迷"（刘亦菲的粉丝）、"兴迷"（张艺兴的粉丝）等都是"……迷"的词汇模因体，甚至还有"Who moved my cheese?"（谁动了我的奶酪？）"Who moved my strings?"（谁动了我的琴弦？）"Who moved my takeaway?"（谁动了我的外卖？）这种语句模因体。

模因不是固定的，它可以是任何东西、事物、现象等。当社会中的某些现象随着人们的模仿传播开来时，就是模因现象。模因的传播需要载体，比如语言、歌舞、行为模式、流行时尚、服装款式、创造发明等。可见，模因论使得抽象的文化进化研究借助模因这个媒介变得具体可行。因此，模因论无疑给文化翻译研究提供了崭新的视角。

（二）模因论与文化翻译的关系

模因论是研究文化传播及进化的理论，文化翻译的目的是通过翻译实现文化的传播和交流，因此，模因论的内在属性使它与文化翻译有着天然的联系。

1. 模因是文化翻译的基本单位

翻译是两种分属不同文化的语言之间的同种信息的转换。也可以说，翻译也是一种复制过程。如果一个文化单位通过翻译在另一个文化背景中得到传播，那么它就是一个模因，确切地说是一个文化模因，它因而成为翻译的单位。模因可以是简单模因，也可以是模因复合体。所以文化模因也可以分为简单型和复合型两种。比如在中国市场经济的推动下，大批文人摒弃传统重文轻商的观念，纷纷"下海经商"，随之出现了学者式的商人。于是人们就在"儒将、儒官、儒生、儒医"的基础上复制出"儒商"这个语言信息，用来指既有儒者的道德和才智，又有商人的财富与成功的人。"儒商"这一语言信息也随着这种现象的增多，得到广泛传播，并进一步复制出了"儒商精神""儒商文化""儒商风范""儒商法则""儒商形象""儒商论坛"等模因复合体。在翻译中，这些模因可以相对应地翻译成 scholar businessman、scholar businessman spirit、scholar businessman culture 等等。又如英语 blue 复制到汉语文化中可表示"忧郁的"，它的复合模因 holiday blue 可译为假期忧郁症。纸老虎（paper tiger）在英语世界的广泛流传，还有功夫（Kongfu）、lady-first（女士优先）、baroque（巴洛克风格）、旗袍（qipao）等等，不胜枚举。

2. 文化翻译的过程是文化模因的传播过程

模因的传播过程有四个阶段：同化、保存、表达和传播。文化翻译的过程就是译者对目标文化模因进行同化、保存、表达并最终跨文化传播的过程。在翻译实践中，译者首先应当熟悉翻译的目标文化，切忌主观臆断、望文生义，应多查证，以求对各种模因达到真正的理解和同化。保存阶段要求模因在译者的头脑中停留的时间尽可能长，即多思考。模因论认为，模因在某个人头脑中停留的时间越长，传播和影响其他个体的可能性就越大。而文化翻译的表达和传播阶段是输出阶段，就是译者将保存在头脑中的文化模因提取出来，并在译语中寻找合适的语言载体将其表达出来，最终实现文化传播的目的。语言是文化的载体，由于模因是文化信息单位，所以语言自然就成了文化模因的载体。语言模因在人类语言的发展过程中起着重要作用，它们的复制和传播为丰富人类的语言宝库提供了一条快捷有效的途径。如果不了解语言背后的文化，翻译就会出问题。例如在英语民族的思维中，a fair haired person 必会受到上司的青睐，故常用它比喻受宠的人。如果将其意译为"红人"，则忽略了源语文化中的审美取向，因为汉语中的"红人"指得宠显贵或事业顺风顺水的人，没有头发颜色的表现，所以这样翻译失去了部分源语所具有的文化内涵。笔者认为若出于文化交流的目的，此例不如译为"金发宠儿"或类似的表达更为合适。如前文所述，模因的传播可以是基因型的，也可以是表现型的。因此，文化模因的翻译就不能过于"认真"地去完全复制，而应灵活变通。特别是一些本来具有丰富的文化内涵，但随着时间的推移，已失去了原有的文化色彩的词语，其文化内涵就没必要一定要体现出来。例如，Dear John letter 可以意译为"绝情信"，若译为"负心约翰绝情信"就显得画蛇添足了。

3. 模因的竞争论有助于文化翻译策略的选择

模因有强和弱、正和误、利和弊、真和假之分。能够生存下来得到传播的模因就是强势模因，是经历过模因的保留、变异和选择的结果。因为保留、变异和选择是决定模因能否被成功复制的三个条件。这恰好与译者对翻译中的语言的处理不谋而合。译者总是不断地从翻译模因库中寻找合适的模因，结合具体的翻译语境或保留，或变异，而模因的选择性要求译者必须遵循选择最合适的模因的原则。也就是说，译者翻译策略的选择体现出模因的保留、变异和选择的复制特点。如对于赵景深把"the Milky Way"译为"牛奶路"，鲁迅写诗讽刺道："可怜织女星，化为马郎妇。乌鹊疑不来，迢迢牛奶路。"鲁迅认为"the Milky Way"应译为"银河"。赵景深的译法保留了源文模因，而鲁迅则选取了变异的译法。哪种译法更佳？评判的标准需要审视具体的语言内部环境和语言外部的文化。布莱克摩尔指出："模因之间相互竞争着，自私地、不顾一切地要进入到另一个人的大脑、另一本书、另一个对象之中"，最终最强的模因胜出。译者选择翻译策略的过程也是一个道理。再如"Watch your step"翻译时应考虑译语文化的语境，译为"小心台阶"，而不能译为"看好你的脚步"。同样，"Please Stand Clear"应按照译语文化的思维方式译为"请勿坐靠"。

（三）模因论对文化翻译策略选择的影响

提到文化的翻译，必然想到归化和异化这两种翻译策略。归化和异化作为相对并行的一对术语，最早是由劳伦斯·韦努蒂于 1995 年在《译者的隐形》一书中提出。具体而言，归化翻译指的是译者在翻译过程中，尽可能以译语读者为中心，用读者所熟悉的语言模式和表达方式对作品进行处理。异化翻译指的是译者更多地从原作者的角度来考虑问题，尽量采用与原作者表达模式和方式相吻合的源语表达，保留原作者的行文风格和特色。从模因论的视角来看，当源语模因在数量上明显多于译语模因时，我们便认为这是一种异化的翻译模式。当译语模因明显多于源语模因时，则属于归化翻译的模式。

1.考虑因素

译者如想从模因的角度选择合适的翻译策略，应考虑以下几个因素。

第一，时代背景。每一部文学作品都有与之相对应的时代背景。时代背景不同，译者就应该选择不同的翻译策略。从中西文学作品的翻译历史来看，在20世纪的二三十年代，中西方的时代特征有着非常明显的区别。那时的中国正处于新旧交替的混乱年代，西方国家却已建立起了现代文明。那时中西方文化的差距极大，中国民众认知落后，如果采用保留源语模因的方式来翻译文学作品，中国读者根本无法感受到外国文学作品的魅力。因为对于当时处在水深火热中的中国人民来说，民主仅仅是一种口号，而不是一种思维模式和思维习惯的改变。如果译者采用超乎这类民众思维能力和思维方式的模式来进行文学翻译，取得的效果定然是有限的。所以，在这一时期翻译文学作品时，必须重视归化翻译策略的使用。反之，如果我们身居当前的时代，去翻译20世纪西方二三十年代的文学作品，那种归化译语模因就应当减少，因为在中西方文化融合的过程中，我们这代人对于20世纪西方的文化不再是那么地难以理解与无法认同，译者可以从更客观的角度来翻译文学作品。由此可见，即使同一部文学作品，在不同的时期对它进行翻译，在归化与异化翻译策略的选择上都会有较大的差异。

第二，读者群体的不同。每一部作品，尽管作者在写作时并不是非常确定自己作品所指向的读者范围，但是对于译者来说，心中已对译语读者有了预判，也就是说译者通过对原作风格和内容的判断，能够大致猜测到译本读者是什么样的群体。读者群体不同，意味着读者的文化素养、知识水平有着很大的差距。当读者群体不同时，对文学作品的翻译就需要采用不同的翻译策略。例如，付东华于30年代末翻译美国小说 Gone With the Wind 时，将书名翻译成《飘》。他还将众多的人名、地名中国化，且对一些描写性的文字随意增删。这种译语模因的加强使用，就是为了更好地拉近读者与作品之间的距离。特别是像《飘》这种需要通过对白与故事情节来展现人物魅力的小说，如果过多采用源语模因，很难使读者产生情感上的共鸣。如果没有情感共鸣，这类以人物故事为主题的小说就很难得到流传。

第三，从独立中介的角度来处理强势模因。模因的传播并不是一个完全的复制再复制的过程，每一个模因在与接受体接触的过程中都会产生一定的变化，这是受到接受体自身的情感需求和综合素质影响所致。所以在翻译过程中，采用归化或者异化的翻译模式并不是绝对的。到底采用哪种策略，需要考虑时代背景、译语读者、译者以及翻译内容本身等因素。以模因为媒介来审视文化的翻译，能让我们更好地理解归化和异化。

2. 策略选择

归化和异化翻译策略的争论由来已久。从模因论角度分析，归化和异化翻译都有其合理性。归化翻译是将具有异域文化的模因信息以译语语境中已有的、广为熟悉的表达模因呈现给读者，目的是使译语读者容易理解和接受，消除读者对异质文化的排斥感。例如基督教刚传播到中国的时候，出现了在中国文化中零对等的翻译困境。译者经过取舍，借用中国传统文学《诗经》中"上帝"这一语言模因来翻译《圣经》中的"God"的思想模因，巧妙地将异质模因与中国文化结合起来，推动了基督教在中国的广泛传播。又如佛经在中国早期翻译时大量引用道教名词，使得佛经的核心模因——出世思想，得以成功传播。但与此同时源语文化模因也遭到了舍弃。可见，归化翻译的优势在于源语核心基因的复制，但难以实现文化模因的自我复制和传播。如始终没有新的模因对译语文化进行充实，文化注定无法延续。因此，随着时代的进步，异化策略逐渐成为模因传播的主要趋势。异化翻译侧重对源语核心模因和文化模因二者的共同复制，不仅可以丰富译语的语言表达，还可以使译语文化趋于多样化，实现文化融合。如杨宪益、戴乃迭在《红楼梦》的英译本中，将"谋事在人，成事在天"译为"Man proposes, Heaven disposes"，而不是译为英语语言中人们所熟悉的习语"Man proposes, God disposes"。如此翻译就是为了保留和传递中国文化模因"天"的独特内涵。又如对"ace up your sleeve"的翻译，英语指西方玩牌时藏在袖中的王牌，若归化翻译为"锦囊妙计"，则在文化背景和内涵上容易引起误解。有译者将其异化翻译为"袖中王牌"，同时实现核心模因和文化模因的双重复制，十分巧妙。

同时我们也要认识到，文化模因的形成和传播是一个缓慢的过程。从理论分析的角度来看，我们可以在翻译中借助模因论深入分析文化模因的翻译过程和翻译结果。对文化因素的归化处理是源语的文化模因借助译语中已有的语言模因在译语语境下的呈现。这样做会产生两个结果：一，导致译语语言内部在同一个语言模因载体之下的新的信息模因与原有的信息模因之间出现竞争；二，译语读者由于熟悉已有的语言模因的语言形式而更容易接受新的文化模因，但同时也可能出现对新的文化模因产生误读的弊端。同时，对文化因素的异化处理是在译语中构建新的语言形式来呈现新的信息。其结果是一方面能够保持新的文化模因的独立性，另一方面又因为其新、异的语言形式而带来传播初期的困难。总的来看，归化和异化的文化翻译具有殊途同归的效果，前者丰富了语言内涵，后者丰富了语言的表达形式；同时归化翻译特别适合于文化传播初期，而异化翻译是文化传播的终极趋势。两者相辅相成，共同促进各民族间的文化传播和交流。

总之，掌握模因论和文化翻译之间的关系，有助于我们更科学地看待归化和异化翻译的问题。现在译界有一些学者以一种保守、排外的姿态对待文化翻译，对归化翻译持批判、否定的态度。在改革开放文化大交流的今天，这种态度不利于吸收外来文化，更不利于对外交流。当然也有不少译者否定异化翻译，认为异化是一种文化殖民主义的表现，会给本国文化带来不利的影响，导致民族文化的衰退、变异和消亡。对这两种片面的观点我们都应摈弃。

第四节　功能翻译理论与图式理论

一、功能翻译理论

20世纪60年代，英国翻译家纽马克将翻译纳入语义学的研究范围。20世纪70年代，以德国凯瑟林娜·赖斯、汉斯·费米尔等为代表的功能翻译理论学派形成，该理论以现代语言学和逻辑思维学为基础，在翻译实践方面具有较强的实用性和可操作性。

功能翻译理论作为一种目的法则支配下的多元化翻译标准理论体系，其研究重点在于翻译目的与译文功能两个方面。在这一理论中，目的法则、连贯法则及文本类型理论构成了其中心内容。功能翻译理论的出现，使得文本中心论的翻译研究传统被打破，并从对等翻译理论中解放出来。从而将翻译研究融入到跨文化交际的研究视野中，扩大了翻译理论的研究范围。

（一）功能翻译理论简介

功能翻译理论将翻译置于行为理论与跨文化交际理论框架内，在目的作为总则的基础上，使翻译理论由静态语言翻译象征论转变为动态功能翻译分析法。

1. 文本类型和语言功能理论

译文在概念性内容、语言形式以及交际功能方面都应与原文相对应，这就是综合性交际翻译。对文本类型进行分类有助于译者根据翻译目的，确定恰当的对等程度。文本分类主要从两个角度进行：一是按其语言特点与习惯将其体裁或者变体分为工具书、讲稿、讽刺作品或者广告；二是依据主体的交际功能将文本分为信息型、表达型与诱导型三种功能文本类型。

2. 目的论

目的论的核心思想是，翻译方法与策略都需要根据译文所期望达到的效果或者功能来做出最终决定。费米尔以行为理论为依据，认为翻译就是有目的的行为，而决定翻译目的最重要的因素就是译文预期接受者。翻译过程中应该遵循三方面的总体原则：目的原则、连贯原则以及忠实原则。

（1）目的原则

目的原则是一切翻译所必须遵循的首要原则之一，也就是说翻译过程中，翻译方法与翻译策略的选择都取决于翻译行为所要实现的目的。目的论将翻译行为需要实现的目标归纳为三种类型，即译者目标，译文交际目标及运用某一特殊翻译手段需要达到的目的。其中，译文交际目标是最为主要的。

（2）连贯原则

连贯原则所针对的是语篇内部的关系，及译入语文化之间的关系来说的。该原则要求译文做到篇内连贯。

（3）忠实原则

忠实原则就是译文和原文要满足篇际连贯，其以译文语篇和原文语篇关系为对象，近似地表达了译文要忠实原文这一论点，而是否忠实于原文，是否实现了形式美，则要看译文目的以及译者是否能理解原文。区别在于忠实原则首先要遵从目的原则与连贯原则。

无论是翻译策略、翻译方法的选择，还是对原作在内容和形式上做出一些取舍，或是目标文本的制作，几乎都是以翻译目的为前提，目的决定着一切。将原文视为"信息供源"，其仅提供了翻译所需的材料，并非是对译作进行评估的唯一和最高标准。译者有权利根据翻译目的对原文信息进行权衡，能够和原文在篇章上保持一致由翻译目的所决定，而忠实于原作，仅是一种可能。翻译介于两极之间——遵从目标文化的行动和期望，以目标文化的形式表达源语文化。在此两极之间有许多可能，而忠实原文仅是其中之一。翻译目的能否达到取决于目标文化而非源语文化的状况。委托仅仅是对源语文化的一种间接依赖性，由于翻译必须涉及原文本，而这一目标的实现只能在一定条件下才能依赖于目标文化和源语文本之间的相互联系。

3. 翻译行为理论

翻译与翻译行为是不同的两个概念，翻译行为即为了达到跨文化、跨语言转换而设计出的一种传递信息的过程；而翻译仅仅是文本形式的跨文化转换活动而已，其中交际性语言符号或非语言符号由一种语言向另一种语言进行转换。

翻译就是对翻译行为进行具体运作。翻译的本质体现了翻译的目的性、交际性、跨文化性三方面本质。这一翻译理论从译入者这一崭新视角对翻译活动进行解读，从而将翻译从原语中解放出来。

4. 功能加忠诚理论

功能加忠诚理论要求译者在翻译过程中要为各方参与者承担责任，协调好各方之间的关系。翻译使译语文本和原语文本保持一定的联系，将译文所期望或需要发挥的作用具体化，使得客观存在的语言文化障碍得到解决，进而使这一交际行为能够顺利实施。诺德以功能为视角，对文本与翻译进行分类。文本具有指称、表达、诉求、寒暄四大基本功能。

在编译教材和进行教学课程设置的时候，依据的正是文本功能模式的不同。对于翻译过程的功能和其产生的译文的功能，诺德对两者进行了比较，同时总结出了翻译过程中常见的两种类型——纪实型翻译和工具型翻译。纪实型翻译所追求的目标是，对原文本进行真实反映，记录下源语文化，交际双方的真实交际活动。而工具型翻译仅仅是一种独立的信息传递工具，传递过程中会产生新的交际活动，信息接收一方会在不知不觉中与外来文化对话，实现交际目标。

（二）功能翻译理论对文化翻译的指导

功能翻译理论以读者反应为译文是否忠实的衡量标准，将源语读者的反应与译语读者的反应加以对比，要求源语读者与译语读者对同一现象的认识趋同。同样，文化翻译也坚持以译语读者为中心，精准把握源语文本的内涵，运用相应的翻译策略，忠实地传达信息，再现与源语信息最贴近的自然对等物。译者充当的是文化之间的桥梁，一方面需要作为读者，阅读原文材料，另一方面还需要将原文中的相关内容以译语读者能接受的方式进行语言转换。译者需要妥善处理中西方文化和意识形态差异，在功能对等理论的指导下，以译语读者的反应为出发点，运用特定的翻译技巧，转换语言表达方式，提高译文的可接受度。

奈达的功能对等理论对英汉文化翻译有重要的指导意义，以读者反应作为译文是否忠实的衡量标准。下文将从词汇、句法和篇章三个层面论述功能翻译理论对文化翻译策略的指导作用。

1. 词汇层面

词是语言表达单位，是能够构成一个完整语句的最小单位，包含着丰富的信息。在对词汇进行翻译时，需要对词义做出准确的理解和表达，除概念意义外，还需掌握词的联想意义，尤其是带有感情色彩的意义。在功能对等理论的指导下，译者需在译语中找到最符合源语表达方式的词汇，全面准确地传递信息。通过文本对比分析，译者可以运用"使用等值词汇"和"省译部分修辞特征"这两种方法进行词汇的翻译。

（1）使用等值对应词汇

从译语中直接选用与源语意义对等的词汇，不作出任何调整，便是等值对应词汇。但由于中西方语言文化存在诸多差异，在翻译实践中，等值对应词汇为数不多。双语转换过程中，不可避免会出现信息、文化或审美缺失，所以译者只能在翻译过程中尽可能做到等值。

（2）省译部分修辞特征

成语在华夏悠悠五千年的历史长河中积淀，是中华文化的瑰宝。多数成语源自古代诗歌典籍，短小精悍、言简意赅，为人们所喜闻乐道。汉语常用带有修辞特征的成语来遣词造句，展现语言的生动，如"如鱼得水""黔驴技穷""谈笑风生"等。如果英译保留这些修辞特征，可能会让国外受众不知所云，影响交际效果。因此，若译语中没有与源语完全对应的词汇，便可省译部分修辞特征，外显源语内隐的信息，达到更贴近的对等。

2. 句法层面

美国翻译学家尤金·奈达认为，英语重"形"，汉语重"意"。英语是重形合的语言，较少借助连接手段。译者在汉英翻译实践中，要时刻把握英语重形合的特点，外显句子的语法意义和逻辑关系。例如，晋代诗人陶渊明《移居二首（其二）》中的"春秋多佳日，登高赋新诗"，被译为 It's a beautiful day in Spring and Autumn, when you climb high, you can write new poems. 原诗体裁为五言绝句，对仗工整，平仄分明。运用对偶的修辞，用字数相等、结构相同、意义对称的短句来表达两个相对应意思。显然，由于英汉差异，译文无法完全实现形式对等。但译者把握英语形合的特征，按照英语注重显性衔接的结构特点，译为非限制性定语从句，关系副词"when"凸显出语法意义和逻辑关系，且在从句中增译了主语"you"，符合译语语言表达习惯，再现与源语最自然、贴近的信息，实现功能对等。

3. 篇章层面

衔接概念是针对话语或语篇范畴，而不是句法范畴，是语篇内存在的意义关系，帮助语篇成为篇章。衔接是语篇的有形网络，各种衔接手段将单个语句连接成为一个整体，供读者解读。韩礼德和哈桑通过研究将衔接进行分类，诸如替代、连接、词汇连接、省略和指称。在文本中，照应和词汇衔接使用较为频繁。

（1）照应

"照应"又译作"所指"，属于语义范畴。起着承接上下文、充当篇章纽带的作用。例如，"中国的改革开放之举是经济发展的必然性，也是自身国际化发展的趋势推动，有利于助力人们走向更加美好的时代，推动世界和平稳定发展。"被译为：China's reform and opening-up is the inevitability of economic development and the trend of its own international development, which is conducive to helping people move towards a better era and promoting world peace and stability.

汉语长句结构松散，句界模糊，少用或不用连接词。英语是形合的语法型语言，受严格的主谓关系约束，需要借助各种连接手段架构句子逻辑关系。因而，在翻译汉语长句时，需要理清句际和句内关系，按照句子内部逻辑关系，切分意群。此例句有四个小短句，第一和第二个小短句是中国扩大开放的原因，后面三个小短句则是扩大开放的意义，故在"必然性"后面断句。译文中"conducive"是指示照应，照应前一段中所提及的对外开放政策。"which"则是人称照应，照应前文提及的中国。照应可以在上下文之间建立语义联系，切合英语形合的特征，外显语法关系，符合译入语语言表达习惯。

（2）词汇衔接

词汇衔接是语篇的重要组成部分，为篇章连贯奠定基础。一般来说，英语忌讳重复，一个词不会重复出现在临近的话语中。文学作品中词汇的重复出现往往起特定的强调作用。所以英语语篇中相近的地方会使用同义词或近义词代替。同义词和近义词指的是具有相同或相近意义的不同词语。英语中完全的同义关系为数不多，多数同义关系概念意义相同，而在联想意义上稍有差异。例如，"加快与跟进配套规范的制定与完善，推动自由贸易港的建设。"被译为：Accelerate and follow up the formulation and improvement of supporting norms and promote the construction of free trade ports.

该句以"加快与跟进"引出我们扩大外资市场准入的措施。除非出于特定修辞效果，英语忌讳原词复现。基于这一点，译者在翻译过程中，把两个"加快与跟进"分别译成了动词"Accelerate"和状语"follow up"，实现近义词替代，不仅能达到衔接语篇的效果，还能让文章生动活泼，富于变化。

近年来，中国对外交往日益频繁，文化翻译的重要性也日渐凸显。奈达的功能对等理论把读者反应作为译本是否忠实的重要标准，对文化翻译具有指导意义。

二、图式理论

在翻译过程中，图式理论所起的作用同样是不容忽视的。图式理论体现出现有的认知结构在处理外界信息时的主动性。根据翻译实践发现，相关的图式越丰富，译者对文本的解读能力就愈发强大，同时，译文被接受的程度也就越大。只有深入探索图式理论的精髓，特别是分析其功能，发现其所具有的属性——双向互动和动态发展性，就能找到语言技能培养的切入点。

（一）认知图式与图式理论

作为认知心理学中的一个术语，图示最初是用来指人类的某种心理结构。在心理学中，图式是一个很早就有的概念，最初是德国哲学家康德提出的，之后的发展过程中，人们赋予其新的含义。图式指的是，在人脑中储存的以往的知识。

图式本身是没有任何意义的，当与周围已知的事物产生联系时，才会获得意义。也就是说，当人们接受新的信息和思想，并将其同头脑中的旧知识联系起来，才会产生意义。

20世纪70年代，心理学家们纷纷加入研究理解和记忆的阵营，图式从此不再局限于心理学范畴，语言学领域将其借用过来。在这一领域中，图式理论等同于背景知识在语言理解中所起到的重要作用。也就是说，人们接受新事物时，应将其与自身的经历、头脑中存在的观念，即背景知识联系起来。大脑中存在的图式，决定了人们对新鲜事物的理解。头脑中接受的信息必须与图式契合，图式才能发挥作用，进而进行一系列的信息处理。假如头脑中没有形成一定的图式，或虽然相关图式已经存在，但是因为各种原因没被激活，那么人类也就无法理解接收到的新鲜信息。

图式包括三个方面：语言知识、社会文化知识以及其他知识。依据知识所具有的不同性质与特征，可以将图式分为语言图式、内容图式和形式图式三类。所谓的语言图式，指的是个体之前拥有的语言知识，如关于语音、词汇和语法知识，等等。内容图式是从文章的内容方面来说的，特指文章的主题，所以也可以叫作主题图式。形式图式常常也叫文本图式、修辞图式，是从文章的篇章结构方面来定义的。

图式理论的发展，给翻译提供了新的思路和研究路径，给英汉文化翻译的发展带来了全新的探索角度。

（二）图式理论的功能

1.选择功能与信息的注意、编码和检索

图式的选择功能主要表现在对信息的关注、编码与检索等方面。信息的关注则表现为对信息加工能力进行定位于聚焦；编码就是处理并储存信息的过程；检索是对记忆进行信息提取的过程。这一选择功能和现有专业认知图式有一定关联，可以提升到计划功能，也就说在情境中有计划地、有针对性地搜索所需要信息。

2.整合功能与认知的同化、顺应与平衡

和认知进行同化、顺应和平衡整合，就是人把储存在心中的内部信息抽取出

来并加诸外部信息之上，利用内部信息对外进行加工。这个过程经过同化、顺滑和平衡而达到认知发展的目的。图式恰恰是通过这样的过程，才逐渐形成更高层面的形态。

3. 理解功能与认知的范围、角度与深度

所谓注意，就是信息加工能力上的定位与聚焦；认识同一件事的视角因认知图式而异；不同认知图式对同一信息的理解深度与广度不一。完整、恰当的图式也有助于猜测新事实。

（三）图示理论在翻译过程中的指导作用

翻译属于语言间的转换活动，即翻译是把一种语言转化为另一种语言来表达的过程，它表面上是语言活动，但是从翻译主体，即译者的角度来看，翻译是译者自身的思维活动。这是翻译的本质所在，是从"思"到"说"的过程，思就是悟，是对源语文本进行了恰当解码；言即表达，就是在对源语文本进行了解的前提下产生译语文本。

伴随着认知语言学的崛起与发展，翻译研究开始进入一个全新的思维领域。就阅读心理过程而言，翻译就是解码与在编码的过程，是理解与表达的过程。译者对源语言中所含信息进行解码后再编码到记忆信息中作为目标语言使用，其中图式理论起着决定性的引导作用。所以，翻译交际其实就是原文作者、译者、读者之间三方沟通和相互作用的过程。为了使交际获得成功，译者作为原著读者，首先应该全面了解原著作者所意欲传达的信息与用意，再将其传达于译文读者。

不管是译者理解原文还是译文读者理解译文，二者都会在理解的同时接收到新的信息，都要将新的信息与文本语境所提供的旧信息及交际情景结合起来，在其认知语境进行中发现和激活有关图式。导出作者意欲传递的意向与讯息，以构成对新讯息的认识。

1. 图式理论在翻译理解阶段的指导作用

解释文本的理解时，图式理论重点提出两种信息处理的方法：一种是以数据为驱动的自下而上的加工方式，即通过逐步解码词汇、句子和意义来实现；另一种是，翻译者在基于已有知识的基础上，通过自上而下的加工方式，对文本的意义进行预测，并进行动态的交互过程，这种加工方式也被称为"概念驱动加工"。

　　只有当译者具备相关的语言、内容和形式图式时，才能在被激活的情况下准确地解读源语言的地理意义。对于翻译者而言，随着相关图式的愈加丰富，其理解和解码的难度也会随之增加。相反，当相关图式的缺失或数量较少时，将会对理解造成一定的阻碍。若在阅读过程中未能恰如其分地运用相关背景知识，那么就无法成功地激发阅读图式，从而对阅读理解产生了严重的负面影响。因此，在翻译活动中要特别注意文化背景知识的积累与运用。在理解源语文本的过程中，翻译者需要善于激发大脑中与其相关的图式，以确保对其进行充分而准确的解读。

　　2. 图示理论在翻译表达阶段的指导作用

　　为了确保正确地阅读理解，读者需要运用相关图式并激活这些图式，这是图式理论专家反复强调的。导致图式无法有效激活的因素是，阅读材料所提供的信息或者刺激还不够充分，从而影响了图像的呈现。因此，翻译者的表达必须同时考虑到潜在读者的认知模式和信息传递方式，以激活读者的认知模式，从而使译文能够被读者理解。唯有如此，方能使译者很好地完成从对源语文本到潜在读者的精确认知，最终使拥有不同语言和文化背景的交际双方顺利实现交流目标。

　　（四）图示理论在文化翻译中的指导作用

　　1. 英汉文化图示的不同

　　（1）图示对照

　　不同民族之间之所以能够进行顺利的交流，是因为他们的文化习俗在一定程度上存在着相同之处，在产生文化的过程中，经常会有许多文化共性认知的基础。因此，译者在进行翻译时应努力寻求文化图示的对照，并对其进行准确再现。比如汉语中的"添油加醋""雪上加霜"与英文中的"Adding the trimmings""Be dogged by bad luck"所呈现出的认知图示几乎是对应的。又如英语"Worry about personal gains and losses"与汉语"患得患失"所表达的信息内容也完全相同。

　　（2）图示矛盾

　　不同的文化必然存在诸多差异。由于不同民族具有不同的认知方式、独具特色的风俗习惯、与众不同的语言、迥然不同的信仰等，会直接造成处在不同社会文化中的人对相同的事物产生不同的理解，甚至是相互矛盾的认知。因此，英汉两种语言中所蕴藏的文化差异在一定程度上会导致认知图示矛盾的发生。在英汉语言中，存在两个词有许多相似之处，但意思却恰恰相反的情况。比如，汉语的"掩耳盗铃"与英语的"Plug one's ears while stealing a bell"，从语言形式上看，两者都有"欺骗自己"的意思，也在阐述类似的图示。但从语言内涵层面上来说，汉语表达的是一种愚蠢的自欺欺人的做法。英语表达只是简单的对字面进行解释，阐述将耳朵掩盖起来去盗取铃铛，其内涵与汉语有很大差别。

（3）图示缺省

使用不同语言的人所具有的思维方式也有所不同，语言上的差异会导致文化上的差异。经常在某种语言中所包含的文化内涵，移植到到另一种语言上就荡然无存，且没有与其相对应的表达方法。在译者的脑海中，完全无法构建相互对照的认知图示，这就出现了图示缺省的现象。比如"杯弓蛇影""卧薪尝胆"等汉语成语，源自我国历史神话故事或民间传说，具有鲜明的东方文化色彩。中国人看到这样的成语，自然会在脑海中浮现出与之相对应的历史典故，出现相对应的认知图示，但外国人肯定无法理解这些成语的内涵，更无从知晓其背后对应的文化背景，从而导致在理解过程中出现较大的困难，无法架构基础的文化对照图示，即所谓的文化空缺。

2. 图示理论对文化翻译方法的指导作用

（1）对照法

对照翻译法通常适用源语能够通过译语准确无误表达，两种语言可以形成一一对应的认知图示，并能对图示加以详细解释的情况。对照法对译者而言更容易掌控，应用更加自如，译文更易理解，印象更加深刻。需要注意的是，对照翻译法只可用于翻译在民族文化上有着或多或少相似之处的语料。比如，在翻译英语"Such a chance must not be missed."和"Thick branch rotten leaves."时，译者调动大脑中的文化背景分析理解之后，找出汉语中与其对照的认知图示，翻译为"机不可失"和"粗枝烂叶"。

（2）交叉法

各民族虽然处于不同的文化熏陶中，但是思维模式上会存在很多默契感，出现相同的认知图示。即便如此，各民族语言表达上的差异仍然屡见不鲜。因此，译者在翻译文化差异较大的译文时，要做出适当调整。换言之，译者将源语中的文化信息图示换一种方式用译语表达出来，即为交叉法。这种方法要求译者首先将源语中的文化图示进行准确无误的解读，然后对译语中文化图示构建基础框架，最终实现恰当的传译。这样的译语不会改变源语所要表达的含义，但可能改变源语的表达形式。比如，将"Don't be distracted"译为"集中精力"，将"No good intentions"译为"不怀好意""心术不正"等。又如，东西方信仰不同，中国人崇尚佛教，西方人信奉耶稣，对于"Resign oneself to one's fate""Obey God's plan""Let God decide"等，便可运用交叉翻译法，译为"听天由命""顺其自然"。

（3）直译备注法

当译者发现译语中不存在与源语相对应的明显的文化图示或是直译后的语言可能不被读者轻松理解时，译者可以通过直译备注法进行翻译。所谓直译备注法就是在直译的基础上，增加适当的译者主观注解，从而更好地将源语的图示信息表达出来，便于读者理解。例如，《水浒传》中的"得之易，失之易。得之难，失之难。"就可以运用直译备注法，将其翻译为"What is easy to get, lost is easy, when it is difficult to get, it is not easy to lose"。如若将其译为"Easy come, easy go." 读者会理解为"来得快，去得也快"，因而产生误解。因此，译者在翻译中要加入自己的理解，将源文的真正含义准确表达出来，弥补读者的文化空缺，从而促进中西方文化的交流。

语言是文化的重要载体，体现着文化中所蕴藏的含义，而翻译并不是单纯的促进两国语言的相互交流，重要的是运用翻译实现两国文化的交融。在翻译当中，译者的首要任务就是激发自身存在的源语文化图示，更好地理解原文中所要传达的文化信息，然后将原文中的信息进行适当重构，从而更好地激发读者的认知图示，真正意义上推动中西方文化的交流。

第五节　文化翻译观和杂合理论

一、巴斯奈特的"文化翻译观"

翻译的文化价值观自 20 世纪 80 年代以来，开始成为翻译研究重点关注的内容，此时全球科学研究领域都树立起了"人类中心范式"，文化学派在翻译理论研究中崛起，人们开始把翻译看作在特定的社会文化背景下所进行的交流活动，而不只是一种静止的、纯语言的行为。英国沃瑞克大学比较文学理论和翻译研究生院的教授苏珊·巴斯奈特是一位翻译文化学派的代表人物，当代翻译研究受到她的"文化翻译观"的深远影响。

1."文化翻译观"的产生

20 世纪 20 年代至 60 年代，语言学家从语义学、符号学、描写语言学和应用语言学等多个方面对翻译问题进行了分析，试图从语言学的视角为翻译问题找到一条解决途径。语言学家试图将语言分割成若干个基本单元，确定翻译的基本单位。这种观点认为，只要能确定一种语言与另一种语言的基本翻译单元的等价关系，就能很好地解决翻译问题。

在研究过程中，翻译的基本单位先后包括语素、词素、词、句子和语篇，力求在内容和形式上实现语言间的对等，找到一种能够解决翻译问题的科学的方法。然而，对于文学作品的翻译来说，其所面临的困难仍需要翻译理论研究学派中的文化学派来解决。20 世纪 80 年代，翻译理论发展到了一个新的高度，出现了翻译的文化论。

在斯内尔霍恩比的翻译理论的指导下，巴斯奈特提出了一种将翻译单元由语篇向文化转换的新的翻译研究方法，这就是"文化转向"。由于语言和文化之间有着紧密的联系，因此，在翻译过程中，应更倾向于以文化而非语篇为翻译的基本单位。巴斯奈特认为，若将文化比喻为人体之躯，那么语言就可以看作人体的心脏，唯有心身和谐，人体才能有生机和活力。[①]外科医生在为患者进行心脏手术的过程中，肯定也要考虑到患者心脏周围的状况。译者在进行翻译的过程中，

[①]　方芳. 全球化语境下的文化翻译审视 [M]. 长春：吉林大学出版社，2019.

也决不能脱离了文化的范畴,将翻译与文化隔离开来。

巴斯奈特将语言和文化的关系解释清楚后,又在斯内尔霍比恩的观点的基础上对文化翻译观的含义进行了论述。首先,翻译的基本单位应该是文化而不是语篇;其次,翻译是一种复杂的交流行为,而不是简单的解码—重组过程;再次,翻译时不应只对原来的语句进行描述,还要实现在文化功能上的等值;最后,在不同的历史时期要遵循相应的翻译原则和规范,要满足一定文化或文化中的一定群体的需求。简单来说,巴斯奈特的"文化翻译观"强调翻译不是一种纯语言的行为,而是一种具有文化价值的、文化与文化之间相互交流的行为,要实现翻译的等值就要保证原语和译语在文化功能上的等值。

2. 对"文化翻译观"的解读

巴斯奈特的"文化翻译观"强调以文化为首要、以信息为次要。通过翻译说明各民族之间的文化异同,对两种语言和文化进行比较研究。同时,翻译能够接纳、吸收异域文化,推动本土文学的发展。在宏观方面,促进了不同民族和国家之间的交流与合作。

翻译中对于文化方面的要求有很多,这些要求取决于原语原文的性质。若原语文本蕴含着某种文化基本信仰或呈现原描述性,或者原语文本为科技类文献,那么在翻译时就应在文化角度进行直译。但如果原文不涉及某文化成员的信仰,也不是科技类文献,那么译者在翻译文本时就能够自由发挥。

翻译应该根据不同对象的需求而有所区别。例如,将《奥德赛》翻译为儿童读物,译法就必然要与成年人读物的译法区分开,翻译时应当从功能上寻找恰当的译语以满足儿童群体的特定需求。此外,文化翻译观也要求译者和读者能够尽量适应、理解和吸收不同的文化之间的差别。通过阅读译文,可以了解其他民族和国家的风土人情、语言和文化的特点,推动本国语言和文化的发展。

"文化翻译观"提出,在信息传递的过程中,要尽可能地保留文本语言结构中所蕴含的文化因素的差异,并将其移植到文本中,采取"异化为主,归化为辅"的策略。如此,国外读者就不会认为中国人也有与自己一样的饮食习惯,从而更好地理解中国文化。"文化翻译观"以文化交流为核心,提倡保持原文的原意,既重视内容,又重视形式。巴斯奈特认为,文学翻译的形式是翻译的精髓。诗歌的翻译,不是对原作的拷贝,是对原作的创造,是种子移植;如果不保持诗歌的形式，就不可能达到功能上的对等。

文学作品中通常会使用很多的新颖的语言或比喻，读者可能需要透过文字到作品的字里行间去捕捉、体会作者的真实意图。如果在翻译时单纯追求"可懂性"，将原文中形象的比喻全部换成直白的语句，那就会使译文读起来十分无趣，不再具有文学效果。"文化翻译观"反对这种单纯追求"可懂性"而舍弃原文风貌的译法。

在纽曼的翻译理论的指导下，巴斯奈特将翻译的标准分为纯学术的标准和普通大众的标准。对翻译作品的评价标准与文化有着密切的关系。要想达到文化翻译的功能对等，最重要的就是要让译语读者在译语文化中所受到的影响与原语读者在原语文化中所受的影响相当。

3. "文化翻译观"的现实意义

如今，一股以英语为载体的强势文化在全球范围内传播，和武力入侵不同，文化输出是一种无形的力量，对人类的行为和思想都有很大的影响，但并不会像暴力入侵一样遇到强烈的抵抗。要如何面对文化中的弱势群体？只有在翻译过程中展现出原语文化特有的魅力，才能使异族人更好地理解和认识对方的传统文化。文化翻译观认为，在文化交流与融合的过程中，通过对新词术语和异族文化的翻译和传播，让其在经历一段时间的大范围的普及之后，逐步与自己的国家的语言相融合，并最终成为自己国家的主体文化的一个有机组成部分。文化翻译观认为，文化的交流在文化趋同的过程中是交互的，两种文化的影响也是相互的。例如，"磕头"（kowtow）和"功夫"（kung fu）这样的汉语词汇已经被纳入了英语词典，成为西方文化中的正式词汇。"文化翻译观"主张保护弱势文化和推动文化多元化，因而在20世纪90年代开始就开始逐渐被翻译界所接受和认可。

文化没有优劣强弱之分，各种文化都是平等的。翻译能够展现不同文化的独特魅力，实现不同文化背景的人们之间的文化沟通与交流。巴斯奈特的"文化翻译观"是一种满足当代翻译要求、顺应全球经济一体化和文化多元化潮流的翻译理论，具有强大的生命力。

二、杂合理论

"杂合"（hybid）的概念起源于生物学领域，指的是不同种、属的动物或植物杂交生成的生物体。后来该术语被引入到人文社会学科并得到了深入的研究和应用。尤其是后殖民主义的研究者们给予了杂合极大的关注和发展。巴赫金（Mikhail Bakhtin）将杂合归结为"单个语句界限之内、语句的范围之内两种社会语言的混合，两种被时代、社会差别或其他因素区别开来的不同语言意识之间的混合"。霍米·巴巴（Homi K. Bhabha）提出了一种解构主义的"文化杂交"理论，即不同文化的相互影响不是融合而总是杂交。他指出"杂合化"是"不同种族、种群、意识形态、文化和语言相互混合的过程"。他认为文化差异打破了传统／现代、自我／他者等二元对立的观念，文化翻译过程中会打开一个罅隙性的"第三空间"。多种语言和文化在这个"第三空间"交流融合形成了杂合化的成果，兼具了两种文化的元素。中国学者韩子满将杂合理论引进中国，他指出"杂合其实就是不同语言和文化相互交流、碰撞，最后形成的具有多种语言文化特点但又独具特色的混合体"。

翻译作为跨文化交际的重要媒介，它不单单是语言符号间的解码和编码转换活动，更是源语文化和目标语文化交流互动的过程。文化的异质性和文化交流的必要性决定了翻译中语言文化杂合及翻译策略杂合的必然性。首先，译者在翻译过程中至少会受到两种语言和文化的制约，从而决定了二者的元素都会在译文中得到保留，译文因而也必然是杂合的；其次，读者在阅读外国文学译作之前必定是有心理准备的，作品所描述的必然是不同于本民族的异国风情。正如王东风所说："任何一个欲读翻译文学的读者，都有着不同于读本土文学的审美期待"。这种特殊的审美期待必然会推动着译文带有一些异质成分。这些异质成分不同于目标语言的表达习惯，相对目标文化来说有些"怪异"，但它并不是翻译腔，也不是译者缺乏翻译能力，而是译者有意为之。也因此许多通晓多种语言的文学作家都提倡译文应多保留一些原文的语言文化成分。翻译是异域文本进入本土文化的过程，无论译者采用的翻译策略是归化还是异化，译文语言都不可避免地会具有某种程度的杂合。所谓归化和异化的区别不过是杂合程度不同而已。然而不管译文的杂合度有多低，都会将异族的语言风格和文化价值观引入本民族文化，反之无论杂合度有多高，也不可能完全颠覆本土文化的民族身份。实际上译文是在二元对立之外的第三空间沟通共融，形成一种多元文化杂合的译文。同时，译者在翻译实践中方法和策略的选择不是二元对立的，而是直译意译、归化异化的多样杂合。

　　需要指出的是，译文的杂合度与翻译策略密切相关。如果译者采取归化策略，在出现文化空缺时则可能运用意译法依据译语的语言、文化和文学规范对译文进行调整，将原文所传达的信息尽量用译语读者所熟悉的语言和文化表达出来，那么译文中保留的异质性成分就会很少，因而译文杂合的特征可能就不太明显，杂合度就低；反之，如果译者采取异化策略，在出现文化空缺时则会故意打破译语的惯例而保持原作的陌生感，运用直译法尽可能多地在译文中保留原作的异质语言和文化成分，这时译文杂合的特征就会明显，杂合度就高。由此可见杂合度与异化策略成正比，与归化策略成反比。译者对这两种策略的运用决定了译文杂合度的高低。而译者在翻译过程中最重要的就是掌控好杂合的度。适度杂合的译文，不仅不会令读者感觉晦涩难懂，反而会因其独特新奇的语言表达而取得陌生化的效果，超越读者的审美期待。

　　杂合理论主张在可能情况下，应尽量争取异化；在难异化的情况下，则应退而求其次，即必要的归化。简言之，可能时尽量异化，必要时尽管归化。当出现文化空缺时，高杂合度的异化法虽会留下翻译痕迹，却不失为一种让原文"在场"的办法，适时采用直译法，将异质语言和文化成分引入译文，既可保留原文主体性，又能向译语读者呈现一种不同于本土文学的异国风情，还可体现译语表达法的多样性。事实上，中西方文化总是差异性和共通性并存。通过异化的策略，译者向读者介绍了一个别具异域特色的词汇，同异并存的文化交揉创造出杂合的罅隙性空间。在此空间里，译语和源语均通过译者这个媒介、通过彼此斗争和妥协获得新的和谐，形成一种多元文化杂合的译文。译语读者得以透过杂合译文平等审视两种语言和文化。可以说这是一种不同于阅读本土文学的新奇体验，陌生的语言表达和事物感知定会给读者意想不到的收获。为达此效果，译者运用的翻译方法和策略不可能单一或一成不变，而是直译意译、归化异化的灵活杂合。

　　译文中的异质成分对译语读者而言可能被视为不同于英语表达习惯的奇言怪语，但并非翻译腔，亦非译者能力不足，而是译者有意为之的结果。读者在阅读中不会抱怨此言怪异，因为文化空缺词汇本身力图传达的概念在其翻译前并不存在，新概念自然会产生新的表达方式。只要不太过刻意或文饰痕迹过重，异化还是特色鲜明的。刻意则做作，令人生厌；自然流露，尽量通俗，则很有趣。恰当异化使人明显感觉到中外文化差异，并从古怪的语言习惯中领略异域文化特点。

读者也许需要努力理解原文内涵，但异样的阅读情趣与审美愉悦是阅读本土文学无法比拟的。正是于此过程中，不同民族文化得以在看不见的"第三空间"实现沟通与共融。

但是，并非所有文化空缺均适用异化翻译策略。虽然杂合翻译强调译文中的异质性成分，译文中的杂合确实有其优点，但并不意味翻译过程杂合异质性成分越多越好，不顾译语语言、文化规范而生硬地直译原文，形成拗口译文的做法不可取。过分"杂合"往往无法为译语文化中的各种规范所接受，甚至遭排斥。对于一些在译语语言中不存在，而且文化渊源颇深，如用直译法硬塞给译语，读者不能理解异族语言，会迷惑不解。所以有时必须采取归化处理，虽然造成了源语文化内涵的部分流失和改变，却有利于清除阅读障碍，增进多元文化交流。可见杂合也离不开归化策略的合理使用。

译文的杂合是必然的。翻译无论在语言文化上还是在翻译策略上，杂合是必然且必要的。杂合理论对于英汉文化的翻译具有重要指导意义。①

---

① 薛蓉蓉. 《红楼梦》中粗俗语英译的杂合研究——基于语料库的对比分析 [J]. 东北农业大学学报（社会科学版），2016（6）：77-84.

第三章　英汉文化翻译的原则与策略

当今世界，随着科技与经济全球化的快速发展，跨文化的交流日益频繁。而翻译表面上是两种语言文字之间的转换，实际上是传播文化信息的有力工具，语言、文化与翻译之间有着密切的联系。因此，为了更好地了解英汉语言的文化差异，对英汉文化翻译的研究就变得日趋重要。本章就英汉文化与翻译的相关内容进行探讨，包括英汉文化翻译的原则、英汉文化翻译的策略。

第一节　英汉文化翻译的原则

一、忠实原则

忠实原则指译文要准确地表达出原文的思想、内容和文体风格，要再现英汉文化的特色。在英汉文化翻译过程中，译者不能篡改、扭曲、遗漏、增加原作品的内容，是要用另一种语言将原文表达出来，而不是进行独立的再创作。如果译文与原作不符，那就不能称之为翻译。对这一原则，可以从以下几个方面展开讨论。

（一）语义的忠实性

对译者来说，要实现英汉文化翻译的译文忠实于原作，首先要对原文有正确的理解，并且吃透原文的词义、语法和逻辑关系。例如，原文：Scientists defined the temperature requirements necessary for survival the black carp.

原译：科学家们规定了青鱼生存的必需温度。

改译：科学家们查明了青鱼生存所需的温度。

（二）功能的忠实性

功能的忠实性指的是英汉文化互译时，要做到忠实于原文，其关键在于功能上的忠实，也就是说，译文应尽可能地体现出原文所具备的功能。例如，在英汉语中，普遍存在着表情、传递信息、祈使、美感等多种功能。在进行英汉两种文化的互译时，译者应充分发掘原作，明确原作所起到的作用，以便使译文读者在阅读过程中能得到与原文读者大体一致的情感体验。例如，汉语习惯称"亚洲四小龙"，英语虽然可译成"the Asian Four Dragons"，但西方人大都叫"the Asian Four Tigers"或"Four Tigersin Asia"。因为在西方人的眼里，dragon 是一种类似鳄鱼或蛇、长有翅膀会吐火的怪物，常常看守着金银财宝。如果照字面意思翻译，会让西方读者摸不着头脑，也就没有准确体现其功能意义。

（三）文体的忠实性

不同的文体对忠实性有不同的要求。例如，在进行科技文献翻译时，要用简练的文字完全、准确地再现原文的内容。而文学作品的翻译的忠实度，是要求译文不仅要能精确地表达出原文的意义，而且要能再现原文的修辞、遣词造句、节奏韵律等方面的特点，从而使译文具有强烈的情感感染力。

虽然忠实原文是英语文化翻译的首要原则，但是因为语言文化的差异，在实际翻译工作中往往无法做到内容与形式的完全符合，这时就要求结合英语文化与汉语文化，对照上下文去判断译文是否准确展现了原文的内容和含义，从而使译文能够"传神"，展现原文的风姿。

二、通顺原则

通顺原则就是要求译文的语言必须通畅明白、流畅易懂，符合现实生活中的语言表达习惯，不能出现逐词逐句地死译、硬译以及文理不通、晦涩难懂等现象。译文要做到通顺，就必须把英语原文翻译成合乎规范的汉语。例如，原文：His addition completed the list.

原译：他的加入结束了名单。

改译：把他添上，名单（上的人）就全了。

译文不通顺，通常是由于语言逻辑转换不畅所致。英语句子和中文句子的结构是不同的，包括单词在句子中的位置、词句的顺序等。对此可以从以下两个方面加以把握。

一是英汉语的语序特征。英汉两种语言在语序上表现出各自不同的特征。英语侧重于主语，而汉语侧重于主题。英语的句法结构较为严谨，而汉语的句法结构则较为松散。英语中的长句和从句较多，无主句较少；汉语以单句和短句为主，无主句较多。所以，将英语翻译为汉语时，可将英语的长句和从句拆解为汉语的短句和单句。

二是定语在句子中的位置。英语中，单词作定语时常常置于被修饰词的前面，有时也后置，汉语中定语的位置也大致如此，但汉语中的定语一般前置。如果一个英文句子中名词前的定语过多，汉语译文中的定语就要后置，较长的定语从句可以单独另起一句。有时译文中也可以将同位语译为定语。

三、美感原则

忠实原则和通顺原则是英语文化翻译最基本的原则，二者相辅相成，缺少任何一个都会使翻译失去应有的意义。美感原则，是翻译的最高要求和最高境界，要求在保证译文忠实原文、表达顺畅的前提下，力争符合美感。对此，在翻译过程中需要注意以下三点。

一是务必在深入理解了原文含义的基础上考虑表达方式，否则会因小失大，不仅无法体现美感，还让读者不明所以。

二是避免逐字逐句地把汉语文化和英语文化对号入座，否则会导致译文不伦不类。

三是不能擅自增删词意。这里说的增删词意不是翻译技巧中的增词法和减词法。

要实现英语文化翻译的语言美感，就要大家将直译过来的汉语意群再加工，选用的词汇要准确，句子结构要符合译入语的表达习惯。在正确地理解句意的基础上，用流畅优美的汉语表达出来才是关键。理解了才能表达，对原作内容进行深入理解后再用合适的语言重新表达出来。因为两种语言文化之间存在着语言、语法以及表达方式上的不同，所以在翻译的过程中就需要做出相应的调整和变化，让读者在阅读译文的过程中，能够感受到一种自然流畅的感觉。又能体会到语言的美感。但是，这不是要求过度优雅。"一味求雅"很可能会伤害原文的意义和风格，并损害译文本身的表达和风格统一。

第二节　英汉文化翻译的策略

归化和异化是英汉文化翻译的两种主要策略。二者之间是相互影响、相辅相成的。译者要根据具体语境，带着辩证的眼光灵活地运用这两种策略。

一、归化策略

（一）归化的概念

归化在英语中称作 domestication 或 assimilation，指的是将源语的语言形式、文化传统和习惯处理方式的归宿都定为目标语，其目的在于，利用符合目标语的文化传统和语言习惯的"最贴近自然对等"概念，实现功能对等或动态对等。

翻译作品应当具备动态对等的特性，不仅在表达形式上要符合目标语规范，而且在文化表达上也必须遵循相应的规范。译文读者的文化范畴应当全面涵盖最佳译文的表达方式、遣词造句和行文风格等方面，以符合其阅读习惯和心理需求。

在语言文化共性方面，90% 的人类语言是相通的，为归化翻译打下了基础。归化作为一种思想倾向，表现在对原文的自由处理上，要求译文通顺，以符合目标语读者的兴趣。因此，在翻译时不能只追求词汇的对等，翻译要做到文化上的对等，将深层结构转换为浅层结构或将文章的内涵翻译出来，以此来实现这种文化对等。英语"Lyceum Theatre"的意思是"大剧场"，但是有译者将其译为"兰心剧院"，瞬间风雅不少。因为"兰"在中华文化中是一个富含中国文化底蕴的词语，其源于"梅、兰、竹、菊"，这种音译加意译的方法使译文的内涵更加深刻。而且四字格属于典型的汉语特征。"兰心剧院"的翻译做到了以汉语为归宿。同理还有"Paramount"的翻译。这个词是"至高无上"的意思，有译者将其翻译为"百乐门"。"百乐门"在汉语的意思是"百事快乐"、"称心如意"，还有"百种音乐，百种乐趣的"比喻。此译既体现了这个词的发音，又赋予其中国人喜欢的吉祥寓意，也是典型的归化翻译。

由此可见，归化法要求要选用译语读者习惯的译语表达方式进行翻译，向译语读者靠拢。

（二）归化法

"翻译是一种艺术，是一种再创作，这在翻译界是没有怀疑或争论的。"[①] 在翻译过程中，语言文化的差异会对译者的翻译造成很多阻碍，有些阻碍甚至无法解决。选错了翻译方法，会导致译文晦涩难懂，读者接受效果不佳。因此译者需要采用归化法进行翻译。前面已经提到，归化法是以译语文化为归宿的，要求顺应译语读者的文化习惯，强调读者的接受效果，力求译文能被译语读者接受并确保通俗易懂。

在通常情况下，归化者都会根据原作的语用含义，选择具有原作意义的词语进行翻译。换言之，归化法就是用"入乡随俗"的方式，把原作独有的特点融入目标语中的翻译方法。归化是一种将语言所承载的文化意蕴移向目标语的翻译策略。概括地讲，就是不能引进新的表述方式，要使语言本土化。例如，原文：The cold, colorless men get on in this society, capturing one plum after another. 译文：那些冷冰冰的、缺乏个性的人在社会上青云直上，摘取一个又一个的桃子。

原文中的 plum 指的是"李子"，在西方文化中，"李子"代表着"福气""运气"，然而在汉语文化中，"李子"却没有这一寓意。为了便于读者接受，译者将其换成汉语中同样具有表示"福气""运气"的"桃子"，这样的译文会令汉语读者体会到原文所要表达的真实含义。

从上述例子中可以看出，归化法以目标语为出发点，更加靠近译文读者。采用这种方法进行翻译，能使译文更加通顺、地道、有亲切感。

归化法具有一定的优点，即不会留下明显的翻译痕迹。由于英汉的社会环境和风俗习惯等存在着差异，因而英汉文化之间的差异也很明显。同一个事物在不同的文化背景下可能具有不同的含义，在翻译时就需要将这些事物的含义翻译为译语读者熟知的含义。尽管归化中的形象各异，但是却有着相似或对应的寓意，这样的译文也能保持所描述事物固有的鲜明性，达到语义对等的效果。例如，as poor as a church mouse 译为"穷得如叫花子"，而不是"穷得像教堂里的耗子"；

---

① 黄振球. 中外名家谈翻译 [M]. 上海：复旦大学出版社，2020.

to seek a hare in hen's nest 归化翻译成"缘木求鱼",而不是"到鸡窝里寻兔"。再如,汉语中用来比喻情侣的"鸳鸯",不能将其译为 mandarin duck,这是因为这样的译文不能令英语读者联想到情侣间的相亲相爱;而将其译为英语中已有的词汇 lovebird,则会令目标语读者很容易理解。

归化法也有一些缺点,因为其舍弃了原文的语言形式而只保留了原文的意思,这就会导致译文中可能会缺少很多文化内容,如果每次都这样翻译文化因素,译者都仅使用自己熟悉并习惯的表达方式,那么将会给译语读者带来一定的阅读障碍,译语读者就无法了解原文中所蕴含的文化,不利于民族间的文化交流和沟通。

以霍克斯对《红楼梦》的翻译为例,从其译文中可以感受到好像故事发生在英语国家一样,具有很强的可读性,在一定程度上促进了《红楼梦》在英语世界的传播,但这也改变了《红楼梦》里丰富的中国传统文化内涵。例如,将带有佛教色彩的"天"译为西方读者更容易接受的 god(神);把"阿弥陀佛"译成"god bless my soul!"这就很容易使英语读者误认为中国古人也信奉上帝,从而阻碍了中西方在文化上的交流。

再如,原文:It's as significant as a game of cricket. 译文:这事如同板球比赛一样。由于中国读者对板球这项运动不是很熟悉,很难了解板球的文化内涵,因此译者在翻译时,最好能够突出原文要表达的重要内容,如译为"这件事很重要"。尽管这种译法简单易懂,但是却造成了文化内涵的损失,令中国读者无法体会其中的文化意蕴,更无法了解板球赛在西方文化中的重要性。

综上所述,在使用归化法进行翻译时,需要充分地考虑目标读者、原文的性质、文化色彩等方面的因素。

二、异化策略

(一)异化的概念

异化是以源语文化为归宿的一种翻译理论,在英语中可称作 alienation 或 foreignization。异化理论的主要代表是美籍意大利学者韦努蒂,他是结构主义思想的主要倡导者。韦努蒂在著作《翻译的策略》(Strategy of Translation)中将异化翻译定义为在保留原文语言和文化差异性的同时,背离本土的主流价值观念。

异化是指译文在某种程度上保持原作的异域性，而有意地违反译文的一般规律。从这一点可以看出，在翻译过程中，译者必须靠拢作者，译文要采用对应于作者使用的源语表达方式，以此来更好地表达原文内容。

在支持异化理论的译者看来，翻译的目标就是为了促进文化交流，使目标语读者能够更好地了解并接受源语中的文化。因此，在翻译过程中，翻译人员不必刻意地去为使译文读者能够看懂译文而改变原文中的文化意象。在翻译过程中，要把源语文化"植入"到目标语言的文化之中，这样才能更好地为目标语读者所理解和接受。杨宪益在翻译《红楼梦》时就采用了这种方法，在译文中保留了源语的文化意象。例如，真是天有不测风云，人有旦夕祸福。翻译为 Truly, storms gather without warning in nature, and bad luck befalls men overnight. 译文中，杨宪益在英译"风云"和"祸福"时，对文化意象采用了异化法的处理方法，即将富含中国文化意象的词汇"storm"和"luck"转换到了英语中。因为"storm"和"luck"在汉语中就是"风云"和"祸福"的意思，然而这两个词汇在英语中却失去了对等的含义。这样的处理保留了源语的文化特色，便于读者更好地感受源语文化信息。

（二）异化法

在文化差异较大的语境中异化法应用得比较多，译者想传达的源语文化越多，译文就越接近原文。异化法多用于下列语境。

1. 用于不同的历史文化背景

译者在传译具有丰富历史文化色彩的信息时，要尽量保留原文的相关背景知识和民族特色。例如，原文："It is true that the enemy won the battle, but theirs is a Pyrrhic victory," said the General.

译文：将军说，"敌人确实赢得了战斗，但他们的胜利只是皮洛士式的胜利。"

译文中采用了异化法，保留了源语文化背景和民族特色，有效地对其进行了传递和文化交流。

2. 用于不同的心理与思维方式

中西方人的心理与思维方式因受社会的影响、文化的熏陶而存在一定的差异。对于这类翻译，译者应优先选择异化法。例如，胆小如鼠翻译为 as timid as a mouse、脚踩两只船翻译为 straddle two boats。

译文中，采用异化法进行翻译，保留了源语文化形象，有效地传达了原文的信息，有利于西方读者加深对中国文化的了解和理解，也有利于促进跨文化交流与沟通。例如，crocodile tears 一词，用异化法保留"鳄鱼"和"眼泪"的意象，将这个词译为"鳄鱼的眼泪"，汉语中原来是没有这样的表达方式的，汉语文化中也不存在这个意象，所以这种译法可能不被中国读者所接受而成为死译。

但是实践证明，中国人最终接受了这种译法，"鳄鱼的眼泪"也就成了佳译。例如，blue print 译为蓝图、honeymoon 译为蜜月、hot dog 译为热狗、soap opera 译为肥皂剧、ivory tower 译为象牙塔、half the sky 译为半边天、golden age 译为黄金时代、a comer of an iceberg 译为冰山一角，等等。

综上可发现，异化法的翻译具有以下几个优点。

一是可以固定和统一译入语中的源语表达，使源语表达和译语表达在不同的语境中也能保持对应性和一致性。

二是可以实现译语表达的简洁性、独立性，保持源语的比喻形象。

三是有利于不同语言之间的词语趋同，扩大表达语境适用范围，使译文的衔接程度更高。

三、归异互补策略

（一）归异互补的概念

作为翻译的两大主要翻译策略，归化法和异化法二者之间是对立统一的，都有其各自的适用范围。然而在很多语境中，仅仅使用归化或者异化是无法传达原文的真实内容的，这就需要采取归异互补策略。

归化和异化在翻译中并不是互相矛盾的，二者是相互补充的，翻译过程中采取归异互补策略，有利于中国文化的繁荣与传播。

（二）归异互补策略的方法

在分析归异互补策略以前，首先要分别对极端的归化法和异化法进行分析。

一是过分的归化，只追求译文的通顺和优美，对源语的民族文化特征和原文的语言形式却弃之不顾，甚至在译文中使用一些特殊的翻译文体，这样可能会造成"文化误导"。例如，原文：Doe. a deer. A female deer. Ray... a drop of golden sun. Me.. a name I call myself.Far...a long long way to run.Sew...a needle pulling thread. La..a note to follow sew.Tea.. a drink with jam and bread.That will bring us back to doe.

译文：朵，美丽的祖国花朵。来呀，大家都快来！密，你们来猜秘密。发，猜中我把奖发。索，大家用心思索。拉，快点猜莫拖拉。体，怎样练好身体，做苗壮成长的花朵……

译文虽然用词轻松活泼，但内容上却与原文毫无关系，这种归化就是过于极端的归化，这样的翻译是没有意义的。

二是过分的异化，只追求与原文形式的对应而丝毫不顾译语的语言习惯和译文读者的需求，这就会使译文生硬晦涩，影响译文的可懂性和可读性。例如，原文：What a comfort you are to your blessed mother，ain't you，my dear boy，over one of my shoulders，and I don't say which！

译文1：你那位有福气的妈妈，养了你这样一个好儿子，是多大的开心丸儿。不过，你可要听明白了，我这个话里可有偏袒的意思，至于是往左偏还是往右偏，你自己琢磨去吧！

译文2：你是你那幸福的母亲多么大的安慰，是不是，我亲爱的孩子，越过我的肩头之一，我且不说是哪一个肩头了！

在这个例子中，译文2就是一种极端的异化，虽然在形式上与原文保持了对应，但是译文却过于难懂，这时采用归化法进行翻译，将读者在语言理解方面的障碍清楚地翻译出来，能得到更好的效果。

综上可知，归异互补的翻译策略就是过度的归化和过度的异化之间的一个平衡点，这就要求译者首先要弄懂原文，在了解作者的写作意图、原文的文本类型、翻译的目的和译文的读者等因素之后再慎重选择翻译方法，把握好"化"的度。例如，原文：I gave my youth to the sea and I came home and gave her（my wife）my old age.

译文：我把青春献给了海洋，等我回到家中见到妻子的时候，已经是白发苍苍。

该译文综合运用了归化法和异化法，其中，将"I gave my youth to the sea"译为"我把青春献给了海洋"，采用了归化法；而将"I came home and gave her（my wife）my old age"译为"等我回到家中见到妻子的时候，已经是白发苍苍"，采用了异化法。如果仅仅采用归化或者异化其中一种方法，则无法清楚地传达原文的真实含义。

四、归化与异化的关系处理问题

在处理归化法与异化法的关系时，应将异化法作为首选的翻译方法，归化法作为辅助方法。也就是说，可能时尽量异化，必要时尽量归化。具体包括以下几个方面的内容。

一是在通常的条件下，尽可能地使用异化法。往往要运用异化法使译文达到"形神兼备"的效果，所以，在翻译时，如果使用异化法能够达到语句通顺、明白易懂的效果，就要坚持使用异化法。

二是当单一的翻译方法无法使译文完全语句通畅或意义明确时，应同时运用归化与异化两种方法。

三是在翻译过程中，如果异化法无法达到预期效果，那么就不要强求，而应该采用归化法，即"弃其表象，以达其深意"。

总之，译者在处理异化法与归化法的关系时，还必须掌握适度原则，也就是说，异化时不妨碍译文的通俗易懂，归化时不改变原作的"风味"，力求做到"文化传真"，避免"文化失真"。从这个意义上说，归化法主要表现在"纯语言层面"上，而异化法主要表现在"文化层面"上。

在归化、异化、归异互补的三种翻译方法中，归化和异化是主要的翻译策略，这二者是对立统一的关系。归化是为了照顾译语文化，取悦译语读者；而异化却是以源语文化和原文作者为归宿。在具体的翻译实践中，要讲究分寸和尺度，适当地采用归异互补策略，不可走极端。

例如，在日常生活中为了产生好的交流效果的材料，如广告、通知、公告、对外宣传资料、新闻报道等，宜使用译语的地道表达，采用归化手法。而对于那些介绍异国文化的政治论文、哲学著作、历史、民俗及科技论著，宜采用异化策略，因为其目的是填补译语文化中的知识空缺，强调源语和译语文化的相异之处。异化策略可以令译文读者更多地了解原文以及异国文化。

需要重点说明的是，在同一篇文章的翻译中，不能从头到尾都机械地使用单一的翻译方法。译者在面对翻译中的文化问题时，应具备敏锐的跨文化意识，采用各种翻译方法传递文章中的文化。

第四章　英汉文化的对比与翻译

本章为英汉文化的对比与翻译，主要从英汉物质文化的对比与翻译、英汉社会文化的对比与翻译、英汉生态文化的对比与翻译、英汉人文文化的对比与翻译、英汉语言文化的对比与翻译五个方面进行详细阐述。

第一节　英汉物质文化的对比与翻译

物质文化是文化的重要内容，是社会得以维持、发展的基础。同时，物质文化也是精神文化的重要表现形式，世界各国的物质文化无不反映着鲜明的民族特色。由于各民族不同的生活方式和地域限制，在吃穿住用行方面会产生不同的物质产品，同一种物质在不同文化中所代表的意义可能大不同，这些都是物质文化的体现。[①] 比如中西方国家在服饰、饮食等方面都存在着明显的不同。

一、英汉服饰文化的对比与翻译

服饰不仅是一种物质文明，还是一个民族的精神面貌、审美情趣、宗教信仰和文化素养的综合体现。中西方的服饰文化经过长年的积淀，已形成了各自的体系与风格。

（一）英汉服饰文化的对比

材料、款式、颜色是服饰文化的三大元素。此外，图案的选择以及服饰观念等也是服饰文化的重要组成部分。

---

① 薛蓉蓉.《水浒传》粗俗语的跨文化翻译 [J]. 西部学刊，2021（5）：95-97.

1. 英汉服饰材料的对比

（1）西方的服饰材料

亚麻布是西方服饰的主要材料，这主要有以下三个方面的原因。

一是西方国家的地理环境适合亚麻的生长，很多国家盛产亚麻。

二是亚麻布既有凹凸美感又结实耐用，非常适合于日常的生活劳作。

（2）中国的服饰材料

中国的服饰材料较为丰富，包括麻、丝、棉等。其中，丝是最具中国特色的服饰材料。

中国早在 5000 年前就开始养蚕、缫丝、织丝，是世界上当之无愧的丝绸之国。丝是一种总称，根据织法、纹理的差异，丝还可以细分为素、缟、绫、纨、绮、锦、纱、绸、罗、缣、绢、缦、缎、练等，中国的制丝工艺历史悠久，丝绸种类繁多，充分体现出中国人民的智慧。

丝绸质地细腻柔软，可用于制作多种类型的服装及披风、头巾、水袖等。此外，丝绸具有一种飘逸的美感，穿在身上时可通过人的肢体动作展现出一幅流动的画面，具有独特的动人效果。

2. 英汉服饰款式的对比

（1）西方的服饰款式

西方人身材高大挺拔，脸部轮廓明显，因此西方服饰强调服饰的横向感觉，常常通过重叠的花边、庞大的裙撑、膨胀的袖型以及横向扩张的肩部轮廓等来呈现一种向外放射的效果。

此外，西方人大都具有热情奔放的性格，且追求个人奋斗，喜欢展示自己的个性，因此在服装款式的设计上也往往较为夸张。例如，牛仔裤这一最具有代表性的服饰就充分体现出西方人敢于我行我素的性格特征。此外，牛仔裤以靛蓝色粗斜纹布为原料，不仅简单实用，还具有广泛的适应性，男女老少都可以穿。

（2）中国的服饰款式

与西方人相比，中国人身材相对矮小。因此，中国服饰常采用修长的设计来制造比例上的视觉。筒形的袍裙、过手的长袖以及下垂的线条等都是常用的服饰设计手法。从魏晋时男子宽大的袍衫、妇女的褥衣长裙，到中唐时期的曳地长裙，再到清代肥大的袖口与下摆，无不体现出中国传统服饰的雍容华贵。

此外，中国人的脸部线条较为柔和，为与之相称，中国服饰的款式常以"平""顺"为特色。

3.英汉服饰颜色的对比

（1）西方的服饰颜色

服饰颜色可以在一定程度上反映一个民族潜在的性格特征。在罗马时期，西方国家的服饰偏爱以下两种颜色。白色代表着神圣、纯洁，具有一种独特的魅力，因此新娘的婚纱是白色的。紫色代表着财富与高贵，红紫色有年轻感，青紫色有优雅的女性感，此外，紫色还代表至高无上和来自圣灵的力量，具有浓厚的宗教气氛。由于主教常穿紫色，因此紫色被定为主教色。

文艺复兴以来，服饰的奢华程度不断提高，人们开始喜爱明亮的色彩。具体来说，法国人喜欢丁香色、蔷薇色、圣洁的白色以及含蓄的天蓝色；西班牙人崇尚高雅的玫瑰红和灰色调；英国人则将黑色视为神秘、高贵的象征。

到了现代，人们打破了等级、地位、阶层的限制，开始根据自己的喜好来自主决定服饰颜色，并使颜色成为展示个性的重要工具。

（2）中国的服饰颜色

中国服饰的色彩具有强烈的时代性与等级性。

①时代性

上古时代的先人认为黑色是支配万物的天帝色彩，因此夏、商、周时期均采用黑色来制作天子的冕服。后来，封建集权制的发展使人们逐渐淡化了对天神及黑色的崇拜，并转向对大地及黄色的崇拜，"黄为贵"的观念由此形成。

②等级性

阴阳五行学说也对中国的服饰色彩产生了重要影响。具体来说，阴阳五行学说将青、红、黑、白、黄这五种颜色定为正色，其他颜色为间色。正色为统治阶级所专用，普通大众不得使用，否则会遭受杀身或株连之罪。

4.英汉服饰图案的对比

（1）西方的服饰图案

随着历史时期的变化，西方国家的服饰图案也发生相应的变化。文艺复兴之前，西方服饰比较偏爱花草图案。文艺复兴时期，花卉图案较为流行。法国路易十五统治时期，由于受到洛可可装饰风格的影响，"S"形或旋涡形的藤草和轻淡柔和的庭院花草图案颇受欢迎。近代以来，野兽派的杜飞花样、利用几何透视原理设计的欧普图案、以星系或宇宙为主题的迪斯科花样和用计算机设计的电子图案较为流行。

（2）中国的服饰图案

中国服饰，无论是民间印花布还是高贵绸缎，都喜欢利用丰富多彩的图案来表达吉祥如意的内涵。例如，人们利用"喜鹊登梅""鹤鹿同春""凤穿牡丹"等图案来表达对美好生活的向往；"龙凤呈祥""龙飞凤舞""九龙戏珠"等图案不仅表达了中国人作为"龙的传人"的自豪感，还隐喻了传统的图腾崇拜。

5.英汉服饰观念的对比

西方崇尚人体美，中国讲究仪表美，可以说这是英汉在服饰观念上最根本的区别。

一方面，西方文化深受古希腊、古罗马时期雕塑、绘画等造型艺术的影响；另一方面，地中海沿岸气候温暖，人们不必紧裹身体，凉爽、适体、线条流畅成为服饰的第一要义。因此，西方服饰观念认为，服饰应为人体服务，应充分展示人体美。具体来说，服饰应将男子的刚劲雄健与女子的温柔纤细充分展示出来。

中国是礼仪之邦，传统礼教影响巨大。因此，中国人认为服饰就是一块用来遮蔽身体的"精神的布"，服饰的作用在于体现礼仪观念，以及区分穿着者的权力和地位。近年来，随着改革开放的推进，人们的穿着观念有所变化，但这种传统的礼仪服饰观念仍然根深蒂固。

（二）英汉服饰文化的翻译

翻译服饰文化词的时候，当英汉服饰文化词所蕴含的文化内涵完全对应和相近时，通常采用直译法将其直接翻译出来。例如，原文：A slip of girl of seventeen or eighteen, pretty as a picture, with hair as glossy as oil, wearing a red tunic and a white silk skirt.

译文：原来是一个十七八岁极标致的小姑娘，梳着溜油光的头穿着大红袄儿，白绫裙子。该例中"梳着溜油光的头，穿着大红袄和白绫裙子"被翻译为 with hair as glossy as oil, wearing a red tunic and a white silk skirt，即是直译法的典型运用。这样的译文不仅保留了中国传统文化的独有特色，还利于外国读者的理解、欣赏与感悟。

在翻译服饰文化词时常使用意译法，选用适合的词汇和句式，保留原文中服饰文化词的意义和原文中蕴含的内涵和精髓，更好地传递作者的写作意图。例如，原文：The toddler's mother, already in her thirties, was wearing an old black chiffon Chinese dress; a face marked by toil and weariness, her slanting downward eyebrows made her look even more miserable.

译文：那男孩的母亲已有 30 开外，穿件半旧的黑纱旗袍，满面劳碌困倦，加上天生的倒挂眉毛，愈觉愁苦可怜。上例中"旗袍"被翻译为 Chinese dress，即采用的意译翻译方法。意译的手法便于读者理解，如果进行直译会影响读者理解的程度。

二、英汉饮食文化的对比与翻译

由于地理环境、自然气候、风俗习惯等方面的差异，每个国家在饮食方面都各有自己的特点。此外，受宗教信仰、历史条件等因素的影响，饮食行为还在不断发展变化中演化出丰富多彩的饮食文化。下面就从菜肴、酒、茶等方面来对比英汉饮食文化的差异，并探讨相应的翻译方法。

（一）英汉菜肴文化的对比与翻译

1. 英汉菜肴文化的对比

纵观西方国家的发展历史，大都以渔猎、养殖为主业，而采集、种植等只能算是一种补充。因此，西方的饮食对象多以肉食为主。进入工业社会后，食品的加工更加快捷，发达的快餐食品和食品工业成为西方人的骄傲。受游牧民族、航海民族的文化血统的影响，西方人的食物品种较为单一，工业食品也往往千篇一律，但这些食品制作简单、节省时间，营养搭配也较为合理。

（1）英汉菜类的对比

作为一个农业大国，中国的饮食对象主要来自农业生产，餐食种类包括主食类、辅食类以及肉食类。其中，主食有明显的地域特色，即北方以面条和馒头为主，而南方则以米饭为主。此外，马铃薯、山药、芋头等薯类作物由于淀粉含量高，在一些地方也被当作主食。

（2）英汉烹调方式的对比

西方国家对食材的分类较为简单，常将各种可能的食材混合在一起进行烹调。因此，烹调方式也相对单一，主要包括炸、烤、煎等几种。不难看出，这种烹调方式虽然可以对营养进行合理搭配，但其制作过程却缺少一些文化气息。值得一提的是，西方国家非常注重营养，尤其是青少年的营养供给，很多中小学校都配备了专业的营养师。

中国是饮食大国，中华民族的饮食文化博大精深、源远流长。对食材不仅会依据冷热、生熟、产地等进行分类，加工方法也异常丰富，如炒、煎、炸、烹、蒸、烧、煮、爆、煨、炖、熏、焖、烤、烘、白灼等。此外，中国地大物博，中国人常常就地取材，并根据地域特色来变换加工方式，从而形成了八大菜系，即京菜、鲁菜、川菜、湘菜、粤菜、苏菜、徽菜、闽菜，充分体现出中国人的聪明与智慧。

（3）英汉饮食观念的对比

西方人普遍认为，饮食不是满足口腹之欲的工具，而应成为获取营养的手段。所以，西方人大都持有理性饮食观念，以保证营养的摄取为根本原则，更多地考虑各种营养素，如碳水化合物、蛋白质、维生素、脂肪等是否搭配合理，卡路里的摄取量是否合适等。如果烹调会对营养带来损失，他们宁可食用半生不熟甚至未经任何加工的食物。

与西方人不同，中国人多持一种美性饮食观念，不太关注食物中的营养而是更加注重其口感、观感与艺术性，即追求菜肴的"色、香、味、形、器"。此外，中国人将阴阳五行学说也运用到菜肴的烹调上，使各种食材与各种味道互相渗透，从而达到"五味调和百味香"的境界。可见，"民以食为天，食以味为先"的观念在中国已经深入人心。

2. 英汉菜肴文化的翻译

中国菜肴的命名方式多姿多彩，有的浪漫，有的写实，有的菜名已成为令人赏心悦目的艺术品。因此，在进行菜名的翻译时应具体问题具体分析，灵活运用多种翻译方法。

（1）直译

以写实方法来命名的菜肴直接体现了菜肴的主料、配料、调料以及制作方法等信息。在翻译这类菜名时，可直接采取直译的方法。

①烹调法 + 主料名，如盐烙信封鸡翻译为 salt baked Xinfeng chicken，脆皮锅酥肉翻译为 deep fried pork，等等。

②烹调法 + 主料名 +with+ 配料，如红烧鲤鱼头翻译为 stewed carp head with brown sauce，杏仁炒虾仁翻译为 fried shrimps with almonds，等等。

③烹调法 + 主料名 +with/in+ 配料名，如糖醋松子桂鱼翻译为 fried mandarin fish with pine nuts and with sweet and sour sauce，荷叶粉蒸鸡翻译为 steamed chicken in lotus leaf packets，等等。

④烹调法 + 加工法 + 主料名 +with/in+ 调料名，如红烧狮子头翻译为 stewed minced pork balls with brown sauce，肉片烧豆腐翻译为 stewed sliced pork with bean curd，等等。

⑤烹调法（＋加工法）＋主料名 +and+ 调料名，如凤肝炒虾仁翻译为 fired shelled shrimps and chicken liver，虾仁扒豆腐翻译为 stewed shelled shrimps and bean curd，等等。

（2）意译

以写意法来命名的菜肴常常为了迎合食客心理，取的都是既悦耳又吉利的名字，而这些名字则将烹调方式、原料特点、造型外观等进行了归纳，因此食客很难从名字上了解该菜肴的原料与制作方法。在翻译这类菜名时，为准确传达其内涵，应采取意译法。例如，全家福翻译为 stewed assorted meats，龙凤会翻译为 stewed snake & chicken，蚂蚁上树翻译为 bean vermicelli with spicy meat sauce 等。

（3）直译 + 意译

有些菜肴的命名采取写实与写意相结合的方法，既可以展示主要原料与烹调方法，又具有一定的艺术性。相应地，翻译时应综合运用直译法与意译法，以更好地体现菜名的寓意。例如，木须肉翻译为 fried pork with scrambled eggs and fungus、炒双冬翻译为 stir-fried mushrooms and bamboo shoots 等。

（4）直译 + 解释

中国的许多菜名具有丰富的历史韵味与民俗情趣。具体来说，有的菜名与地名有关，有的菜名与某个历史人物有关，还有的菜名则来自故事、传说或典故。为了将其文化内涵准确传递出来，译者应以直译法为主，必要时还可进行适当解释。例如，叫花鸡翻译为 beggar's chicken，东坡肉翻译为 Dongpo braised pork 等。

（二）英汉酒文化的对比与翻译

酒一问世便与人们的日常生活紧密联系在一起，已成为饮食文化的重要组成部分。同时，饮酒也是世界各国共有的现象，由此形成了异彩纷呈的酒文化。

1. 英汉酒文化的对比

（1）酒的起源对比

在西方国家，最有影响力的关于酒的起源的说法是"酒神造酒说"，但酒神却有着不同的版本。在古埃及人眼中，酒神是死者的庇护神奥里西斯。在希腊人眼中，酒神是狄奥尼索斯（Dionysus）。西方通常将酒视为神造的产物和丰收的象征，体现他们对酒神的崇拜。

中国的酒文化内容丰富，关于酒的起源也众说纷纭，其中比较有影响力的是以下三种观点。

一是古猿造酒说。自然界的各种果实都有自己的生长周期，为了保证持续的果实供应，以采集野果为生的古猿猴逐渐具备了藏果的技能。传说在洪荒时代，古猿将一时吃不完的果实藏于石洼、岩洞之中。随着时间的推移，这些野果中的糖分通过自然发酵而变成了酒精、酒浆，酒就这样诞生了。

二是仪狄造酒说。传说在远古的夏禹时期，夏禹的女人命令仪狄去酿酒，仪狄经过一番努力终于酿出了美酒，夏禹品尝后赞不绝口。后来，夏禹因担心饮酒过度、耽误国事，不仅自己与酒绝缘，也没有给仪狄任何奖励，这一传说在《吕氏春秋》《战国策》以及《说文解字》中都有记载。例如，《战国策》中曾说，"帝女令仪狄作酒而美"[①]。

三是杜康造酒说。杜康在中国历史上是一个真实的人物，《世本》《吕氏春秋》《战国策》《说文解字》等文献中都对杜康有记载。但关于杜康，怎样开始造酒却有两种不同的说法。一种说法认为，杜康是一位牧羊人，在一次放羊途中不慎将装有小米粥的竹筒丢失。等半个月后找到竹筒时，意外地发现小米粥已发酵成为醇香扑鼻的琼浆。另一种说法认为，杜康非常节俭，吃不掉的饭菜不舍得扔掉，而是将其倒入中空的桑树洞中。过了一段时间，树洞里飘出了芳香的气味，原来是残羹剩饭在树洞里发酵了。杜康大受启发，便开始酿酒。目前，中国普遍将仪狄或杜康视为中国的酒祖。

---

① 王宁. 战国策 [M]. 北京：商务印书馆，2019.

（2）英汉酿酒原料对比

一个地区农产品的种类、数量与质量在很大程度上受到水质、气候、土壤等自然条件的制约。中西方由于地理条件的不同，其酿酒原料也有很大不同。

作为西方文明摇篮的古希腊处于地中海东北端，这里三面环海，土壤贫瘠，冬季温暖多雨，夏季炎热干燥，尽管不适合农作物的生长，却对具有超强耐旱能力的葡萄的生长非常有利。另外，由于土壤贫瘠，葡萄树的根往往很深，这也使得结出的果实质量很高。于是，西方人就开始大量使用葡萄酿酒，并使葡萄酒成为西方酒文化的代名词。葡萄酒、香槟、白兰地等品种都以葡萄为原料。

中华文化发源于黄河流域，这里气候温和，土壤肥沃，小麦、高粱等粮食作物长势良好，早在一万多年前就成为世界上最早的三个农业中心之一。在这种情况下，人们就把多余的粮食用来酿酒，形成了具有中国特色的酒文化。概括来说，中国的酿酒原料主要包括高粱、小麦、粟、稻谷等，白酒、黄酒是中国酒的典型代表。

（3）英汉饮酒文化对比

酒是一种物质文明，但饮酒却是一种精神文明，也是一国文化的重要组成部分。中西方国家由于文化观念上的差异，形成了迥然不同的饮酒文化。

西方人在饮酒时比较注重运用身体器官去享受酒的美味，因此他们往往会根据味觉规律变化来安排饮酒的次序，如先品较淡的酒，后品浓郁的酒。如果是参加聚会或者宴会，则一般遵循开胃酒、主菜佐酒、甜点酒、餐后酒的顺序。西方人在喝酒时气氛相对缓和，既不高声叫喊也不猜拳行令，斟酒时提倡倒杯子的三分之二，而敬酒则通常在主菜吃完、甜菜未上之前进行。此外，敬酒时应将酒杯举至眼睛的高度，同时要注视对方以表示尊重。被敬酒的那一方不需要喝完，敬酒方也不会劝酒。值得一提的是，西方人非常注重酒具的选择。具体来说，他们出于对酒的尊重，常常选择一些利用饮酒者充分享受美酒的酒具，如让酒体充分舒展开来的醒酒器、让香气汇聚杯口的郁金香形高脚杯等。

中国素有"礼仪之邦"的美称，这种礼仪通过饮酒方式得以充分体现，具体来说表现在以下两个方面。一是饮酒要有酒德。孔子在《论语·乡党》中指出："唯酒无量，不及乱。"[①] 每个人的酒量不尽相同，因此对饮酒的数量没有硬性规定，

---

① 孔丘. 论语 [M]. 吴兆基，注. 成都：四川天地出版社，2020.

但应以酒后能保持神志清晰为底线。二是饮酒要讲究长幼尊卑。中国人在饮酒时更加注重气氛及饮酒者的情绪，敬酒有固定的顺序，即先由主人敬酒，然后才可由其他人敬酒。在选择敬酒对象时，应从最尊贵的客人开始。此外，下级对上级、晚辈对长辈要主动敬酒，碰杯时下级或晚辈的酒杯要低于上级或长辈的，不仅要说敬酒词，而且还要先干为敬。为表示诚意，也为让客人尽兴，主人还常常举行一些活动以带动气氛，如划拳、行酒令等。

2. 英汉酒文化的翻译

中西方不同的酒文化为翻译带来了一定的障碍，因此译者应将音译、直译、意译及解释性翻译等多种翻译方法进行综合运用，从而将酒文化的深层含义准确传递出来。例如，原文：我和平儿说了，已经抬了一坛好绍兴酒藏在那边了。我们八个人单替你过生日。

译文：I've also arranged with Pinger to have a vat of good Shaoxing wine smuggled in. The eight of us are going to throw a birthday party for you.

第二节　英汉社会文化的对比与翻译

社会文化是某一群体所处社会的上层建筑、风俗习惯、价值观念、文学艺术等文化现象的总称，具有地域性、民族性和集团性的特点。[①] 由于文化背景不同，中西方社会对于颜色和数字方面的认知存在极大差异，翻译时需要格外注意。

一、英汉颜色文化的对比与翻译

（一）英汉颜色文化的对比

1.black——黑色

（1）英语文化中的 black

black 在英语中的文化意义与汉语中的"黑色"基本相同，既有褒义内涵，也有贬义内涵。

---

① 薛蓉蓉.《水浒传》粗俗语的跨文化翻译 [J]. 西部学刊，2021（5）：95-97.

①褒义内涵

一是表示庄重、尊贵。西方人，特别是一些富商、高官、名人等上流社会阶级的人士都特别喜好穿黑色的服饰以显示一种尊贵和庄重。因此，西方人在选择正装时多青睐于黑色。

二是表示赢利。西方人在记账时，通常会使用黑色字体以标注赢利的数字，于是英语中就有了 in the black 即赢利、有结余的说法。

②贬义内涵

一是表示悲哀、凶兆、死亡、灾难。在西方国家，黑色是葬礼服装的标准色彩。例如，black words 翻译为不吉利的话。

二是表示耻辱、不光彩，邪恶、犯罪。例如，black guard 翻译为恶棍、流氓。

三是表示没有希望。例如，black news 翻译为坏消息。

四是表示气愤、愤怒。例如，black mood 翻译为情绪低落。

在汉语文化中，"黑"与"白"是一个相对的颜色，也蕴含着相反的意义，如"颠倒黑白""黑白不分"。然而，英语中的 black 有时与 white 表示相似的意义。例如，call black white 翻译为颠倒黑白。英语中的颜色词 black 有时又与 blue 搭配，如 beat sb.black and blue 翻译为把某人打得遍体鳞伤。

（2）汉语文化中的"黑色"

在汉语文化中，黑色应该是诸多颜色中最常见的一个。在传统的中国文化中，黑色并没有负面的含义。可以说，黑色在中国文化中的内涵非常复杂，始终处于一种矛盾且对立的状态中。确切地说，黑色在汉语文化中的内涵是褒贬共存的。

①褒义内涵

一是表示尊贵与庄重。在春秋时期，黑色曾经是官员们上朝时所着朝服的颜色。在中国古代，人们用黑色的帛制作朝服，以显示其尊贵与庄重的气势。既然黑色可以成为古代朝服的颜色，那么黑色在古代的地位显然是很高的。直到今天，黑色在我国仍有着"庄重、显贵、正式"的含义。

二是表示刚正不阿、公正无私。在中国戏剧表演中，演员们会用黑色或以黑色为主色调来表现出人物刚正不阿、公正无私和憨厚忠诚的特点，如包拯、尉迟恭、李逵、张飞等人的脸谱均为黑色。

②贬义内涵

一是黑色总会使人与黑夜联系在一起，所以其也带有一定的贬义色彩。例如，人们在黑夜中总会感到恐怖和无助。人们看到一些黑色的动物和鸟类，如乌鸦、猫头鹰、猪等时，也总是本能地产生厌恶之感。

二是象征反动、邪恶等。在现代汉语中，有很多用黑色来表示的词语均说明了"黑"不受欢迎的一面。例如，"背黑锅""黑势力""黑爪牙""黑人黑户""黑名单""黑色收入"等。

2.white——白色

（1）英语文化中的 white

①表示纯洁与洁净

在西方的婚礼上，新娘一般都会穿着白色婚纱，手捧鲜花，新郎则会身着白色西服，表示婚姻生活的伊始，也代表纯洁无瑕。这一点与中国文化中以白色为孝服的颜色是截然不同的。近年来，受西方文化的影响，中国的新娘也会在婚礼上穿着白色婚纱。

②表示快乐、欢悦与吉利。

例如，a white day 翻译为吉日，a white Christmas 翻译为欢快的圣诞节等。圣诞节是西方国家最重要的节日。英美人喜欢户外活动，特别是滑冰、滑雪，而圣诞节正是冬季滑雪的最好时间。

（2）汉语文化中的"白色"

在中国文化中，白色有着自相矛盾的内涵。

①褒义内涵

在汉语文化中，白色首先能让人联想到"圣洁""洁净""坦诚"，如"清清白白""白璧无瑕""洁白如玉"等。在现代社会中，白色也是对女性美和婴幼儿健康标准的一种评价。人们普遍认为美丽的女性应该是肌肤白皙的，人们对婴幼儿加以评价时经常说"又白又胖"。

②贬义内涵

在汉语文化中，白色也有很多贬义内涵，具体体现在如下几个方面。

一是表示诀别、凶兆或死亡。白色具有诀别的含义。《史记·荆轲传》中记载了荆轲与太子丹在诀别之时，众人前往易水河边相送的场景："皆白衣冠以送之。"①《三国演义》中也多次写到送别亡人身着白衣白冠。直到今天，一旦有人去世，其后人都会穿上白衣为其送终。例如，亲人死后家属都要披麻戴孝，办白事，设白色灵堂，出殡时要打白幡。

二是表示落后、反动或投降。例如，"白色恐怖"是指反动政权制造的镇压革命的恐怖氛围；"白区"是指反动政权控制的地区或区域；"白军"是指反动军队；"白色政权"专指反动政权等。此外，在战争中，失败的一方要以白旗表示投降。

三是表示愚蠢、失败与无利可得。智力低下的人常被称为"白痴"；出力不讨好叫作"白忙""白费力""白干"等。

四是表示奸邪、阴、险。例如，忘恩负义的人可以被称为"白眼狼"，将戏剧中饰演奸臣的角色称为"唱白脸"。

五是表示知识浅薄、没有功名。例如，人们把平民百姓称为"白衣"；缺乏锻炼、阅历不深的文人则常被唤作"白面书生"等。

③中性内涵

白色的中性内涵是"明白、清楚"。例如，"不白之冤"是指无法破解的冤情、冤枉事；"真相大白""大白于天下"是指找到事实真相，将其公之于众等。

3.blue——蓝色

（1）英语文化中的 blue

blue 在英语中有着各种各样的文化内涵。在英国的传统文学中，经常会用 blue 歌颂大海。因为海洋文化是英国最典型且传统的文化。肉眼看大海的颜色就是深蓝的。除此以外，blue 也有其他引申含义，这些含义都是无法凭空想象的。

一是表示地位的高贵、法规的严格以及人们对某种事物的热情。例如，blue ribbon 表示最高荣誉的标志。

二是表示情绪低落、心情郁闷等感情。例如，to feel blue 表示闷闷不乐、to look blue 表示神情沮丧。

三是表示迅速、突然。例如，blue streak 表示一闪即逝的东西。

可见，blue 在英语中的文化内涵属于两个极端，所以在对其加以分析和使用时应该联系语境，充分考虑其内涵，进而避免产生歧义或者误用。

---

① 司马迁. 史记 [M]. 张大可，注评. 武汉：长江文艺出版社，2020.

（2）汉语文化中的"蓝色"

在所有颜色中，蓝色是最能给人以明快感的颜色。这是因为蓝色是大海和天空的色彩。人们一看到大海或者天空就会立即感到轻松。但是，由蓝色构成的汉语词语是非常少的。无论是在古代汉语还是现代汉语中，"蓝"字一般都是就事论事的使用，没有其他引申义，如《荀子·劝学》中的"青，取之于蓝而青于蓝"[①]，白居易《忆江南》中的"日出江花红胜火，春来江水绿如蓝"[②]等。

但就其象征意义而言，现在汉语中的"蓝色"经常用于表示"依据"。例如，"蓝本"原指书籍正式付印之前，为校稿审订而印制的蓝色字体的初印本，后来专指撰著、改编等所依据的底本、原稿。再如，"蓝图"源自英语 blueprint 一词，原指设计图纸，如今也用来喻指建设所依据的设计、规划以及人们对未来的宏大设想等。

4.grey——灰色

英汉语言中的 grey 即灰色可表示暗淡、不明了。英语中，如 grey area 表示未知的知识领域；汉语中，如"灰不溜秋""前途灰暗"等。英语中，"He is a teacher with grey experience"，这里的 grey 是指"老练的、成熟的"。"灰色"在汉语中可用来形容"消沉、灰溜溜的（地）"，如"他灰溜溜地走了""心灰意冷""灰心"。

（二）英汉颜色文化的翻译

尽管英汉文化中同一颜色的文化内涵具有较大差异，但是为了保持原文的风格与特色，应尽量采用直译法进行翻译。例如，black list 是黑名单、white flag 是白旗、red rose 是红玫瑰，等等。

当颜色词无法直译时，还可以考虑采用意译法。在意译过程中可以对原文进行适当地增补或删减，以使译文符合译入语的表达习惯。例如，oasis 是绿洲、black smith 是铁匠，等等。

一些颜色词在直译后，仍无法将源语的意思清楚、准确、完整地再现出来，这时就要增加注释进行翻译。例如，green pound 可译为绿色英镑（英国参加欧洲共同体农产品交易使用的货币），yellow ribbon 可译为黄丝带（表达希望某人安全

① 荀子. 荀子 [M]. 曹芳，编译. 沈阳：万卷出版有限责任公司，2020.
② 马玮. 白居易诗歌赏析 [M]. 北京：商务印书馆国际有限公司，2017.

归来的愿望），white paper 可译为白皮书（西方国家发布的正式文件）等。

在翻译过程中，有时原文中虽然没有直接使用颜色词，但是可以根据译文的表达需要以及原文意义，适当增补颜色词。例如，infrared rays 译为红外线、make a good start 译为开门红、see red 译为大怒，等等。

二、英汉数字文化的对比与翻译

（一）英汉数字文化的对比

英语中的 one 与汉语中的数字"一"对应，二者的意义有重合的地方也有不同的地方。在以下几个方面有所体现：首先是二者都具有"统一""一致""同一"的含义，例如，英语中的 as one（一齐、一致），at one（完全一致），one and the same（同一个）中的 one 与汉语中的"天人合一""万众一心""清一色""同一个世界，同一个梦想"等中的"一"的意思就是一样的。其次是二者都能表示"一个"，例如，英语中的 one flower（一朵花），one swallow（一只燕子），one and only（绝无仅有）等中的 one 与汉语中的"一针一线""一笑千金"等中的"一"在这里都表示数量上的"一个"。最后二者的含义也有不重合的时候，英语 one 不能与其他词搭配使用，但汉语中"一"可以与其他词搭配并产生新的意义。例如，一针见血（hit the nail on the head），一见钟情（to fall in love at the first sight），一本万利（make big profits with a small capital）等。

two 与汉语中的数字"二"对应。二者在含义上既有重合的地方也有不同的地方。例如，二者都能表示数量上的"两个"，但在文化内涵上二者的含义差异很大。在英语文化中，two 是一个不吉利的数字，因为每年的二月的第二天对阴间之神普路托来说是一个重要的日子，人们认为这一天是不吉利的。此外，two 在现代英语中还具有一定的贬义色彩。例如，Two of a trade never agree. 译为同行是冤家。但是在汉语中，"二"除了表示数量上的"两个"以外几乎没有其他的含义，在日常用语中多用于构成名词，例如"二锅头""二流子"等。人们常常用"双""两"来代替"二"。例如"双喜临门""两叶掩目""两面三刀"等。

three 对应的汉语数字是"三"。二者在英汉文化内涵上的差异主要体现在如下几个方面。在西方文化中，three 是一个完美的数字，代表着稳定和牢固。世界的构成部分包括天空、大地和海洋三个部分，大自然包括动物、植物和矿物三部分，人体包括肉体、心灵和精神，政权包括立法权、司法权和行政权三大权力。此外，数字 three 还可以引申出其他意义。例如，three handkerchief 催人泪下的伤感剧。在汉语中，数字"三"是一个极为普通的数字。但是，在数字的发展历史中，"三"的出现标志着人类对数字认识的一个飞跃。《老子》中的"三生万物"其实就是对人类数字思维发展飞跃的一个最基本的解释。在传统的汉文化中，"三"特别受人们的喜爱和推崇。"三"可以表示天、地、人；夕、今、未；上、中、下等，似乎有"三"就能代表全部，所以在中国人们常用"三"归纳事物，表示"全部""多"等意思。"三"不但涉及政治制度、伦理道德、宗教关键等概念，而且关涉到军事地理、社会民俗和日常生活等方面。在现代汉语中，"三"也是一个异常活跃的词语。例如，"三更""三角恋""三言两语""三个代表""三线建设"等。

four 在英语文化中具有多种含义，其主要表达的是物质世界的构成要素。例如，古希腊文明认为世界包括土（earth）、水（water）、气（air）和火（fire）四个构成要素。西方文化还认为地球有四个角落，政治领域最著名的 four 是罗斯福提出的"四大自由"：言论自由（freedom of speech）、信仰自由（freedom of worship）、不虞匮乏的自由（freedom from want）和免于恐惧的自由（freedom from fear）。在汉语文化中，"四"在传统文化中具有周全、安稳、平定的含义，但由于"四"和"死"读音相似，因而"四"以及阿拉伯数字"4"都被看作不吉利的数字，医院中不设 4 号床位，旅馆中不设 4 号房间，可见"4"是不受欢迎的。

five 在西方文化中受到宗教文化的影响而被看作不吉利的数字。在汉语文化中，"五"有许多神秘的含义。"五"在数字一到九之间位于中间的位置，在《易经》中被称为"得中"，这对应着传统中华文化中的"中庸之道""不偏不激"，具有和谐的含义。例如，汉语中的"五常"（仁、义、礼、智、信）、"五伦"（君臣、父子、兄弟、夫妇、朋友）、"五义"（父义、母慈、兄友、弟恭、子孝）等说法。

six 在英语文化中多带有贬义色彩。例如，six penny 是不值钱的、six of the best 是一顿痛打。在汉语文化中，"六"是一个吉祥的数字，象征着和谐、顺利。人们常说的"眼观六路、耳听八方"，这里的"六路"指的是前、后、左、右、上、下，或指天地四方。先秦时有六部儒家经典著作，诸子百家中有阴阳、儒、墨、名、法、道"六家"，周代六卷兵书被称为"六韬"，周礼有"六典"，管制有"六部"，心、肺、肝、肾、脾、胆合称为"六腑"，民间有"六六大顺"等俗语。现代社会的人们也很喜欢"六"和"6"，在日常生活中也会有意识地选择带有"6"的手机号或车牌号。

seven 在英语中是一个非常矛盾的数字，首先它有着积极的联想意义，多预示着快乐与幸福。例如，the seven virtues 为七大美德、the seven sacraments 为七大圣礼。与此同时，seven 也有着消极的寓意，如七宗罪：pride（骄傲），envy（嫉妒），wrath（易怒），sloth（怠惰），greed（贪婪），gluttony（贪食），lust（贪色）。但是，在汉语文化中，"七"是一个忌讳的数字，具有贬义色彩。例如，"杂七杂八""七窍生烟""三分像人，七分像鬼"等。因此，中国人在送礼时，忌讳送七样或七件，饭桌上也避免出现七盘菜，喜事避开带"七"的日子。

eight 在英语文化中并没有什么现实的意义，也不具有相应的文化关联性，而是常与其他词汇构成短语。例如，behind the eighth ball 指穷途末路，处于不利地位；have one over the eighth/be over the eighth 指酩酊大醉。然而，"八"总会给中国人带来愉悦的心情。中国人对"八"的喜爱源于广东人对它的发音，他们将"88"念成"发发"，寓意着发大财、交好运。于是，"八"就成了中国人最喜爱的数字之一，代表着财富、美好和富足。如今，中国人在选择门牌号、房间号、手机号、日期等时，都会关注"八"这个数字。

nine 在英语文化中具有许多宗教和历史含义，是一个神秘的数字。在现代英语中具有长久、完美、众多等含义。例如，nine day's wonder 是昙花一现 / 轰动一时的人或物、crack up to the nine 是十全十美。在汉语文化中，和"八"一样，"九"也因为谐音而被看作一个吉祥的数字。"九"谐音"久"，代表着长久。此外，"九"是汉语数字一到九中最大的，被视为天数。例如，"九牛一毛""九死一生"等。

（二）英汉数字文化的翻译

1. 普通数字的翻译

数字的直译就是将原文中的数字词对等地翻译出来，主要用于数字词代实际数字的情况。例如，The strength of nine bulls and two tigers. 翻译为九牛二虎之力。

每个数字都具有一定的民族文化内涵和特定的表达习惯，如果照搬直译成另一种语言，会使译文晦涩难懂，也不利于读者理解，此时就需要意译。例如，It's none off my business. 翻译为管他三七二十一。

由于英汉语言的表达方式存在较大差异，所以就无法照搬原文的句式进行翻译。换位翻译法，即调换英文数字的前后顺序后再翻译，这种翻译方法可以让译文在不失通顺的前提下准确传达原文的含义。例如，Ninety-nine times out of a hundred，he's lying. 翻译为：我百分之九十九地肯定，他在撒谎。

数字除了用来表示具体的数字之外，还具有虚指义功能，即数字并不代表该数字本身的数目，而是具有脱离数字的文化含义。当翻译这类数字时，译者必须对其文化内涵加以了解，然后再用转换翻译法将其翻译成意义相当、符合目标语习惯的表达方式。例如，Seventy times has the woman been abroad. 翻译为：这位女士不知出了多少次国了。

英汉语言中的一些数字在内容和形式上均很相似，不但意义相同，而且修辞色彩也相同，此时在不损害原文含义的条件下，就可以采用借用法进行翻译。例如，The burnt child dreads the fire. 翻译为：吃一堑长一智。

2. 地名中数字的翻译

英语的住址、通信地址、营业地址等都会包含数字，翻译为汉语时将阿拉伯数字直接移过来即可。例如，470 Pierce Street，Monterey，California，26587 USA 翻译为：美国加利福尼亚州蒙特雷市皮尔斯路 470 号，邮编：2658712。

汉语地名中的数字表示门牌号或邮政区号时，译文中可以直接将数字移植过去。但是但其与其他词组合形成专有名词时，翻译时就应采用音译法。例如，Wukesong Sports Center 翻译为：五棵松文化体育中心。

3. 概数的翻译

所谓概数，是指用来表示简略、大概情况的数字。下面就列举一些翻译概数时的方法。

（1）表示"多于"或"多"

英语中常用 more than，above 等词加上英语的数词，表示"多于"或"多"之类的概数，在翻译时就可以采用相应的数词进行翻译。

（2）表示"不到"或"少于"

英语中常用 less than, under, below, off 等词加上数字表示"不到"或"少于"，翻译时用相对应的数词进行翻译。

（3）表示"刚好""整整""不多不少"。

英语中用 flat, sharp, cool, just, whole, exactly 等词表示"刚好""整整""不多不少"的概念。翻译时也用对应的汉语即可。例如，The teacher visited cool 40 students the whole day. 翻译为：那位教师一整天走访了整整 40 个学生。

（4）表示"大约""左右""上下"

英语中常用 more or less, about, in the region of, approximately, some, around 等词加上数词表示"大约""左右""上下"等概念。翻译时直接用对应汉语即可。例如，four weeks or so 翻译为：大约四周。

（5）不定量词短语的翻译

不定量词短语主要用于表示不确切的范围或是概念，有时也表示事物所处的状态等。多由数词和介词或其他词类搭配而成。例如，a hundred and one 翻译为：许多。

第三节　英汉生态文化的对比与翻译

俗话说："十里不同风，百里不同俗"。不同的民族长期生活在不同的地理区域，受不同的气候条件、自然资源、动植物等生态环境影响形成具有鲜明地域特征的民族文化，即生态文化。语言是文化的产物，文化的发展和演变影响语言或词汇的更替，这就出现了"我有你无"或"词有意无"的情况。就生态环境中的植物和动物而言，不同民族对他们的喜好各不相同，对于一些与动植物有关的词语，各民族表现出了截然不同的意义联想和感情色彩。[①]

一、英汉植物文化的对比与翻译

英汉语言中的很多植物词都具有丰富的文化内涵，这些内涵有些是相似的，有些是不同的，此外还存在文化内涵空缺的现象。

---

① 薛蓉蓉.《水浒传》粗俗语的跨文化翻译 [J]. 西部学刊，2021（5）：95-97.

（一）英汉植物文化对比

1. 相同植物词汇表示相似的文化内涵

（1）rose——玫瑰

玫瑰（rose）在英汉语言中都象征着爱情、美丽，这可以说是相同植物词汇具有相同文化内涵的典型例子了。尽管如此，玫瑰在汉语文化中所象征的爱情含义主要是受英语文化的影响，因为玫瑰对汉民族来说是外来物种，而 rose 在西方国家则是一种十分常见的花。

虽然在汉语中对玫瑰的描述并不多见，不过我们还是可以从一些文学作品或诗句中略窥一二。例如，《红楼梦》的作者曹雪芹在描写探春的美丽形象与性格时就使用了玫瑰。

在英语中，借 rose 歌颂爱情的诗歌很多。例如，苏格兰农民诗人彭斯有脍炙人口的诗句："My love's a red red rose."（我的爱人是一朵红红的玫瑰。）而玫瑰与百合放在一起（lilies and roses）更是用来形容女性的"花容月貌"。

除了上述相似的这些文化内涵外，英语中的 rose 还有保持安静的意思，在会桌上悬挂一枝玫瑰就意味着要保持安静；而汉语当中常把漂亮而不易接近的女性比喻为"带刺的玫瑰"，这是二者寓意的细微不同之处。

（2）lily——百合

在中国，百合是一种吉祥之花、祝福之花。由于百合洁白无瑕的颜色与"百年好合"构成了联想意义，所以深受中国人的喜爱。例如，福建省南平市和浙江省湖州市就以百合为市花。此外，百合还具有医学价值。中医认为，百合具有养心安神、润肺止咳的功效。因此，百合常被用作食材，经常出现在日常饮食之中。

西方文化中，lily 通常象征着贞节、纯真和纯洁。lily 经常和 white 搭配，表达"纯白""天真""完美"之意。例如，He marveled at her lily-white hands. 翻译为：他惊讶于她洁白的双手。

（3）oak——橡树

橡树（oak）具有高大挺拔、质地坚硬的特点。在英语文化中，oak 代表勇敢者、坚强者。例如，a heart of oak 翻译为：坚韧不拔者。Oak may bend but will not break. 翻译为：橡树一样坚韧顽强。

在汉语中，橡树常常用以形容坚强不屈的男性，如当代女诗人舒婷在其《致橡树》一诗中就把自己的爱人比喻为一株橡树。

（4）laurel——桂树

桂树（laurel）象征吉祥、美好、荣誉、骄傲。在英汉两种语言中，人们都把桂树和"出类拔萃""荣誉"联系在一起。在中国文化中，桂树象征着吉祥、美好、优秀、出类拔萃。现代汉语依然沿用了"折桂"这一说法，喻指在考试、比赛中夺得第一名。

英美人喜欢用桂枝编成花环（laurel wreath）戴在勇士和诗人的头上，后来桂枝渐渐成了荣誉和成功的象征。在英美国家，人们就把那些取得杰出成就、声名卓著的诗人称为"桂冠诗人"（poet laureate）。再如，gain/win one's laurels 意为赢得荣誉。

（5）peach——桃花

桃花（peach）因其外形优雅、色彩略带粉色而受到人们的广泛喜爱，常常用以比喻"美人，美好的东西或人"。英汉文化中都用桃花来形容皮肤细洁、白里透红的妙龄少女。

在英语中，peach 可以表示美好的事物。例如，a peach of a room（漂亮的房间）；而"She is really a peach."则常用来形容漂亮有吸引力的女子。桃花色还常常被用来形容女性白里透红的肤色，特别是双颊的颜色。

2. 相同植物词汇表示不同的文化内涵

（1）willow——柳

①柳在汉语文化中的内涵

由于柳枝轻盈柔软、风姿绰约，因而在中国文化中常用于形容女子姿色。例如，白居易的《长恨歌》："归来池苑皆依旧，太液芙蓉未央柳。芙蓉如面柳如眉，对此如何不泪垂。"[①]

柳树之所以成为离别的象征，一方面是因为"柳"与"留"谐音，有"挽留"之意；另一方面是因为柳条纤细柔韧，象征绵绵的情谊。例如，刘禹锡的《柳枝词》："清江一曲柳千条，二十年前旧板桥。曾与美人桥上别，恨无消息到今朝。"[②]

古时候，人们通常将柳树作为朋友分别时赠送的礼物，以期友人能够像柳树

---

① 马玮. 白居易诗歌赏析 [M]. 北京：商务印书馆国际有限公司，2017.

② 王艳平. 唐宋诗词选讲上 [M]. 宁波：宁波出版社，2021.

一样随遇而安。例如，王之涣的《送别》："杨柳东风树，青青夹御河。近来攀折苦，应为别离多。"①

②willow 在英语文化中的内涵

在英语文化中，willow 主要有以下几个寓意。象征女子身材苗条与动作优雅。由于柳枝细长绵软，很容易让人联想起女性优美的身段。因此，英语中多用 willow 来形容女子。例如，She is a willowy young actress. 翻译为：她是一个苗条的年轻女演员。

与此同时，象征失恋、哀伤、死亡。这一象征意义与以前英国人戴柳叶花圈以示哀悼的习俗有关。

（2）lotus——莲

①莲在汉语文化中的内涵

莲又名"荷花""芙蓉"，在中国文化中，它常被用来形容女子的娇美。这在中国古代的诗词作品中极为常见。例如，唐代王昌龄的《越女》："越女作桂舟，还将桂为楫。湖上水渺漫，清江不可涉。摘取芙蓉花，莫摘芙蓉叶。将归问夫婿，颜色何如妾。"②

此外，莲虽生于淤泥之中却仍纯洁无瑕，故而有着"花中君子"的美誉。这也是莲在中国文化中最重要的文化形象。例如，唐代温庭筠的《莲》："绿塘摇滟接星津，轧轧兰桡入白蘋。应为洛神波上袜，至今莲蕊有香尘"。③

②lotus 在英语文化中的内涵

在英语文化中，lotus 是象征企图摆脱尘世痛苦的忘忧树。传说中，如果人吃了莲的果实就会忘记朋友和家人，也会失去回到出生地的愿望。因此，在英语中 lotus 就有懒散、舒服、无忧无虑的含义。例如，lotus land 翻译为：安乐之乡。

（3）peony——牡丹

①牡丹在汉语文化中的内涵

在古代，牡丹就有国家繁荣昌盛的代表意义，这在很多诗句中都有体现。例如，唐代诗人刘禹锡写道："唯有牡丹真国色，花开时节动京城。"④此后，牡丹便

---

① 周蒙，冯宇. 全唐诗广选新注集评 2[M]. 沈阳：辽宁人民出版社，1994.

② 竺岳兵. 唐诗之路唐诗总集 [M]. 北京：中国文史出版社，2003.

③ 李昌祥. 咏莲诗词精粹 [M]. 北京：中国文联出版社，2007.

④ 张忠纲. 全唐诗大辞典 [M]. 北京：语文出版社，2000.

成为幸福吉祥、国家繁荣昌盛的象征。

象征人们对富裕生活的期盼。人们赋予了牡丹富贵的品格，一提到牡丹，人们就很容易想起"富贵"二字。因此，人们常用牡丹表达对富裕生活的期盼与追求。象征不畏权贵的高风亮节。牡丹虽然被誉为"富贵之花"，但是其并不娇嫩脆弱，因此被赋予不畏权贵和恶势力的含义。

在中国传统文化中，牡丹还是纯洁与爱情的象征。例如，在我国西北广为流传的民歌《花儿》指的就是牡丹，也是对唱双方中男方对女方的称呼。

此外，在汉语文化中，牡丹还可以与别的花一起被赋予象征意义，这多体现在一些传统工艺和美术作品中。例如，牡丹与芙蓉一起具有"荣华富贵"的含义；牡丹与海棠一起具有"门庭光耀"的含义；牡丹与水仙一起具有"神仙富贵"的含义；牡丹与长春花一起则具有"富贵长春"的含义。

② peony 在英语文化中的内涵

在英语文化中，peony 一词源于神医皮恩（Paeon, the god of healing），确切来说，peony 是以皮恩的名字命名的。这源于皮恩曾经用牡丹的根治好了天神宙斯（Zeus）之子海克力士（Heracles）。因此，在西方文化中牡丹被看作具有魔力的花，而在欧洲牡丹花与不带刺的玫瑰一样，都象征着基督教中的圣母玛利亚。

（4）plum——梅

①梅在汉语文化中的内涵

梅花原产于中国，可以追溯到殷商之时。因它开于寒冬时节、百花之先，所以在中国文化中象征着坚毅、高洁的品格，为我国历代文人所钟爱，很多诗词歌赋都以咏梅为主题。例如，宋代陆游的《卜算子·咏梅》："驿外断桥边，寂寞开无主。已是黄昏独自愁，更著风和雨。无意苦争春，一任群芳妒。零落成泥碾作尘，只有香如故。"[①]

此外，梅花还象征着友情，成为传递友情的工具，享有"驿使"的美称，而"梅驿"成了驿所的雅称，"梅花约"则是指与好友的约会。例如，王安石的《梅花》："驿使何时发，凭君寄一枝"[②] 中的梅花便成为传达友情的信物。

总之，梅花在中国文化中有着崇高的地位，是高洁、傲骨的象征，象征着中

---

① 刘高杰. 国学经典集锦 [M]. 北京：光明日报出版社，2015.
② 王影，蒋力馀. 中国历代梅花诗抄 [M]. 深圳：海天出版社，2008.

华民族典型的民族精神。毛泽东用"梅花欢喜漫天雪，冻死苍蝇未足奇"[①]一句来表达中国人民像梅花一样不畏严寒，与风雪作斗争的英雄气概。

②plum 在英语文化中的内涵

在英语中，与梅相对应的词语 plum 既指梅树或李树，又指梅花或者李子。在基督教文化中，梅树表示忠诚。在英国俚语、美国俚语中，plum 表示奖品、奖赏。在英语文化中，plum 既指梅树、梅花，又指李树、李子，梅树在基督教文化中代表忠诚，在俚语中有奖赏、奖品的意思。

（二）英汉植物文化的翻译

如果某一种植物词汇在英汉语言中具有相同文化内涵，或者文化内涵大致相同，即源语中的植物词汇，如果译入语中存在着与原文中相应的植物意象，则可采用直接翻译法。采用直译方式，既可以保持源语的文化特色，又可以继承原文的风格、重现原文的神韵，还可以增加英汉两种语言之间的相互影响，使译文更加形象、活泼、丰富。例如，laurel wreath 翻译为桂冠、peachy cheeks 翻译为桃腮。

在翻译植物词汇时，我们可以舍弃源语中的植物形象进行意译，即抛弃原文的表达形式而只译出原文的联想意义。例如，harass the cherries 翻译为骚扰新兵。

在翻译植物词汇时，有时候为了保留原文的异域风味，丰富民族语言，同时便于译入语的读者理解，可以使用直译加注释法进行翻译，即在翻译原文的植物词汇时保留原文的植物形象，同时阐释其文化意义。例如，as like as two peas in pot 翻译为锅里的两粒豆（一模一样）。

植物词汇一般具有两层含义：一层是字面意义；另一层是由其引申而来的文化联想含义。字面意义相同的植物词汇，其文化联想含义可能不一致，而字面意义不同的植物词汇，其文化联想含义可能一致。一种语言一旦被翻译为另一种语言，译入语的读者就会按照自己民族的文化传统来解读植物词汇所具有的文化内涵。所以当英汉语中某一种植物的含义存在差异时，译者在进行翻译时就要考虑到两种文化的差异、译入语文化的传统和译语读者的表达习惯，在译文中适当调整这种植物的表达方式。例如，as red as a rose 翻译为艳若桃李，spring up like mushrooms 翻译为雨后春笋。

---

① 张治生，姜小成. 国文经典读本 [M]. 西安：陕西科学技术出版社，2018.

对于一些特殊的表达，在翻译过程中，为了更加准确地表达原文含义，译者可以根据上下文以及逻辑关系，对原文中植物词汇的内涵进行引申。此外，有时还需要进行阐述解释，以保证译文的流畅自然。例如，Every weekend his father goes of golfing, he is tired of being a grass window. 翻译为爸爸每个周末都出去打高尔夫球，他已经厌倦透了这种爸爸不在家的日子。

二、英汉动物文化对比与翻译

（一）英汉动物文化的对比

1. 相同动物词汇表示相似的文化内涵

尽管东西方文化之间存在着巨大的差别，但是两者之间某些文化也是重合的。例如，某些动物词汇所蕴含的文化内涵就是相似的。

（1）pig——猪

在中国传统文化中，猪是"馋""懒""笨"的象征，主要是因其肥胖的形象及其贪吃、贪睡的习性所致。而由此也衍生出了很多表达，这些词语大多是贬义的。例如，"懒得像猪""肥得像猪""笨得像猪""猪狗不如""猪朋狗友""辽东之猪""泥猪瓦狗"等。当然，猪在中国文化中也有憨厚、可爱的形象。[①] 例如，中国民间有"金猪"一说，很多存钱罐惯以猪的形象制作。在我国四大名著之一的《西游记》中，猪八戒虽然好吃懒做、贪图美色、自私自利，但仍不乏吃苦耐劳、憨厚率真的美好品质，受到很多观众的喜爱。

在西方文化中，pig 和中国文化中的"猪"具有相似的内涵，都带有贬义色彩，常常表示肮脏、贪婪、恶劣等。例如，pig it 翻译为住在肮脏的环境里。

（2）snake——蛇

①蛇在汉语文化中的内涵

在传统中国文化中，蛇是一种毁誉参半的形象。作为汉文化图腾崇拜——龙最初的原始形象，蛇无疑具有一种积极的含义。在中国神话传说《白蛇传》中，蛇是一种极具同情心、敢于追求美好生活的动物生灵，但是在传统的中国文化中，

---

① 薛蓉蓉. 《水浒传》粗俗语英译的杂合研究——以赛珍珠和沙博理两译本为例 [D]. 太原：山西师范大学，2013.

人们更倾向于把蛇与恶毒、邪恶、狡猾、猜疑等联系起来，如汉语中有"地头蛇""美女蛇""毒如蛇蝎"等说法。此外，在汉文化中，蛇又是一种令人捉摸不定的物种，所以汉语中的蛇也是众多性情的代名词。

②snake 在英语文化中的内涵

因为毒蛇常置人于死地，于是蛇成为魔鬼与邪恶的象征，在英语中的含义也多为负面的。例如，a snake in the bosom 表示恩将仇报的人。此外，蛇在英语中单独使用时还可以用来指阴险冷酷的人或叛逆不忠的人。可见，英语中的蛇有着与汉语中相近的含义，但是汉语中的蛇更具有双面性的联想意义。

（3）fox——狐狸

在汉语文化中，狐狸通常象征着奸诈狡猾、生性多疑。例如，"狐假虎威""满腹狐疑""狐疑不决"。

在英语中，fox 也常常含有狡猾、诡计多端的含义。在西方文化中，fox 和中国文化中的狐狸具有相似的含义。例如，as sly as a fox 表示像狐狸一样狡猾。

（4）peacock——孔雀

孔雀有十分美丽的外表，尤其是在开屏的时候，鲜艳夺目、五颜六色。正因如此，在中西方文化中，孔雀都有骄傲、虚荣、炫耀、扬扬得意的含义。例如，as proud as a peacock 翻译为像孔雀那样骄傲。不过，在汉语中孔雀还象征着吉祥、好运。

2. 相同动物词汇表示不同的文化内涵

由于不同的地理环境、历史、宗教等因素的影响，相同的动物词汇在不同的民族中具有不同的文化内涵。

（1）dragon——龙

①龙在汉语文化中的内涵

我国在远古时期就有了龙的雏形——人面蛇身。这些人面蛇身像大多描绘的是女娲、伏羲等一干众神，后来就逐渐演化成了龙。这反映了远古人类最原始的崇拜和敬畏。在远古人类的生活中，有太多的东西不被当时的人所理解，也有太多的东西使人们感到畏惧与无助。于是，法力无边、呼风唤雨的龙就出现了，并逐渐形成了龙图腾。这可以说是人类将自然具象化的结果。正是由于龙的上述特性，后来就用于象征帝王、皇权，成为权力和地位的象征，大约从秦始皇开始，就有把帝王称为"龙"的说法。汉朝以后，"龙"就成了帝王的象征。与帝王有关的事物也被冠以"龙"字。例如，"龙体""龙颜""龙椅""龙床""龙袍""龙子龙孙"等。再后来，龙就逐渐带有了权威、力量、才华、吉祥等褒义含义。例如，"真龙天子""卧虎藏龙""蛟龙得水""龙吟虎啸""望子成龙""龙凤呈祥""乘龙快婿"等。

在现代汉语文化中，海内外的中华儿女都自豪地以"龙的传人"自称，龙已经成为中华民族的象征。

② dragon 在英语文化中的内涵

英语词典里对 dragon 一词的定义有很多，但大多含贬义。例如，它是一种长有翅膀、有爪子的、喷火的类似鳄鱼或蛇的怪物（Ox ford Advanced Learner's Dictionary of Current English）；是一种长着狮子的爪子、蛇的尾巴、模样像巨大的爬行动物的怪物（The American Heritage Dictionary）；常跟邪恶联系在一起（The New Columbia Encyclopedia）。

在西方，人们通常认为 dragon 是有翅膀、吐火焰的怪物。在一些描写圣徒和英雄的传说中讲到和龙这种怪物进行斗争的事迹时，也多以怪物被杀为结局。因为人们认为它是恶魔的化身，是一种狰狞、凶残的怪兽，应该予以消灭，

龙与 dragon 虽然都是神话中的动物，但在中西方文化中的内涵却相去甚远。随着近几年来中西文化交流的不断加强，西方人士对中国的传统文化了解日渐增多，知道中国的"龙"远非 dragon 可比。因此，一些人在翻译"龙"时用 Chinese dragon 以示与西方 dragon 的区别。

（2）dog——狗

西方人与中国人都有养狗的习惯，但是两者对狗的看法和态度截然不同。

①狗在汉语文化中的内涵

狗在汉语文化中大多表示贬义，虽然自古以来中国就有养狗的习惯，但是在文化传统和思维方式上都将狗看作一种卑微的动物，汉语中含有"狗"的成语词组很多都是贬义词。例如，"偷鸡摸狗""狼心狗肺""狗嘴里吐不出象牙""狗仗人势""狐朋狗友""猪狗不如""狗咬吕洞宾""狗头军师""狗尾续貂""狗眼看人低""狗急跳墙""丧家之犬""狗血喷头""鸡鸣狗盗"等，基本都是含有贬义、

辱骂性质的词语。①

当然，随着我国人民生活水平的提高，人们在物质上得到了满足，开始有了精神需求，于是养狗的人数大大增加，给狗看病的医院也十分常见。如今，狗也逐渐成为很多城市人生活中不可缺少的一部分。

② dog 在英语文化中的内涵

在西方，dog 是人们的宠物，既可以帮忙看家、打猎，也是人们的朋友和伴侣，在西方文化中，dog 被视为人们的伙伴和保护者，甚至会被当作家庭成员用 he（他）或 she（她）来称呼，dog 所代表的是比较积极、正向的含义。正因如此，在英语中以"狗"作为喻体的词语多数含有褒义。西方人用 dog 指人时，其意思相当于 fellow，不仅没有贬义还略带褒义，使语气诙谐风趣。例如，a lucky dog 表示幸运儿、top dog 是指重要人物。

英语中的 dog 一词除了含有褒义之外，还有中性的含义，如 dog eat dog 表示残酷竞争。当然，在英语中，也有少数与 dog 有关的习语也表示贬义。例如，a dirty dog 是指坏蛋、a lazy dog 是指懒汉。总体而言，dog 在西方文化中褒义的成分居多。由此可见，英汉语言中"狗"的文化内涵有很大区别，在翻译过程中要多加注意。

（3）cock——鸡

①鸡在汉语文化中的内涵

在汉语文化中，雄鸡象征着一天的开始，代表着努力、勤劳和光明的未来。斗鸡有武勇之德，因其善斗的英姿气魄常常用来在军队中鼓舞士气。传说中，鸡鸣日出，带来光明。因此，鸡被认为可以驱逐妖魔鬼怪，也成为画家画中的辟邪镇妖之物。

另外，由于"鸡"与"吉"谐音，鸡在中国也常有吉祥之意。例如，我国电影界有一个著名的奖项就是"金鸡奖"；市场上也有一些与鸡有关的品牌，如"金鸡牌"闹钟、"金鸡牌"鞋油等；部分民间地区更有在隆重仪式上宰杀大红公鸡和喝鸡血酒的习俗。

---

① 薛蓉蓉.《水浒传》粗俗语英译的杂合研究——以赛珍珠和沙博理两译本为例 [D]. 太原：山西师范大学，2013.

② cock 在英语文化中的内涵

在英语中，cock 也有着丰富的文化内涵，这主要体现在以下方面。

一是具有好斗、自负的含义，这主要与公鸡的习性有很大关系。英语中常用 cock 来描绘人好斗、自负的行为。例如，I've never heard such cock in my life. 翻译为我一生从未听说过这样的胡说八道。

二是具有迎宾的含义。在英国的一些小酒馆里，人们经常可以看到 cock and pie 的字样。这里的 cock 就有翘首以待来客的含义。

3. 不同动物词汇表示相同的文化内涵

（1）tiger、lion——老虎、狮子

在汉语文化中，虎是百兽之王，象征着勇猛威武、英勇果断、强健有力。因此在形容将士们的英勇姿态时，常常用虎来表达，例如，"虎将""虎士""将门虎子"，在中国的传说中，老虎还是神仙和道人的坐骑，因此中国也常常借虎助威辟邪，祈福平安。成语表达则有"猛虎下山""如虎添翼""虎踞龙盘""虎胆雄威"等。不过，人们在尊虎为"百兽之王"的同时，也对虎的凶残毫不掩饰，如"虎穴""虎口拔牙""拦路虎""虎视眈眈"等词。

在西方文化中，百兽之王是 lion（狮子），lion 象征着勇敢、威严和凶猛。例如，英国国王 King Richard 曾由于勇敢过人而被人称为 the Lion-Heart，英国人也将 lion 作为国家的象征。

可见，汉语中的老虎与英语中的 lion 虽然不是同一种动物，但是却具有相同的文化内涵。在对与 lion 或老虎相关的词语进行翻译时，应注意作出适当调整，如虎将翻译为 brave general，虎胆英雄翻译为 hero as brave as a lion，虎虎有生气翻译为 vigorous and energetic：be full of vigor，虎背熊腰翻译为 of strong build，虎威翻译为 powers of general，as brave as a lion 翻译为勇猛如狮，fight like a lion 翻译为勇敢地战斗，great lion 翻译为名人、名流。

（2）bull——牛

古代中国是农耕社会，牛是农业生产劳动中最重要的畜力，这种密切的联系使人们常常把牛当作喻体来形容人的品质。因此，在中国文化中牛是勤劳、坚韧、任劳任怨的象征，汉语中有"牛劲""牛脾气""牛角尖""牛头不对马嘴"等词语。

而在西方文化中，牛主要是用来做祭祀的一种动物。在西方的许多宗教活动

中，祭牛是一种主要的仪式，献祭的牛被看作是人间派往天国的使者；同时，在西方文化中，牛也是能忍受劳苦、任劳任怨的化身。例如，as patient as an ox 翻译为像牛一样具有耐力。此外，a bull in china 翻译为闯进瓷器店里的公牛用来形容举止粗鲁、行为莽撞、动辄惹祸、招惹麻烦的人。但是，由于英国气候湿润凉爽，不利农耕但适宜畜牧，所以牛的主要用途就是奶和肉。

正因如此，在西方国家牛没有得到像在中国一样的重视。相反，牛在中国所得到的厚爱在英国却主要落到了马的身上。这是因为在英国历史上人们打仗、运输和体育运动都离不开马，马也以其力量和速度受到西方国家人们的喜爱。因此，在表达同一意思时，汉语中的"牛"往往和英语中的 horse 相对应。例如，牛饮是 drink like a horse，等等。

（二）英汉动物文化的翻译

如果某个动物词汇在英汉文化中具有相同或相似的文化内涵，在表示事物性质、人物品质、意义形象、风格特点时具有相同之处，那么在翻译时就可以保留动物原有的形象进行直译。例如，to play the lute to a cow 对牛弹琴。

当源语中的动物词汇的象征意义传递到目标语中或在目标语中存在与其意义相同或相似的词时，就可用这些词汇来进行翻译，这称为套译。例如，a lion in the way 翻译为拦路虎。

如果在翻译时无法保留动物原有形象进行直译，也无法进行套译时，就可以不保留动物原有形象而进行意译。例如，big fish 翻译为大亨。

第四节 英汉人文文化的对比与翻译

人文文化是指某一社会集体（民族或阶层）在长期历史发展过程中经过传承积累而自然凝聚的共有的人文精神及其物质体现总体体系。包括礼乐教化、典章制度，即诗书、礼乐、法度等精神文明的创造以及与之相关的既有差等又有调和的社会秩序。中西方人文文化的差异对翻译的影响主要体现在称谓文化和节日文化等方面。

一、英汉称谓文化的对比与翻译

（一）英汉亲属称谓词的对比与翻译

称谓是人与人之间社会关系的反映，是习俗文化的重要组成部分。称谓可以分为两种：亲属称谓和社会称谓。对亲属称谓来说，同一个概念在不同的语言中所指的范围和使用的范围也不同。看起来简单的亲属称谓离开了特定的语言环境，就变得无法理解，很难翻译。

在汉语中，哥哥和弟弟、姐姐和妹妹分得很清楚，而在英语中 brother 和 sister 却分不出长幼。例如，"Tom's brother helped Joe's sister." 这句话就很难翻译，因为没有一个特定的语言背景根本无法知道 brother 是应翻译成哥哥还是弟弟，sister 应该翻译成姐姐还是妹妹。又如，英语中 cousin 一词，在汉语中可以翻译成"表哥、表弟、堂哥、堂弟、表姐、表妹、堂姐、堂妹"一系列的称谓。

英语中的亲属称谓大多比较笼统、比较简单，而汉语中亲属称谓大多比较具体、比较详细。英语亲属称谓和汉语亲属称谓分别属于类分式和叙述式这两个不同的系统。

英语中的亲属称谓属于类分式系统。这种亲属称谓是以辈分来划分家庭成员的，英语中承认的血缘主要有五种基本形式，它们是兄弟姐妹、父母、祖父母、子女、孙儿孙女。在这五种等级中，第一等级包括自己，自己的兄弟姊妹及种种从表兄弟姊妹之属；第二等级包括父母，以及他们的兄弟姊妹和种种从表兄弟姊妹之属；第三等级包括我的祖父母以及他们的兄弟姊妹和种种从表兄弟姊妹之属；第四等级包括自己的儿女，以及他们的种种从表兄弟姊妹之属。第五等级包括自己的孙儿孙女，以及他们的种种从表兄姊妹之属。

以这五种等级为依据，只有兄弟姐妹、父母、祖父母、子女、孙儿孙女有具体的称谓，其他亲属都没有具体的称谓。例如，在父母这个等级中，母称是 mother，父称是 father。父母的兄弟，以及其他所有从表兄弟一律翻译成 uncle 这个词。英语中 uncle 一词包含了汉语中的叔父、伯父、姑父，还包含了母亲的兄弟以及母亲姐妹的丈夫。英语的亲属称谓系统不会表明亲属是于父系还是母系，属于直系还是旁系，英语的亲属称谓系统不区分亲属排列顺序，只以辈分来区分亲缘关系。

而我国汉族采用的则是叙述式的亲属称谓制度，既包括血亲及其配偶系统，又包括姻亲及其配偶系统。血亲是由血缘关系发展起来的，而姻亲是由婚姻关系发展起来的。所以，我国汉族的亲属称谓错综复杂，十分详细。我国的亲属称谓表明了长幼顺序和尊卑辈分，并且区分了直系和旁系亲族，也区分了父系和母系亲族。游汝杰先生对我国的亲属称谓做出了比较具体的区分。

在汉语中，亲属称谓是有辈分区别的，由于辈分不同，所以称谓也不同。中国现代的亲属称谓分为 23 个核心称谓，分别是祖、孙、父、子、母、女、姐、妹、兄、弟、叔、侄、伯、舅、甥、姨、姑、嫂、媳、岳、婿、夫、妻。这些称谓都是有辈分区别的。

汉语中同辈亲属之间如果长幼不同则称谓也不同。在古代妻子称丈夫的哥哥为"伯""兄伯""公""兄公"，称丈夫的姐姐为"女公"，称丈夫的弟弟为"叔"，称丈夫的妹妹为"女叔"。现代亲属称谓中，姐姐、妹妹、哥哥、弟弟、兄嫂和弟媳等都有区别。而在英语的亲属称谓中，相同辈分之间是没有长幼之分的，如 sister、brother、aunt、uncle 等都没有长幼之分。在汉语中，兄、弟都翻译成 brother，姐、妹都翻译成 sister，姨子、嫂子、弟媳都翻译成 sister-in-law，而堂兄、堂弟、堂姐、堂妹、表兄、表弟、表姐、表妹都翻译成 cousin。

在汉语中，同辈亲属之间由于父系、母系的区别，亲属称谓也不同。例如，伯或叔—舅、侄—甥、父—岳父、母—岳母、姑—姨、堂兄—表兄。而英语的亲属称谓则没有父系和母系的区别，如 uncle、aunt、nephew、cousin 等。汉语中的祖父、外祖父都翻译成 grandfather，祖母、外祖母都翻译成 grandmother；汉语中伯祖父、叔祖父、姑公、舅公、姨公都翻译成 granduncle，而伯祖母、叔祖母、姑婆、舅婆、姨婆都翻译成 grandaunt，汉语中伯父、叔父、姑父、舅父、姨父都翻译成 uncle，而伯母、叔母、姑母、舅母、姨母都翻译成 aunt。血亲是由血缘发展起来的亲戚，而姻亲是由婚姻关系发展起来的亲戚。在汉语中，同辈亲戚之间由于血亲和姻亲的不同，称谓也各不相同。例如，现代称谓中的哥哥—姐夫、姐姐—嫂嫂等。在英语中亲属称谓没有血亲和姻亲的区别。英语中的岳父和公公在英语中都翻译成 father-in-law，而岳母和婆婆都翻译成 mother-in-law。

汉语中同辈亲属之间由于直系和旁系的区别，称谓也不同。在英语中亲属称谓并没有直系和旁系的区别。

（二）英汉社会称谓词对比与翻译

社会称谓表现了一定的社会礼制，并受伦理习俗与社会制度的制约。中国向来都是礼仪之邦，西方则是一个自由民主的社会。不同的社会制度造就了特点不同的社会称谓。

1. 拟亲属称谓词

在我国，没有亲属关系的人之间也会使用表示亲属关系的称谓。这种称谓词模拟了亲属称谓，改变了称谓词原来的用法，被称作拟亲属称谓词。

使用拟亲属称谓词反映了人们的"趋近"心理，缩小了谈话双方的距离，密切了彼此的关系，被称呼者也能感受到来自称呼者的礼遇和尊重。

父母是亲属关系中最亲近的关系。汉语中通常称与自己父母年龄相近的长辈为"大叔、大婶"和"大伯、大娘"。称父辈的女子包括保姆等为"阿姨"。这些词在翻译上有很大的困难。如果将"王叔叔"译成 uncle Wang，西方人就很难弄明白 uncle Wang 与说话人之间是什么关系。在西方文化中，如果没有亲属关系，通常称呼姓名，或者是先生、女士、夫人。所以，汉语中的"王叔叔"翻译成英语应该是 Mr.Wang。其他的类似称谓也是这样翻译。

除了父母外，亲属中兄弟姐妹之间的关系最为亲密。在中国常有一些没有亲属关系的人为了增进彼此间的友谊，以彼此兄弟姐妹相称。对于同辈的成年男子通常称呼为"老兄、大哥"或者是"老弟、兄弟"，而同辈的成年女子一般称为"大嫂、姐姐"或者是"小妹、妹妹"。也有些城市的青年男女互称"哥们儿"和"姐们儿"。如果将汉语中的"姐们儿"翻译成 sister，西方人很难明白俩人的关系。在英语中同辈朋友之间，或者是同学、同事之间通常互称姓名，或者向他人表明两个人是同学或朋友的关系。

2. 汉语中的敬称与谦称

中国受封建君主专制制度和儒家礼制的影响较大，所以中国人喜欢用恭敬的口吻称呼他人，借以抬高他人，而用谦恭的口吻称呼自己以表达自己谦恭的态度。于是便有了汉语中的敬称与谦称。汉语中的敬辞与谦辞主要有以下几种。

（1）称对方的父母（敬称）：令尊、令翁、尊大人、尊侯、尊君、尊翁。

称自己的父亲（谦称）：家父。

翻译成英语为：your father, my father。

（2）称对方的母亲（敬称）：令堂、令慈、尊夫人、尊上、尊堂、令母。

称自己的母亲（谦称）：家母。

翻译成英语为：your mother，my mother。

（3）称对方的妻子（敬称）：太太、夫人、令妻、令正、贤内助、贤阁。

称自己的妻子（谦称）：妻子、爱人、内人、贱内。

翻译成英语为：your wife，my wife。

二、英汉节日文化的对比与翻译

春节和圣诞节作为中西方两个重大的传统节日，都表现了家族团圆和欢乐祥和的氛围。春节俗称"过年"，是中国人亲情的展示。从上一年的腊月二十三开始，俗称"过小年"，家家户户开始为春节做准备，大扫除、贴春联、挂灯笼，扫除旧的一年的晦气，迎接新的一年的喜气。春节的前一天，全家人齐聚一堂共进晚餐，吃"年夜饭"，寓意团圆吉祥。从大年初一直到正月十五，人们都沉浸在节日的气氛中，大家纷纷走亲访友，拜年祝福，祈求新年平安喜乐。西方与春节类似的节日是圣诞节。圣诞节是西方国家一年当中最重要的节日。圣诞节从12月24日一直到新一年的1月6日。圣诞节期间，西方人喜欢以红、白、绿三种颜色为吉祥色。人们在绿色的常青树上挂满五颜六色的礼物和彩灯，点燃红色的蜡烛，等待圣诞老人的降临。西方的圣诞节也注重家人的聚会，一家人围坐在圣诞树下，共进晚餐，共唱圣诞歌，为新的一年祈福。

清明节也是中国很重要的传统节日，清明节这天，人们一起去上坟扫墓，踏青赏春。人们举行简单的仪式，为祖先清除杂草、添土烧纸，表达对逝者的怀念。

万圣节在西方是第三大节日，仅次于圣诞节和感恩节。在这一天，人们可以随意装扮自己。孩子们会在万圣节前夕恶作剧，背上布袋挨家挨户地按门铃，如果有人开门，他们就喊"Trick or treat."如果被拒绝，孩子们就会捉弄开门的人。人们会在万圣节大游行的时候随意聊天，尽情享受节日的轻松愉快，感受大自然带来的和谐之美。

在中国，农历七月初七是"七夕节"。七夕节是一个关于爱的节日，是为了纪念牛郎和织女之间美丽而又忧伤的爱情。西方的情人节是每年的2月14日。在这一天，会有情人表达爱意，也有人手捧玫瑰向心爱已久的人大胆求婚。西方的情侣追求的是一种浪漫，很多情人会在这一天互赠礼物，并以收到情人的礼物为荣。通常巧克力和玫瑰是最甜蜜的礼物搭配。这一天，街上到处都是手捧玫瑰的情侣，到处都洋溢着节日的浪漫。

中国的重阳节是为了纪念东汉时期的桓景用茱萸叶和菊花酒驱除瘟魔的故事。由于双九在中国的传统观念中有健康长寿、生命长久的意思，所以重阳节也被称为"老人节"。在中国，重阳节成了尊老、爱老、敬老、助老的节日。在这一天，人们登山赏景、临水玩乐，尽享自然，表达自己对前辈老人的尊敬和对大自然的感恩。

美国的感恩节是每年 11 月的第四个星期四。感恩节最早是清教徒为了感谢上帝，感谢丰收举行的宗教仪式，1863 年，为了鼓励人们继承祖先的精神，林肯正式将感恩节定为法定假日。在感恩节这一天，整个美国都非常热闹。戏剧表演、体育比赛、化装游行充斥着街道，人们到教堂做感恩祈祷。那一天远离家乡的人都会赶回家和亲朋好友相聚。人们围坐在南瓜、蔬菜、火鸡旁边，畅聊心事。有些家庭还会做一些游戏，如玉米游戏和南瓜赛跑等。

由于中国的节日有其特殊的渊源和特色，所以对于中国节日的翻译不能使用千篇一律的方法，更不能随意翻译。对中国节日的翻译可以采用以下几种方法。

一是直译，即字面翻译，是指保持原文内容和形式的翻译方法。直译在保证原文特点的同时，也让读者接受了原文的文学风格。例如，春节、中国青年节等，这些节日都可以采用直译的方法。春节中的"春"翻译成 spring，"中国青年"翻译成 Chinese youth，所以两个节日分别翻译成 the Spring Festival、Chinese Youth Day。这样的翻译既坚持了翻译的原则，又避免了翻译太过僵硬。

二是根据习俗翻译，是指按照人们庆祝节日的方式和内容进行翻译。在中国，每一个节日的庆祝方式都是不同的，都有其独有的特色。例如，中国的端午节是为了纪念伟大的爱国诗人屈原。在端午节这天中国人都要吃粽子、赛龙舟。因此，通常将端午节翻译成 The Dragon-Boat Festival。而中国的中秋节是为了纪念嫦娥和后羿的爱情。中国人在这一天都要赶回家和家人一起赏月吃月饼，期盼团团圆圆。所以中秋节通常翻译成 the Moon Festival。西方人可以从中国节日的名字当中了解到一些中国的节日习俗。

三是根据农历翻译。中国是个以农为本的国家，一些传统节日多用来祈求农业丰收，风调雨顺。因此，大部分中国节日都与农历有关。例如，重阳节是农历九月初九，据说在这一天插茱萸可以让自己身体健康，驱赶瘟魔；而七夕节是农历的七月初七，是为了纪念牛郎织女的爱情。因此，这两个节日可以翻译成 the Double Ninth Festival 和 the Double Seventh Festival。有一些节日可以有几种翻译，如中秋节既可以翻译成 the Mid Autumn Festival，又可以翻译成 the Moon Festival。清明节既可以翻译成 the Qing Ming Festival，也可以翻译成 Tomb-Sweeping Day。

对中国传统节日的翻译不一定要拘泥于表面形式，而要根据中国的习俗灵活运用多种翻译方法，将中国节日的内涵准确清晰地传达给世界各国。

第五节　英汉语言文化的对比与翻译

汉语和英语是两种具有不同文化特色的语言，汉语属于汉藏语系，英语属于印欧语系；汉语重意合，英语重形合；汉语讲究重复对仗，追求韵律美，英语讲究简洁连贯，避免词汇重复和语义重叠。汉语中的成语、谚语，歇后语、粗俗语这些独具特色的语言赋有浓厚的汉语言文化特色。翻译时，语句的字面意思是可以传达的，但是语言文字的语音、词汇、句法和风格等文化特色却很难再现。[①]

一、英汉词语文化的对比与翻译

（一）英汉词语文化的对比

众所周知，由于英汉语言属于不同的语系，其必然会存在着明显的差异。但是，这并不是说英汉两种语言没有任何的相同点和一致性。通过对英汉语言进行对比分析，可以看出英汉两种语言间存在着某些相似性，这些相似性对于揭示和研究语言及翻译尤为重要。接下来就从以下几个层面着手分析英汉语言的相同点与不同点。

1. 相同点

英汉词语文化的相同点主要体现在词类划分上。所谓词类，是指词在语法层面上的分类，即在对语言单位及其组织规律进行研究时对词的划分。对于世界上

---

① 薛蓉蓉.《水浒传》粗俗语的跨文化翻译 [J]. 西部学刊，2021（5）95-97.

众多的语言来说，词的分类尽管有着各不相同的项目，但是却有着一定的相同点。在英汉两种语言中，根据词在句子构成中的作用不同，可以将词分为实词与虚词两大类。

英汉两种语言在词类划分上存在着大多数相同，也存在着个别的划分不同，如英语中有冠词，而汉语中没有；汉语中有量词，而英语中没有等。但是，这里主要是从其相同点出发，来探讨英汉实词和虚词。

（1）实词层面

①名词

名词主要是用来表示人、事物、地点等的名称。例如，head 头、leg 腿，等等。一般来说，英汉名词可以分为两大类：普通名词与专有名词。普通名词又有具体名词与抽象名词、可数名词与不可数名词之分。除了英语名词有复数、可带冠词的形式，汉语中用数量词修饰这些不同之处外，英汉两种语言的名词在句法功能上基本一致，即都可以作为主语、表语、定语、宾语，与介词构成介词短语等。

②动词

动词主要用来表示人、事物等存在或者动作状态的词。例如，know 知道、buy 买，等等。

一般而言，英汉动词包含两大类：助动词与实义动词。助动词往往含有应该、可能、意愿层面的含义。实义动词又可以分为及物和不及物两种。例如，Tom does（及物动词）his work very hard. 汤姆工作很努力。The students work（不及物动词）very hard. 学生们学习很努力。

③代词

代词主要是用来代替名词的词，大多数的代词往往具有名词、形容词的功能。例如，I 我、she 她、he 他，等等。

一般来说，英汉代词都有性的区别，如英语中的 she，he，it 和汉语中的她，他，它。另外，英汉语言中也存在一些活用的现象，即有些代词并不是实时、具体指代某个人、某件事，而是一种虚化、抽象的指代。例如，He who returns from the Yellow Mountain won't see mountains. 翻译为黄山归来不看岳。上例中的 he 并不是指代某一具体的人，而是泛指某人。

④形容词

形容词主要用于表示人、事物的状态、性质、属性、特征，用来修饰和描写名词或者代词。例如，old 老的、young 年轻的，等等。英汉语言中的形容词也存在着共同点，即都可以用副词"很（very）"修饰；都可以出现在表语的位置；都可以充当定语成分来修饰后面的名词。例如，The boy is very happy. 翻译为这个男孩很高兴。

⑤副词

副词主要用于表示地点、程度、时间、频率等含义。例如，sincerely 真诚地、really 真正地，等等。

在英汉语言中，副词是较为复杂的。如前所述，英汉副词在句子中都是用来修饰动词与形容词。例如，He has already got the champion. 翻译为他已经得到了冠军。

（2）虚词层面

在虚词层面上，英汉虚词具有如下三个相同特点：一是虚词都要以实词或者特定语句为依附，表达语法含义。二是虚词不能单独构成句子，不能单独充当句法成分。三是虚词不能重叠使用。

英汉虚词的这三大共同点主要是源于虚词无词语意义。由于汉语中的实词缺乏能够表示语法含义的形态变化，因此虚词不得不承担这一责任，用以表达语法含义。虽然汉语虚词的数量有限，但是使用频率相当高，如助词"的"，几乎人们在说每一句话时都会使用到。同时，同一类的虚词存在着共性，而每一个虚词也会有自身的个性。另外，很多虚词不仅只有一种语法含义，还包含多种语法含义。

同汉语虚词类似，英语虚词也不能单独作为一个句子成分。例如，介词需要与名词、代词构成介词短语；冠词需要与名词结合，附着在名词上，帮助名词说明词义；连词主要起连接作用，前后都需要连接成分，也不能单独作为一个句子成分；叹词用以表达发话人的情绪和情感，需要与后面句子相关联，且后面的句子用以说明发话人情绪或情感的原因、性质等。

2. 不同点

在英汉两种语言中，词语是重要的构成成分和要素。英汉语言的差异性在词语层面有明显体现。对英汉词法差异有一个清晰的了解，有助于译者选择恰当、合适的词语。英汉词法的差异体现的层面非常广泛，这里着重从词形变化、词义关系、文化内涵三个层面加以论述。

（1）词形变化不同

英语具有丰富的语法形态，是一种屈折语言。英语中的名词有可数名词与不可数名词之分，其中可数名词又分为单数名词与复数名词。英语动词有人称、语态、时态、语气、情态及非谓语等形式的变化。综合来说，英语中的名词、动词、形容词、副词等都有词形的变化，并且通过这些词形的变化，英语实现了其在词类、性、数、格、语态、时态的变化，而不需要借助其他虚词。

与英语相比，汉语是"人治"的语言，其词与词的关系需要读者自己解读，是一种非屈折语言。汉语中的语法形态往往是根据上文语境来实现的。由于汉语属于表意文字，其名词没有可数与不可数之分，也没有单复数之分；动词也没有形态变化，其谓语动词的语态、时态等往往通过词语手段来实现，也可以通过其他任何形式来实现。

由于英汉语言在词形变化上的不同，在翻译时必须多加注意。例如，The girl is being a good girl the whole day. 翻译为这个女孩一整天都很乖。该例中，原句使用现在进行时态表示某段时间正在发生的动作，即说明该女孩"正""正在"的状态。但是，如果将其翻译成："这女孩一整天正在成为一个好女孩。"显然令人困惑。因此，翻译时通过语境分析，增加"都很"一词来表达原文的"一直""一向这样"的情况，这样的翻译就是根据英汉语的词形变化所做的调整。

（2）词义关系不同

词语除了具有形态特征之外，还具有约定俗成的词义。对英汉两种语言中词义关系的了解，是翻译实践中的重要环节和基础，有助于译者有效地理解原文的词语，并找出译文的对应词，从而精准地翻译出来。一般来说，词义关系分为四种：完全对应、部分对应、交叉对应及不对应。当然，完全对应情况这里就不再多说，重点分析后面三者。

①部分对应

在英汉两种语言中，有些词在词义关系上呈现部分对应，即这些词的意义有广义和狭义之分。换句话说，英语中词语范围广泛，而汉语中词义范围狭窄；或者汉语中词语范围广泛，而英语中词义范围狭窄。例如，英语中的 uncle 一词对应"姑父""叔叔""姨夫""叔父""舅父"等；汉语中的"借"可以用 lend 与 borrow 两个词表示。再如，以汉语中"吃"为例。吃苦是 bear hardships、吃饭是 have the meal，可以看出，虽然都包含"吃"这个字，但不同搭配下的词语所对应的英语也是不一样的。

另外，英汉中有些词语的指称意义是对应的，但是其内含意义却不同，这也是一种部分对应的情况。例如，英语中的 west wind 从自然现象角度来考虑，其与汉语中的"西风"是对应的；但从地理环境的角度，由于地域的差异性，英语中的 west wind 与汉语中的东风是对应的，都表达和煦、温暖之意。

②交叉对应

英汉语言中都存在一词多义现象。但有时候，一个英语词的词义可能与几个汉语词的词义对应；或者一个汉语的词义可能与几个英语词的词义相对应。这就是英汉语词义的交叉对应，如图 4-5-1 所示。

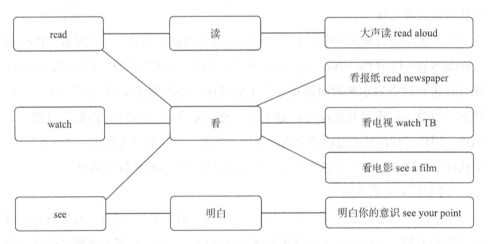

图 4-5-1　英汉语词义的交叉对应

通过上图不难看出，read，watch，see 与"读""看""明白"呈现交叉对应的情况。当然，这些词的具体意义往往需要联系上下文语境才能确定。因此，在翻译时应学会根据上下文语境来判断，选出合适的词语。

③不对应

受文化差异的影响，英汉语中很多词带有浓厚的风土习俗、社会文化色彩，因此在对方语言中很难找到相应的词语对应，这就是英汉词语的不对应现象，又称为"词语空缺"。例如，hamburger 汉堡包、chocolate 巧克力、hippie 嬉皮士，等等。

（3）文化内涵不同

各个社会有其独特的文化，文化包罗万象，在社会的各个层面都有所渗透。语言也属于一种特殊的文化，是文化的写照和载体。词语是构成语言的基石，各民族文化的特性往往在词语层面上有所体现。而词语的文化内涵差异主要体现在词义层面。下面就深层次分析其蕴含的文化意义，即情感意义、联想意义、象征意义。

①情感意义

英汉两种语言有些字面意义相同，但其情感意义不同，即褒贬存在差异。例如，dog 这一动物在英语国家人们眼中是忠实的朋友、可爱的动物，因此与 dog 相关的词语都含有褒义色彩，如 to work like a dog 是指忘我地工作，a lucky dog 是指幸运儿等。相比之下，汉语中的"狗"一词给中国人带来的情感意义要贬义多于褒义，如"走狗""狗仗人势"等词语，往往都带有侮辱性的文化内涵。

再如，英语中的 peasant 一词从历史上看带有明显的贬义色彩，代表社会地位低下、缺乏教养等一类的人；而汉语中的"农民"虽与之字面意义相同，但是其情感意义却大相径庭，汉语中的"农民"指的是那些从事农业生产的劳动者，是最美的人，在情感上富有褒义色彩。因此，在翻译时需要将"农民"翻译成 farmer 更合适。

②联想意义

英汉语言中有大量比喻性词语，如成语、典故、颜色词、植物词等，这些词具有生动、鲜明的联想意义及民族文化特色，在一定程度上是不同民族思维方式和习惯的反映。虽然很多词语的本体可以对应，但存在明显的文化内涵差异，即具有不同的联想意义或缺少相对应的联想意义。例如，beard the lion 翻译为虎口拔牙、as timid as a rabbit 翻译为胆小如鼠。

③象征意义

受英汉各自民族文化的影响，英汉很多词语也呈现不同的象征意义，尤其是颜色词、数字词与动植物词等。也就是说，在不同语言中，同一概念可能被赋予了不同的象征意义。例如，red 与"红"虽然都可以象征喜庆、热烈等，但英语中的 red 有时象征脾气暴躁, 如 see red, 而这在汉语中是不存在的。

再如, 数字 six 在英语中往往是忌惮的, 因为 "666" 在《圣经》中有所记载, 是魔鬼的野兽的象征与标记。但是, 汉语中的 "6" 则与 "顺" 同音, 代表顺利、吉祥。可见, 二者的象征意义不同。

（4）构词方式不同

词是语言的基本单位, 但不是最小的单位, 其可以划分成一些更小的成分。对构词方式进行研究主要侧重于词的内部结构, 从而找出组成词的各个元素的关系。在构词方式上, 英汉语言存在着一些差异之处。

①复合法

所谓复合法, 是指将两个或者两个以上的字或词按一定次序排列构词的方法。英语中的复合法的词序的排列一般会受词的形态变化影响, 且会使用后面一个词来体现整个复合词的词性。例如, 由复合法构成的英语词语较多, 可以由两个分离的词构成, 也可以由两个或多个自由词素构成。常见的书写形式可以是连写, 如 silkworm（蚕）等; 可以是分写, 如 tear gas（催泪弹）等; 也可以是连字符连接的形式, 如 honey-bee（蜜蜂）等。与汉语复合词相比, 英语复合词更强调词的形态, 即复合词中的每个构词成分都必须是自由的, 可以独立成词。例如, stay-at-home（留守者）可拆成三个独立的成分: stay, at, home。

英语中以分写形式存在的复合词很容易与短语混淆, 因为它们在形态上难以区分。例如, 复合词 flower-pot（花盆）, easy-chair（安乐椅）与短语 brick house（砖房）, good friend（好朋友）等。辨别这种类型的复合词与短语, 一般情况下可依照以下三个标准。

首先, 区别重音。分写形式的复合词的重音一般在前, 如 hot-line（热线）。而短语的重音一般在后, 如 good friend（好朋友）。

其次, 区别意义。大多数分写形式复合词的意义不是简单的字面意义的相加。例如, green hand 意思为 "新手" 而不是 "绿色的手"。

最后, 区别内部形式。分写形式的复合词在语法上是一个最小的句法单位, 内部形式不能随意更改。例如, 不能将 hot-line 变为 hottest line 的形式。

英语复合词的构词格式要多于汉语。以名词为例, 目前所搜集到的英语复合名词的构词格式有 19 种, 而汉语有 12 种。英语复合词的内部形式也包含主谓结构、动宾结构、偏正结构、并列结构等，但是这些结构中所包含的形式却比汉语复合词复杂。

复合法在汉语词语构成中占有很大的比重，如"子孙""石板"等。实际上，汉语中复合词的认定是有一定困难的，其与派生词、短语的区分标准与界限都不是十分的明朗。

关于复合词与派生词的区别，二者的不同点在词根上。复合词全部由词根构成，而派生词中含有词缀。这里的问题是，汉语中的词缀本身就是意义虚化的结果，因此无法明确地判断其是否是词缀，为此提出了"定位性"与"能够性"的标准。

总体来说，汉语复合词的构成主要是受逻辑因果关系和句法结构关系的制约，主要存在"主语＋谓语""限定词＋被限定词""修饰语＋被修饰语""动词＋补语""动词＋宾语"等几种形式。例如，因果关系（冲淡、打倒）、时间顺序（早晚、古今、开关）、主谓结构（头痛、事变、私营、笔误、国有）、动宾结构（唱歌、将军、跳舞、通信、施政）、偏正结构（滚烫、奖状、手表、敬意、雪白）、并列结构（笔墨、大小、得失、尺寸、医药）。

②缩略法

所谓缩略法，顾名思义就是对字或词进行缩略和简化。英语词语中的缩略法较为复杂。英语中的缩略词按照构词方式一般可分为四种类型，分别是节略式、字母缩合式、混合式与数字概括式。

A. 节略式

所谓节略式，就是截取全词中的一部分，省略另一部分的形式。节略式缩略词有四种。

一是去头取尾，如 aerodrome 缩写为 drome（航空站）。

二是取头去尾，如 executive 缩写为 exec（执行官）。

三是去头尾取中间，如 refrigerator 缩写为 fridge（冰箱）。

四是取头尾去中间，如 employed 缩写为 empd（被雇佣的）。

B. 字母缩合式

字母缩合式是提取一个短语或名称中的首字母或其中的某些字母进行缩合而形成的节略词。根据不同的发音特点，字母缩合式节略词也可以分为字母词、拼缀词与嫁接词三类。其中字母词是按照字母的读音；拼缀词按照常规发音。有时为了读音的方便，在选取短语或名称中主要成分的首字母而忽略非主要成分。也有一些词在缩合时，为了顺应发音，从个别成分中提取两个字母；嫁接词的读音是字母加拼读，这种形式是将短语或名称的第一个成分的首字母与第二个成分的全部缩合而成的。

C. 混合式

英语中的混合式缩略词有两种形式，一种是选取短语或名称的两个成分 A、B 的部分缩合成新词，另一种是成分 A 或 B 的部分加上另一种成分 A 或 B 的全部缩合而成。混合式缩略词按普通词拼读。

D. 数字概括式

英语中数字概括式的缩略词与汉语中相似，也可以分为两种类型。

一是提取并列成分中相同的首字母或对应字母，并用一个数字进行概括，置于词前。例如，copper，cotton，corn 概括为 the three C's。

二是用一个有代表性的词概括出词语所代表的事物的性质或特征，并前置一个表示数量的数字。例如，earth，wind，water，fire 概括为 four elements。

通过上述分类可以看出，汉语缩略词的读音与原词的形式关系十分密切，其读音是按照原词的读音。而英语缩略词中有很多字母组合词是按照字母发音的，与原词的发音大相径庭。此外，与汉语缩略词相比，英语缩略词的数量更多。

汉语中的缩略词按照构成方式可分为四种：选取式、截取式、数字概括式和提取公因式。[①]

一是选取式。选取式是将词语中有代表性的字选取出来。选取每个词的首字，如科学研究缩写为科研。选取第一个词的首字和第二个词的尾字，如战争罪犯缩写为战犯。选取每个词的首字和全称的尾字，如安全理事会缩写为安理会。选取全称中最有代表性的两个字，如北京电影制片厂缩写为北影。在一些并列全称中选取每个词的首字，如亚洲、非洲、拉丁美洲缩写为亚非拉。

二是截取式。截取式是用名称中一个有代表性的词代替原有的名称。截取首词，如同济南开大学缩写为南开。截取尾词，如中国人民志愿军缩写为志愿军。

三是数字概括式。提取词语中的相同部分，并用一个数字进行概括，且置于

---

① 周国光. 现代汉语词汇学导论 [M]. 广州：广东高等教育出版社，2004.

词首，如湖南、湖北概括为两湖。用一个有代表性的字或词概括出词语所代表的事物的性质或特征，并前置一个表示数量的数字，如两眼、两耳、两鼻孔、口概括为七窍。

四是提取公因式。提取词语中相同的部分进行合并，如进口、出口合并为进出口。

③词缀法

所谓词缀法，是指在词基的基础上添加词来构词的方法。英汉语言中都有词缀构词法。

英语中有非常丰富的词缀，加缀法也是英语词语最主要的构成方式之一。以核心词根为基础，通过添加不同的词缀，可以形成众多新词。

与汉语不同，英语中的词缀没有独立的形式，不能单独使用，必须依附在词根或词干上才能构成词语，且前缀和后缀的位置也很固定，前缀不能后置，后缀也不能前置。

英语词缀大约有 200 个，其中前缀 107 个，后缀 79 个。这些词缀中有许多已成为单词不可分割的一部分，在研究词缀时，很少将它们独立分离出来进行分析。例如，前缀 ac- 及其变体 al-、at-、ad- 等，可构成 allot（分配），attend（出席），admit（承认）等。在分析英语词语中的加缀法时，通常是研究在这些词的基础上加词缀构词的情况。例如，allotment，attendance，readmit 等。

汉语词缀与英语词缀之间并没有一一对应的关系，有些汉语词缀在英语中无法找到对应形式，只能以单词的形式体现。例如，阿姨 auntie、阿婆 granny、阿爹 dad、桌子 table、杯子 glass、鼻子 nose。

汉语中也有词缀构词法，其意义与英语也较为类似，即表示在具有意义的词根的基础上增加意义的词缀。一般汉语中的词缀构词也包含前缀构词与后缀构词。例如，阿 + 哥 = 阿哥、老 + 先生 = 老先生。

需要指出的是，从汉语层面说这些词缀可有可无，但是添加上会使得话语更加圆滑。

（二）英汉词语文化的翻译

由于不同的历史、文化、表达习惯等的原因，汉语词语与英语词语间既存在着共同性，同时也具有差异。受汉语表达习惯的影响，不少译者在进行英汉词语互译时往往会将汉语词语的内涵迁移到英语词语中去，从而出现语用错误。因此，对英汉词语文化翻译的探讨也是非常必要的，不仅有助于提高英语学习和翻译的能力，还有助于提升跨文化交际的能力。对英汉词语文化的翻译，主要从以下几点来探讨。

1. 词义的选择

英语中一词多义的情况比较常见，这是因为英语词语的含义常常受到很多因素的影响。因此，对词义进行选择是十分必要的。

（1）以上下文为依据

当同一个词处于不同语境时，其含义也常常发生变化。所以，要想判断、确定某个词语在具体语境中的含义，应以上下文为依据。例如，Land animals are thought to have developed from sea animals. 翻译为陆地动物被认为是由海洋动物进化而来的；The photographer develops all his films. 翻译为那位摄影师所有的胶卷都是由他自己冲洗的。

很明显，上述例子中都包含 develop 这个词，但是却有着不同的内涵，译者应该根据上下文来判断具体的含义。

（2）以词性为依据

英语中有很多单词具有多个词性，且当词性不同时，其意义也不同，这就使以词性为依据来进行词义判断成为可能。换句话说，在翻译的过程中可先确定某个单词的词性，并据此来判断其含义。例如，I'll go right after lunch. 翻译为午饭后我马上去；In England, we drive on the left side of the road, not the right side. 翻译为在英国，车辆靠路的左侧行驶而不是靠右侧行驶；He hoped to be absolutely right about this issue. 翻译为他希望在这个问题上绝对正确无误；The ship righted itself after the big wave had passed. 翻译为大浪过后，船又平稳了；He exercised his legal right as President to halt the investigation. 翻译为他行使了总统的法定权力去阻止这场调查。

上述四个例子中，第一个句子中的 right 为副词，表示"马上，立刻"，第二个句子中的 right 为形容词，表示"右侧的"，第三个句子中的 right 为形容词，表示"正确无误的"，第四个句子中的 right 为动词，表示"使回复到适当的、正确的位置"，此处译为"平稳"，第五个句子中的 right 为名词，表示"权力"。因此，译者可以根据词性来判断词义。

（3）以专业领域为依据

在很多情况下，某个单词的意义会由于专业领域的不同而发生变化。例如，Tom got the boot for frequently coming late. 翻译为汤姆因经常迟到而被解雇；He booted the ball across the field. 翻译为他把球踢到场地的另一头。

上面两个例子中，第一个句子的 boot 表示"解雇"，而第二个句子的 boot 表示"踢"。因此，译者在翻译时可以以专业领域作为依据。

2. 词义的引申

英语与汉语中的词语含义并非完全对应，在翻译中遇到这样的情况时，就需要进行词义的引申，通常包括以下四种。

（1）基本义引申

所谓基本意义，就是一个词语的原始意义或直接意义。在基本意义的基础上进行引申所得到的新义就是引申义。一般来说，引申出来的新义与其基本意义之间既有一定的联系，又存在明显的差别。例如，We are eager to benefit from your curiosity. 翻译为殷切希望从你们的探索精神中获益。本例中，curiosity 的基本含义为"好奇心"，在此处引申为"探索精神"。又如，His estimate of Hitler was cold-blooded and honest. 翻译为他对希特勒的评价是客观的。本例中，cold-blooded 本义是"冷血的"，在这里引申为"客观的"。

（2）形象性引申

在很多情况下，某个单词在英语与汉语中具有不同的形象，这就要求译者进行适当的引申与变化，从而使译文易于理解与接受。例如，Every life has its roses and thorns. 翻译为每个人的生活都有甜和苦 / 酸甜苦辣。本例将 roses 与 thorns 分别引申为"甜美、幸福"与"痛苦，生活中不如意的事物"。

（3）具体化引申

在翻译原文中的一些较笼统、较抽象的词语时，为了使译文与目标语的表达习惯相一致，译者可对这些词进行具体化引申，即将其引申为意义明确具体的词语。例如，Under those conditions, all international morality or international laws become impossible. 翻译为在这种情况下，一切国际道义和国际公法都失去了作用。本例将 impossible 引申为"失去了作用"。

（4）抽象化引申

现代英语在表达一个概念、一种属性或一个事物时，常常使用一个较具体的词语。在翻译这类词语时，可将其引申为汉语中的抽象概念，从而降低汉语读者的理解难度。例如，During the 1970s, he was an embryo teacher, but he was very confident. 翻译为 20 世纪 70 年代，他还是一个初出茅庐的外语教师，但是他却非常自信。本例将 embryo 从"胚胎"引申为"初出茅庐"。

二、英汉语篇文化的对比与翻译

译者在翻译过程中面对的不仅是两种完全不同的语言形式，而且还需要把握两种语言背后的文化因素。与词汇、句法相比较而言，语篇的翻译难度更大，译者需要具备整体意识，从语篇的整体角度来把握原文的神韵，这对于任何一名优秀的译者而言都是必须具备的。为此，接下来探讨当代英汉语篇文化的对比与翻译。

（一）英汉语篇文化的对比

语篇是语言的使用，是更为广泛的社会实践，从翻译角度来看，语篇是将这些语义予以连贯，理解和解读这些具有联系的语篇。下面首先对语篇的内涵与认知要素有一个简要的了解，在此基础上分析英汉语篇文化的对比。

1. 语篇的内涵与认知要素

（1）语篇的内涵

虽然不少语言学者在语篇语言学研究中投入了大量的心血，然而在语篇语言学中依然存在着难以明确的内容，如语篇的定义问题。语篇往往被认为是由一系列的句子与段落构成的。它的形式也是多样的，可以是对话、独白，也可以是一些人的谈话；可以是文章，也可以是讲话；可以是一个文字标志，也可以是一篇小说或者诗歌。

语篇是一种"交际事例"，是用来传达信息的工具。语篇是具有功能的语言，如发出指令、传递信息或情感等，这种定义方法比较简单。

语篇包含的内容非常广泛，并且形式多样。因此，对语篇进行界定并不容易。

作者尝试从功能与结构的角度来界定"语篇"。

从功能上说，语篇主要是为了交际使用，在交际的过程中，语言的意义往往依靠语境。不同的语境其语言单位的意义也会不同。

从结构上说，语篇是比句子范围要大的语言单位。在语言学上，语言的各个成分的排序从小到大是词素、词、词组、分句、句子、语篇。可见，语篇的范畴要广泛得多。

（2）语篇的认知要素

认知分析是指对那些可以用认知概念如各种心理表征来阐释语篇属性的分析。一般来说，语篇理解通常涉及以下语篇认知要素。

①知识网络结构

知识以节点的网络形式表征出来。知识网络中节点呈扩散激活状态。一旦网络中一个节点被激活，之后便被扩散到邻近节点，再从邻近节点扩散到邻近节点的邻近节点，依此类推。如果读者没有存储与语篇内容相关的知识，就会导致理解困难。

②记忆存储

语篇理解是一个记忆加工的过程。语篇理解的重要信息在工作记忆中呈循环状态。

③语篇焦点

意识和注意焦点集中在语篇表征中一个或两个节点上。

④共鸣

当存储在语篇焦点、工作记忆中的内容与文本表达的内容或长时记忆内容高度匹配时，便会形成共鸣。

⑤节点的激活、抑制和消除

理解句子时，语篇结构和长时记忆中节点被激活、加强、抑制和消除。一般来说，熟识程度高的词汇比熟识程度低的词汇加工速度快。

⑥主题

主题是指语言使用者赋予或从语篇中推导出来的整体意义，不同的读者对主题具有不同的理解。

⑦连贯

语篇连贯不仅仅是指篇全局连贯，也指语篇的局部连贯。连贯是指序列命题之间的意义关系。连贯通常包括两种：一种是指连贯或外延连贯，即语篇涉及事件的心理模型；另一种是内涵连贯，即基于意义、命题及其关系的连贯。

⑧隐含意义

隐含意义指从语篇中的词、短语、小句或句子实际表达的意义推导出来的命题。可见，隐含意义离不开推理。

⑨词汇的言外之意

言外之意是读者根据自己的文化、知识赋予一定词汇的评价和看法，有利于激活读者或译者的审美观点与社会知识。

2. 英汉语篇文化的对比

（1）衔接手段对比

①英语语篇的衔接手段

英语语篇强调结构的完整性，句子多有形态变化，并借助丰富的衔接手段，使句子成分之间、句与句之间，甚至是段落与段落之间的时间和空间逻辑框架趋于严密。形合手段的缺失会直接影响语义的表达和连贯。因此，英语语篇多呈现为"葡萄型"，即主干结构较短，外围或扩展成分可构成叠床架屋式的繁杂句式。此外，英语语篇中句子的主干或主谓结构是描述的焦点，主句中核心的谓语动词是信息的焦点，其他动词依次降级。具体来说，英语中的衔接手段主要包括两种。

一是形态变化，指词语本省所发生的词形变化，包括构形变化和构词变化。构形变化既包括词语在构句时发生的性、数、格、时态、语态等的形态变化，也包括非谓语动词等的种种形态变化。构词变化与词语的派生有关。

二是形式词，用于表示词、句、段落、语篇间的逻辑关系，主要是各种连接词、冠词、介词、副词和某些代词等。连接词既包括用来引导从句的关系代词、关系副词、连接副词、连接代词等，又包括一些并列连词，如 and，but，or 等。此外，还有一些具有连接功能的词，如 as well as，as much，more than 等。

②汉语语篇的衔接手段

汉语语篇表达流畅、节奏均匀，以词汇为手段进行的衔接较少，过多的衔接手段会影响语篇意义的连贯性。汉语有独特的行文和表意规则，总体上更注重以意合手段来表达时空和语义上的逻辑关系，因此汉语中多流水句、词组或小句堆叠的结构。汉语语篇的行文规则灵活，多呈现为"竹节型"，句子以平面展开，按照自然的时间关系进行构句，断句频繁，且句式较短。

汉语并列结构中往往会省略并列连词，如"东西南北""中美关系"等。此外，汉语语篇句子之间的从属关系常常是隐性的，没有英语中的关系代词、关系副词、连接副词、连接代词等。

③英汉语篇衔接手段的具体差异

由于英语和汉语在词汇衔接手段上大致相同，但是在语法衔接上却有很多不同之处。因此，这里主要对英汉语法衔接手段进行对比。

一是照应。当英语语篇需要对某个词语进行阐释时，如果很难从其本身入手，却可以从该词语所指找到答案，就可以说这个语篇中形成了一个照应关系。由此可见，照应从本质上看是一种语义关系。

照应关系在汉语语篇中也是大量存在的。需要注意的是，汉语中没有关系代词，而关系代词尤其是人称代词在英语中的使用频率要远高于汉语。因此，汉语语篇的人称代词在英语中常用关系代词来表示。

二是连接。除照应与省略之外，英汉语篇的另一个重要衔接手段就是连接。一般来说，连接关系是借助连接词或副词、词组等实现的，且连接成分的含义通常较为明确。连接不仅有利于读者通过上下文来预测语义，还可更快速、更准确地理解句子之间的语义联系。英汉语篇在连接方面的差异主要表现在以下两点：英语连接词具有显性特征，汉语连接词具有隐性特征；英语的平行结构常用连接词来连接，而汉语中的衔接关系常通过对偶、排比等来实现。

三是省略。将语言结构中的某个不必要的部分省去不提的现象就是省略。由于英语的语法结构比较严格，省略作为一种形态或形式上的标记并不会引起歧义，因此省略在英语中的使用远高于汉语。需要注意的是，在省略成分方面，英汉语篇也存在明显区别。具体来说，英语中的主语通常不予省略，而汉语语篇中的主语在出现一次后，后续出现的均可省略，这是因为与英语主语相比，汉语主语的承接力、控制力更强。

（2）段落结构对比

①英语语篇的段落结构

英语语篇的段落通常只有一个中心话题，每个句子都围绕这个中心思想展开论述，并且在段落中往往先陈述中心思想，而后分点论述，解释说明的同时为下文做铺垫。段落中的语句句义连贯，逻辑性较强。

②汉语语篇的段落结构

汉语语篇的段落结构呈现为"竹节型"，句子与句子之间没有明显的标记，分段并不严格，有很大的随意性，段落的长度也较短。

（3）段落模式对比

语篇段落的组织模式实际上说的是段落的框架，即以段落的内容与形式作为基点，对段落进行划分的方法。语篇段落组织模式是对语言交际的一种限制，对于语篇的翻译而言至关重要。对于英汉两种语篇，其段落组织模式存在相似的地方，即都使用主张—反主张模式、叙事模式、匹配比较模式等，但是二者也存在着差异。

①英语语篇的段落组织模式

英语语篇的段落组织模式主要包含五种，除了主张—反主张模式、叙事模式、匹配比较模式，还包含概括—具体模式与问题—解决模式，这两大模式与汉语语篇组织模式不同，因此这里重点探讨这两大模式。

一是概括—具体模式。该模式是英语中最具有代表性的常见模式，又被称为"一般—特殊模式"。这一模式在文学著作、社会科学、自然科学语篇中是较为常见的。著名学者麦卡锡将这一模式的宏观结构划分为有如下两种。

第一种：概括与陈述→具体陈述 1→具体陈述 2→具体陈述 3→具体陈述 4→……

第二种：概括与陈述→具体陈述→更具体陈述→更具体陈述→……→概括与陈述。

二是问题—解决模式。该模式的基本程序主要包含以下五点：说明情景；出现问题；针对问题给出相应的反应；提出解决问题的具体办法；对问题进行详细评价。这五大基本程序并不是固定不变的，其顺序往往会随机加以变动。这一模式常见于新闻语篇、试验报告、科学论文中。

②汉语语篇的段落组织模式

与英语语篇的段落组织模式相比，汉语语篇主要有以下两点特色。

一是汉语语篇段落的重心位置与焦点多位于句首，但这也不是固定的，往往具有流动性与灵活性。

二是汉语语篇的段落组织重心和焦点有时候会很模糊，并没有在段落中体现出来，甚至有时候不存在重心句和焦点句。

（二）英汉语篇文化的翻译

语篇的翻译应以词和句子的翻译为基础，注重语篇的连贯性，语篇段内的连贯性、段与段之间的连贯性以及语篇语域等。在语篇翻译的过程中，翻译语篇的整体性首先需要译者从宏观上把握全文，采取一定的翻译技巧，然后再开始逐字逐句的翻译。在此过程中，译者的任务主要包括三个：造句、成篇、选择用词和用语。在这三个任务中，最关键的是造句，因为句子是语篇翻译中的关键因素，只有将每一句话都翻译准确，才能将整篇内容联系到一起。此外，选择用词和用语贯穿翻译的整个过程。

一是制定宏观翻译策略。在一定程度上可以认为，译者翻译的过程与作者创造的过程是类似的，在开始动笔翻译之前，译者需要有一个情绪上的"酝酿"。这种酝酿指的是宏观翻译策略的制定。大致而言，译者在制定宏观翻译策略时需要重点考虑以下内容。首先，文体选择。语篇所包含的文体种类是很多的，如小说、诗歌、散文等，译者在文体选择方面受制于原文的文体，也就是说原文采用的是哪种文体，译文一般也会采用这类文体，不可擅自更换。例如，将一首英文诗歌翻译成汉语，译者就需要首先确定诗歌的文体形式。其次，选择译文的语言。众所周知，英汉双方对应的语言分别是汉语与英语，但这两种语言又可以有很多种下属分类，如汉语中又包括方言、普通话，从时间上还可以分为现代文与古代文，这些因素都是译者在动笔翻译之前需要考虑的。最后，取舍篇章内容。这里暂且不考虑舍去篇章中某部分内容中所缺失的文化审美价值，但这种翻译方法确实是存在的。在某些特殊的情况下，如客户要求译者仅翻译一部作品中的部分内容。

二是造句。在翻译语篇的过程中，译者对原文的处理大致可分为以下两种类型。第一种，以句子为划分单位的译者。以句子为划分单位的译者具有强烈的宏观、整体意识，十分注重作品整体意象的有效传达，甚至在有些时候还会牺牲一些词语与短语，以此保证整个句子能够表达顺畅、传神。这类译者之所以能够以句子作为划分单位，是因为其在前期审美整合的过程中做出了非常大的努力。在审美整合的前期，原作品中的信息处于一种有机、系统、活跃的状态中，当进入审美再现的环节后，这些信息就可以随时随地地被激活，在这种状态下译者就可以统筹全局、运筹帷幄，从整体上做出合理安排。第二种，以字、词为划分单位的译者。以字、词为划分单位的译者往往会逐词逐字地翻译，然后将翻译出来的内容堆砌到一起组成句子，通过这种方法译出的句子读起来往往十分拗口，带有强烈的翻译腔，所组合成的句子也不够和谐，自然更不用去考虑其所带来的审美价值了。对于这类译者，除了使用的翻译方法不当，更大的原因在于其并没有深入去思考与把握文章整体的审美取向。此时，译者从前期审美过程中所获取的信息处于一种无序的、零散的、杂乱的状态，译者自己的大脑中都没有从整体上形成审美信息，自然就不能从整体上传达语篇中的意象了。通过分析上述两种处理原文的方法可知，第一种处理方法得出的译文整体效果要明显高于第二种，因而译者应该在语篇翻译的过程中尽量以句子为划分单位来解析原文。

三是组合成章。当译者将原作中的所有句子都翻译出来之后就形成了一篇完整的译文。然而，即便将每一句话都翻译得非常完美，但译作从整体上来看不一定就是完美的。对于一篇刚完成的译作而言，译者还需要处理好整体与局部的关系。具体而言，译者需要处理好以下问题。首先，检查译作的连贯性。为了准确对原文进行翻译，译者有时候会调整原文中句子的表达顺序，如将前后两个句子的表达进行颠倒等，因而在译文成篇以后就非常有必要从整体上检查一下译作的连贯性，主要包括：译文句子与句子之间的连贯性；译文段落与段落之间的连贯性；译文中主句的意思是否被突出。其次，检查译作的风格与原文是否一致。通常而言，译文的风格应该与原文保持一致。因此，在检查整篇译作连贯性的基础上，译者还需要查看译作的风格与原文是否是一致的。如果原作品是一种简洁明快的风格，但译文从整体上看起来臃肿呆滞，那么译者就需要对译文进行调整，删除冗余的词语，尽量保持译文的简洁与明快。可见，在译作初步完成后，译者还需要经历一个调整、修改译文句子、字词等的过程。经过调整之后，译文不管是部分与部分之间还是整体与部分之间就会形成一个有机统一的整体，进而才能体现出语篇的整体美。

四是选择用词与用语。选择用词、用语贯穿整个翻译过程的始终，这里再次提出该问题主要是为了突出该环节的重要性。译者在造句、组合成章的过程中都会遇到选择用词、用语的问题，而想要选择出对的、传神的字词是非常不容易的一件事。对于译者而言，在选择用词、用语时通常需要注意以下方面：原作中起画龙点睛之用的用词、用语；原作中文化背景信息丰富的用词、用语；原作中具有丰富含义的用词、用语；原作中的用词、用语在目的语中找不到对应表达；原作中使用专有名词的地方。在修改、润色初稿时，为了保证译文表达方面的贴切与完美，译者可以站在读者的角度来阅读译作，通过读者的思维对译作进行思考与解读，看译文阅读起来是否顺畅，是否会产生歧义，是否符合目的语读者的表达习惯等。

以上是对英汉语篇翻译的框架叙述，下面就来分析英汉语篇文化的翻译。

1. 英汉语篇衔接与移情的翻译

（1）英汉语篇衔接的翻译

衔接，即上下文的连接，可以使表达更为流畅，语义更为连贯。衔接是否得当，其关系着能够被读者理解，能否让读者探究其主旨意义。因此，在具体的翻译实践中，译者应该首先把握整个语篇，然后运用恰当的衔接手段来将句子、段落等连接起来，从而构成一个完整的译语语篇。

在翻译过程中，译者需要深入把握语篇衔接手段上的对等。所谓语篇衔接手段的对等，具体指的是在源语语篇中出现的，对整个语篇起连贯作用的衔接链中的所有衔接项目能在目的语语篇中很好地体现，从而在目的语中形成相似或相同的衔接链。假如每个衔接链都能在目的语语篇中出现，也就是说组织并反映语篇的"概念""人际"和"谋篇意义"这三种意义的衔接模式都应在译文中出现。

由于语篇的谋篇意义和语篇的组织意义等同，因而这里对谋篇衔接机制的翻译进行探讨，包括非结构衔接与结构衔接两大具体类型。

①解读结构衔接

结构衔接主要包括三个方面的衔接，即主位结构衔接、语气结构衔接以及及物性结构衔接。具体而言，又分别涉及语篇三大类型的意义模式，即谋篇意义、人际意义以及概念意义。主位结构间的关系也是由语篇小句中的主位间关系和主位与述位间的交替和意义交互形成的，其中最主要的还是主位与主位间的关系。那么在翻译时，译者也应从考察主位同主位间的关系着手。

②解读非结构衔接

非结构衔接具体指的就是五种衔接机制，包括指称、替代、省略、连词、词汇衔接。

指称和词汇衔接这两大衔接机制是组成衔接链最重要的手段，并且是主要的非结构性衔接机制。因此，在探讨与语篇衔接手段对等方面的问题时，通常应先对衔接链的翻译进行探讨。贯穿整个语篇的衔接链，以及衔接链之间的关系构成语篇的主题意义。那么，在对反映主题的衔接链进行翻译时，翻译工作者应对翻译所采取的策略慎重考虑，以目的语的组织方式为前提，应尽可能地保留源语语篇的主题衔接链。

（2）英汉语篇移情的翻译

语篇艺术价值再现的关键在于"移情"，即艺术家基于自然景物之美而兴起的情感在作品中的体现，并由此激发读者和译者的情感。译者只有进入自己的角色才能身临其境，进而感同身受。语篇移情的翻译技巧指的是把握整个语篇翻译过程中的内涵与神韵，确保原文与译文在风格、语气、形式上尽量保持一致，从而使译文读者能够产生与原文读者同样的美感。

①原作的结构与作者的写作心理

对于原作在审美上的结构以及作者在写作过程中的审美心理，译者在翻译过程中应该实现最大限度的顺应，充分尊重原作的结构与作者的写作心理。例如，People say you compare yourself with those two famous men of talent，Kuan Chung and Yol. 翻译为久闻先生高卧隆中，自比管、乐。

上例原文中的"高卧"是"隐居"的意思，在这里译者竟然略去不译。这种做法造成的原作文化内涵和审美价值的缺损是无法弥补的。

②目的语读者的阅读心理与标准

目的语读者的阅读心理与标准同样对译作艺术价值再现产生了一定的影响，不过其影响的大小要视情况而定。通常而言，译者在翻译时心中都存在假定的读者群，译文审美需要考虑该读者群的审美心理与标准。例如，我国著名翻译家傅东华在翻译《飘》时就对原文进行了删减，原因是文章中一些冗长的心理描写与分析跟情节发展关系不大，且阅读起来还会令读者产生厌倦，因而将这部分内容删除了。这就是在充分考虑读者阅读心理的基础上对原文进行了有效处理。所以说，翻译是一种非常复杂的活动，它并不是两种语言之间毫无创造性的机械转换，它同样掺杂着翻译者的个人性及其所隐含的丰富的文化背景。①

2. 英汉语篇语境的翻译

要想能够对语言结构所传达的意义进行准确的理解和掌握，就必须对情景语境有一个准确的理解。情景语境具体体现着社会文化，并且是社会文化的现实化。将情景语境视为一个由语场、语旨和语式这三个变量组成的概念框架。情景语境对翻译有重要影响。

（1）通过语境确定词义

情景语境有助于确定词汇的意义，排除语篇语言中的多义词现象。众所周知，自然语言中很多词都存在着一词多义的现象。因此，在不同的情景语境中，"上面"这一词就可以体现出几种不同的意义。这不仅仅是在汉语语言中，在英语中也存在很多这样的情况，要想对这些词有确切的解释，就必须要放在特定的情景语境中。

当词脱离语境，其意义就会变得模糊；当句子脱离固定的情景语境，其表达的意义就会很难确定。例如，语言学家乔姆斯基曾经举过这样一个例子来说明句子的歧义性，即 They are f lying planes. 这句话可以被翻译成"它们是在飞的飞机"或"他们正在驾驶飞机"。如果将这个句子放在特定的语境中，就不会出现这两种不同的翻译结果。假设发话人是一个飞行员，那么这句话必然被翻译成"他们正在驾驶飞机"；假设这个句子的主题是飞机，那么这个句子必然被译成"它们是正在飞的飞机"。

（2）利用语境补充省略成分

之前已经提到，语篇特征中的连贯包含省略的部分，而这一省略的前提就是情境语境在发挥作用。上面的省略是为了避免重复，将主要信息凸显出来，使文章更加连贯。但有时候省略的部分往往不能被读者理解，因此这就需要将该其置于整个语篇的情境语境中。例如，I have many interests to keep me from being

---

① 薛蓉蓉. 从《林纾的翻译》看钱钟书的翻译思想 [J]. 山西大同大学学报（社会科学版），2009（2），75-77.

bored, but playing football and collecting stamps are the ones that I enjoy most. 翻译为我有许多的兴趣让我无聊，但是踢足球、集邮是我最喜欢的兴趣。该例中，ones相当于 interests，这是名词性省略，如果没有上文，读者就很难猜出其的意义，当然也无法进行翻译。

3. 英汉语篇其他层面的翻译

（1）维护语篇空白

在英汉语篇中往往含有很多"空白"之处，这种不完整可以很好地体现出一定的艺术美。在中国古代画论中，这种空白被称为"象外之象"，在诗文中被称为"无言之境"，在音乐中则被称为"弦外之音"。简言之，语篇中的空白之处是大有学问的，这不仅不是其缺点，反而是其优势与独特之处。

读者在阅读语篇的过程中并不是处于被动地位，他们可以充分发挥自己的主观能动性，对原作中空白之处进行补充，也正是这种补充、想象的过程让读者体验到了审美的快乐。因此，译者在翻译语篇的过程中对于这种空白之处要尽量去维护，不能对这些地方进行过分补充，因为这些空白通常是原文作者精心设计出来的，译者有义务对其进行维护与保持。

译者在翻译语篇的过程中必须从"补充空白"的身份转换到"维护空白"的身份。如果译者对原文中的空白过分的补充，那么原作中的艺术美就会被严重损坏。另外，从读者的角度来看，译者对空白的过分补充反映了其对读者审美能力的不信任。也就是说，译者应该将原作中的空白之处留给读者，让目的语读者自己发挥想象力来补充，进而体验语篇中的审美快感。

（2）省略并列连词

英语中的 and 是一种常规的形合衔接词汇，在行为规则上具有强制性，不可省略。但是，汉语更倾向于用意合手段表示并列关系，常常省略 and，因此在对英语语篇进行汉译时要注意 and 的省略。

（3）巧妙处理复杂内容

不管是中国的语篇还是西方的语篇，本身都具有丰富的文化背景知识与艺术信息，在翻译过程中译者难免会遇到一些由于历史、社会、文化等差异因素而导致的翻译障碍，再加上现实社会生活、人类思想情感等复杂因素，译者有时候还会遇到一些自己都难以理解的内容。这些复杂的内容通常是一个民族独特文化的反映，并且在一定程度上可以体现出作者自身感受生活的深度。从翻译角度而言，复杂内容虽然是翻译过程中的障碍，但也可体现出译者一定的自主性。只有语篇中蕴含丰富的情感与价值意义，所翻译出的作品才能引起目的语读者的情感共鸣，进而产生审美体验。[①]

然而，有些译者为了快速完成译作，对于语篇中的复杂内容往往进行简单化处理，在他们看来，这样做有两个益处：第一，避免了文化差异所带来的可译性问题；第二，考虑到目的语读者的文化背景与接受能力，进行简化处理便于其有效接受。但不得不说的是，对复杂内容简化处理甚至略去不译就会使原作中的审美价值与文化内涵大打折扣。

在处理复杂内容时，译者最好能为读者留下一些难题，让读者通过自己的心理体验来处理这些难题，因为在一定程度上可以认为审美的快乐就是在这种过程中才得以感受的。这种处理方式不仅是对原文负责，也是对目的语读者负责。

（4）活译转折关系

英语中表示转折关系的衔接词 but 对语篇意义的表达十分重要，但汉语中的转折关系有时也可表述为意合方式，在形式选择上具有一定的自由性。因此，译者在翻译时需要灵活把握。

（5）恰当传达原作感情

每一则语篇中都或多或少含有作者自身的影子，其中体现出作者所处的时代、历史文化背景，而且还会体现出作者自己的价值取向、兴趣、情感等，这些在无形中都会从作者所塑造的艺术形象上体现出来。对于自己作品中的艺术形象，作者往往会表达出强烈的情感取向，喜欢或厌恶、同情或憎恨、褒奖或贬低。对于译者而言，其在阅读一部语篇之前就已经具备一定的情感结构，因此在译者阅读语篇时就难免会做出一些带有自己主观情感上的评价，在一定程度上损坏了原文作者的情感体现。

三、英汉修辞文化的对比与翻译

修辞是人类在长期的社会实践中锤炼而成的，是能够提高人们语言表达效果

---

① 薛蓉蓉.《生无可恋的奥托》：从"跨媒介"到"跨文化"的共情叙事考索 [J]. 电影评介，2023（13）：44–48.

的有效方法。修辞同时存在于英汉两种语言中，英汉两种语言中的修辞既有相同之处，也有不同之处。接下来就对英汉两种语言常见的几种修辞方式进行对比分析，并在此基础上说明其翻译的方法。

（一）英汉修辞文化的对比

1. 英汉比喻的对比

不把要说的事物平淡直白地说出来，而用另外的与它有相似点的事物来表现的修辞方式，叫作"比喻"。在汉语中，比喻又称"譬喻"，俗称"打比方"。比喻这种修辞方式在英汉语言中都十分常见。其中，在分类上，英汉比喻就存在着相似之处，都有明喻和暗喻之分，但除明喻和暗喻之外，汉语比喻还包含借喻，此外，在修辞效果上，英汉比喻也基本相同，即都能有效增添语言的魅力，使语言更具生动性、形象性。

但是，英汉比喻也存在着显著的差异，即英语比喻中的暗喻涵盖范围更广，相当于汉语暗喻、借喻和拟物三种修辞格，但汉语比喻的结构形式更为复杂，划分也更为细致。以下就重点对英汉比喻的不同之处进行对比分析。

（1）英语暗喻类似汉语暗喻

英语暗喻与汉语暗喻在基本格式上是相同的，即本体和喻体同时出现。例如，Life is an isthmus between two eternities. 翻译为生命是生死两端之间的峡道。

（2）英语暗喻类似汉语借喻

英语暗喻与汉语借喻极为相似，在这种修辞格中，喻体是象征性的，并包含一个未言明的本体。例如，It seemed to be the entrance to a vast hive of six or seven floors. 翻译为那似乎是一个六七层的大蜂箱的入口。

（3）英语暗喻类似汉语拟物

英语暗喻与汉语拟物也有着相似之处，它们都是把人当作物，或把某事物当作另一事物来描述。例如，His eyes were blazing with anger. 他的两眼发出愤怒的火光。

2. 英汉排比的对比

排比是指利用两个或两个以上结构相同或相似、意义相关的短语或句子平行并列，起到加强语气的一种修辞方式。英汉两种语言中都有排比这种修辞方式，而且它们之间既有相同之处，也有不同之处。相同之处表现为：有着相同的分类，英汉排比都有严式排比和宽式排比之分。有着相同的修辞效果，都能有效增加语言的连贯性，突出文章的内容，加强文章的气势和节奏感。

英汉排比的不同之处主要体现在结构上，具体表现在省略和替代两个方面。其中，在省略方面，英语排比很少有省略现象，只有在少数情况下有词语省略的现象，通常省略的多是动词这种提示语，有时也省略名词。例如，Reading maketh a full man，conference a ready man，and writing an exact man. 翻译为读书使人充实，讨论使人机智，笔记使人准确。

3. 英汉夸张的对比

夸张是修辞格之一，运用丰富的想象，夸大事物的特征，把话说得夸张，以增强表达效果。可以看出，夸张是一种用夸大的言辞来增加语言表现力的修辞方式，但这种夸大的言辞并非欺骗，而是为了使某种情感和思想表现得更加突出。

英汉夸张在修辞效果上是相同的，即都借助言过其实、夸张变形来表现事物的本质，渲染气氛，启发读者联想。但是，英汉夸张也存在着差异，具体表现在分类和表现手法两个方面。

（1）分类存在差异

①英语夸张的分类

一是按性质划分，英语夸张可分为扩大夸张和缩小夸张。其中，扩大夸张就是故意将表现对象向高、多、大等方面夸张。例如，Daisy is clever beyond comparison. 翻译为戴西聪明绝顶。缩小夸张就是故意将表现对象向低、小、差、少等方面夸张。例如，She was not really afraid of the wild beast，but she did not wish to perform an atom more service than she had been paid for. 翻译为她并不真怕野兽，而是不愿意在她的报酬之外多出一丁点儿力。

二是按方法划分，英语夸张可分为普通夸张和特殊夸张。普通夸张就是基于表现对象原来基础进行夸张，或者说是不借助其他手段而构成的夸张。特殊夸张即与其他修辞方式相结合进行的夸张，或者说夸张方式体现在其他修辞方式之中。

②汉语夸张的分类

一是按意义划分，汉语夸张可分为扩大夸张、缩小夸张和超前夸张三种类型。扩大夸张就是故意将事物的数量、特征、作用、程度等夸大。缩小夸张就是故意将事物的数量、特征、作用、程度等往小、弱方面夸张。例如，我从乡下跑到城里，一转眼已经六年了。超前夸张就是故意将两件事中后出现的事说成是先出现的或是同时出现的。例如，我们说一个姑娘害羞，常常说"她还没说话脸就红了"，这就是一种超前夸张。

二是按构成划分，汉语夸张可分为单纯夸张和融合夸张。单纯夸张就是不借助其他修辞方式，直接表现出来的夸张。融合夸张就是借助比喻、拟人等修辞方式表现出来的夸张。

可以看出，英语和汉语中都有扩大夸张和缩小夸张，但是汉语中有超前夸张，这是英语中所没有的。

（2）表现手法存在差异

在表现手法上，英语多借用词汇手段进行夸张，如通过形容词、名词、副词、数词等表现夸张，而汉语则多借助直接夸张或修辞手段来表现夸张。

4. 英汉对偶的对比

对偶是指用字数相同、句法相似的语句表现相关或相反的意思。运用对偶可有力地揭示一个整体的两个相反相成的侧面，暴露事物间的对立和矛盾。英汉语言中都具有对偶这种修辞手法，在修辞效果上，英汉对偶是相同的，但在结构上，二者却存在差异，具体体现在以下几个方面。

（1）句法层次存在差异

英语对偶中的两个语言单位可以处在两个并列分句中，也可以处在同一个简单句中，还可以处在主从句中。但汉语对偶其上句和下句之间一般都是并列关系。例如，He that lives wickedly can hardly die honestly. 翻译为活着不老实的不可能坦然死去。

（2）语言单位项数存在差异

汉语中的对偶是成双排列的两个语言单位，是双数的。英语中的对偶既可以是成双的语言单位，也可以以奇数形式出现，如一个或三个语言单位。

（3）省略与重现存在差异

汉语对偶中没有省略现象，但英语对偶则没有严格的要求，既可以重复用词，也可以省略重复词语。

（二）英汉修辞文化的翻译

1. 比喻的翻译

英语中的明喻里常有 like、as、as if、as though 等比喻词，暗喻中常有 be、become、turn into 等标志词，汉语明喻中也有"像""好像""仿佛""如"等比喻词，暗喻中也有"是""变成""成了"等标志词，因此在翻译时可采用直译法，这样可以更好地保留原文的语言特点。例如，A man can no more fly than a bird can speak. 翻译为人不能飞翔，就像鸟不会讲话一样。

有时比喻也不能一味地进行直译，也要根据实际情况采用意译法进行翻译，以使译文更符合汉语的表达习惯。例如，He is a weathercock. 翻译为他是个见风使舵的家伙。

2. 排比的翻译

英语排比的翻译大多可采用直译法，这样既可以保留原文的声音美与形式美，还能再现原文的强调效果。

有些英语排比并不适宜采用直译法进行翻译，此时可以考虑采用意译法进行调整翻译，这样不仅可以准确传达原文的含义，还能增添译文的文采。例如，They're rich; they're famous; they're surrounded by the world's most beautiful women. They are the world's top fashion designers and trendsetters. 翻译为他们名利双收，身边簇拥着世界上最美丽的女人。他们是世界顶级时装设计师，时尚的定义者。

为了避免重复，英语排比中有时会省略一些词语，而汉语排比则习惯重复用词。因此，在翻译时就要采用增译法，将英语原文中省略的词语在汉语译文中再现出来，以使译文符合汉语的行文习惯。

3. 夸张的翻译

夸张这种修辞手法普遍存在于英汉两种语言中，而且两种语言中的夸张在很多地方有着相似之处，因此为了更好地保持原文的艺术特点，可采用直译法进行翻译。例如，"Get them, all hands all hands！" He roared, in a voice of thunder. 翻译为他用雷鸣般的声音吼道："抓住他们！给我上！都给我上！"

英汉夸张在表现手法、夸张用语及表达习惯方面有着很大的差异，因此不能机械照搬原文，而应采用意译法对原文进行适当地处理，以使译文通顺易懂，符合汉语的表达习惯。

　　4. 对偶的翻译

　　在多数情况下，英语对偶可直译为汉语对偶。采用直译法能有效保留原文的形式美以及内容思想，做到对原文的忠实。例如，Speech is silver, silence is golden. 翻译为言语是银，沉默是金。

　　根据语义的需要，在将英语对偶译成汉语时需要将原文中为避免重复而省略的部分增补出来，从而保证译文的完整性，便于读者发现、感知所述内容的对立面。例如，Some are made to scheme, and some to love; and I wish any respected bachelor that reads this may take the sort that best likes him. 翻译为女人里面有的骨子里爱耍手段，有的却是天生的痴情种子。可敬的读者之中如果有单身汉子的话，希望他们都能挑选到合适自己脾胃的妻子。

　　英语注重形合，汉语注重意合，所以在汉译英语对偶时，其中的一些连接词往往可省略不译，以使译文符合汉语的表达习惯。例如，Everything going out and nothing coming in, as the vulgarians say. Money was lacking to pay Mr. Magister and Herr Rosenstock their prices. 翻译为俗话说得好，坐吃山空；应该付给马吉斯特和罗森斯托克两位先生的学费也没有着落了。

　　对偶修辞时常会涉及否定表达，但是英汉语言在表达否定含义时有着明显的不同。因此，在翻译英汉对偶时需要运用反译法进行适当转换，即将英语的否定形式译成汉语的肯定形式，或将英语的肯定形式译成汉语的否定形式，以使译文与汉语的表达习惯相符。例如，With malice toward none, with charity for all, with firmness in the right, as God gives to see the right. 翻译为我们对任何人不怀恶意，对多所有人心存善念，对上帝赋予我们的正义使命坚信不疑。

第五章 英汉文化翻译的可译性限度

人类具有相同的生理与心理语言基础，相同的语言功能和相似的经验世界。所以从理论上来讲，各民族的语言是可译的。但是，任何一种语言，都有其悠久的历史渊源，具有深厚的文化底蕴。每一个国家、每一个民族都有自己特有的发展历史、社会制度、生态环境、信仰、民情风俗等，所以，每一种语言，都会有自己特有的词汇、成语、典故等"文化负载词"来反映这些观念或事物。在翻译过程中，这些具有文化意义的词汇常常让译者感到手足无措，陷入"旬月踟蹰"的窘境，有时在目标语言中很难找到相应的词汇，只能通过音译或音译加注来表示其大致意义，"望词兴叹"，一笔带过。这一类词汇具有特定的文化内涵，在文学作品翻译中具有一定的可译限度，这会使作品中的艺术特色、表现手法和语言风格等受到一定破坏。本章将从英汉文化翻译的可译性和可译性限度两个方面对英汉文化的翻译进行阐述。

第一节 英汉文化翻译的可译性

从广义上讲，文化是人类在社会历史实践活动中产生的物质与精神财富的总和；从狭义上讲，文化是指社会意识形态及其相应的体制、组织。中西方民族独特的历史发展过程造成了两种文化之间的差异，在历史文化、宗教文化、思维方式等许多方面都有体现。作为文化的一部分，语言在一个国家的发展过程中也有其自身的特点和固定的表达方式。英语与汉语是两个截然不同的语系，反映的是两个截然不同的文化体系。翻译的目的就是用一种语言来传达第二种语言中所包含的文化信息，翻译是一种促进不同文化交流沟通的行为。

"翻译是一座跨文化传播的桥梁众所周知，翻译是人类社会迈出相互沟通理解的第一步。"① 人类在同一个客观物质世界生存，人类社会的历史发展阶段自然也是相似的。世界上不同民族、不同地区的文化存在一定的共性，这是文化可译性的必要前提。翻译与文化的联系十分紧密，文化的翻译是从一种语言转换为另一种语言、从一种形式转换为另一种形式、从一种文化转变为另一种文化，语言在其中只不过充当一个媒介的角色。因此，在翻译时不能只翻译文字的表面意思，还要深入挖掘其中的文化含义。文化的可译性在随着世界各文化的交流沟通与融合、各文化之间共性的不断扩大和个别性的不断缩小而不断增强。

翻译的过程就是两种文化之间相互交流沟通的过程，翻译中对于两种文化的了解要比对两种语言的了解重要得多，因为语言只有在其文化背景中才有意义。在翻译过程中，中西方文化的差异给翻译带来了许多困难。翻译理论中所说的"可译性"指的是两种语言之间可以相互转换的程度。翻译界从三个方面对可译性问题进行了解释。第一种是在双语表层结构。例如，文字形态、表层形式设计等方面进行分析；第二种是在语义方面。例如，隐喻、意义转换等中介层面进行解释；第三种是从双语的深层含义的对应性进行解释，认为可译性指两种语言之间深层意蕴的对应可以实现二者的互补互证。

翻译从表面上看是语际转化，但其在深层含义上是一种跨文化转换，在文化层面来看是一种文化传播和阐释。英汉文化在文化上的差异是可译性限度产生和翻译难度提高的根源，在对成语、典故、谚语、历史遗迹、历史人物等文化词汇进行翻译时适合采用异化翻译策略。异化翻译策略能够保持源语中蕴含的文化信息及原文化的风情和魅力，以源语为中心，促进源语国家和译入语国家之间的文化交流与沟通。随着翻译的进行，两种语言之间的文化可译性限度也会随之不断降低。因此，在翻译文化词汇时，应坚持使用异化翻译策略，降低翻译中文化可译性的限度，提高翻译水平，促进中国文化与其他语言文化之间的交流与融合。

在翻译过程中，可译性牵涉的问题较多，源语国家和译入语国家之间的文化差异的翻译十分复杂，没有固定的翻译模板。语言的同构和可译性都是相对的；可译不是绝对的，而是有其局限性，不可能所有的语言层面上都有信息传递通道，因此，语言之间的转换会受到一定程度的限制。英汉翻译中存在着文化缺省、形

---

① 白晶，姜丽斐，付颖. 跨文化视野下中西经典文学翻译研究 [M]. 长春：吉林大学出版社，2018.

式美感缺失等问题，究其根源是翻译文本自身的可译性问题。在翻译活动中，可译性最大的障碍就是文化上的障碍，但其也是最需要重视的处理因素。

随着翻译研究和实践的发展，翻译不能只限于语言的转换，更要注意文化因素对翻译的影响。20世纪后期，随着翻译界的"文化转向"，翻译开始被看作一种文化活动，并由此引起了人们对翻译研究的重视。翻译是中西方文化之间的一种对话与沟通，而译者则是中西方文化之间沟通的桥梁。翻译既是一种语言的媒介，又是一种文化的媒介。翻译作为一座桥梁，在世界范围内进行的文化对话与交流中起着举足轻重的作用。汉语文化词汇是汉语中承载民族独有的文化信息、呈现中国文化特征的词语，有数千年的历史文化背景。英汉文化之间存在着大量的语境差异，加之文化可译性的限制，使得译者难以从英语中找出对应于汉语文化词汇的词语。因此，采用什么样的翻译策略来减小汉语文化词语的文化可译性限度，就成了一个值得探讨的课题。

近年来，在语言学和翻译领域中，对文化的研究日益引起人们的关注。许多翻译家将翻译看作是一项跨文化的交流活动，有些人甚至直接将"翻译"一词替换成"跨文化交流"。因此，翻译已经不仅仅是语言符号的转换，而是文化的转移和传递。对此，学界已经达成了共识。文化是由知识、信仰、艺术、法律、道德、习俗及人们在成为社会一员后所得到的各种能力和习惯组成的一个综合体。语言既是文化的组成部分，又是一种文化的载体，二者相辅相成，缺一不可。毋庸置疑，在翻译过程中，译者要处理的第一个问题就是来自于两个文化体系的语言。所以，一名优秀的翻译，不但要精通英汉两种语言，还要通晓中西两种文化。要想使原语的信息在翻译过程中得到正确的传达，就必须认真对待其中所含有的文化成分。

人类的文化具有一致性与特殊性，即不同的文化之间既有相似性又有差异性。从宏观上看，人的起源都是一样的，而人所依赖的大自然，其分布也大体上类似。整个人类的生活环境和认知对象都是同一个客观世界，有着类似的生物基础和思想基础以及类似的生活经历和社会活动，因此，人们就会对客观世界有一些共同的认知，而且在某些方面，其思维方式也是一样的，这样就会产生出相同的或类似的民族文化，这就是文化重合性。因为语言的产生是受文化的影响和限制的，因此，文化之间的相通性必然会引起不同语言之间的一些表达方式和语义上的重叠。

英语和汉语属于两个文化体系，但两者又有很多共性。比如，在古代，因为科技的落后，人们认为思想和感觉都来自于"heart"（心），因此，人类的这个认知就停留在了这一语言中。无论是在英语还是在汉语里，都能找到很多围绕着"心"和"heart"的单词。如 have one's heart in（专心一意），wit a light heart（心情舒畅），move one's heart（打动某人的心），in printon one's heart（铭刻于心），open one's heart to somebody（向某人敞开心扉），have something at heart（把某事放在心上）等。以上的这些例子都显示它们的结构和含义具有相似性。不同文化中的成语和谚语也存在文化上的共性，如"bum one's boat"与"破釜沉舟"，"Wall shave ears"与"隔墙有耳"。这类成语和谚语在结构和意义上都是相似的，因此翻译时可采用直译法，让读者一目了然。

人类文化的共通性是翻译能够进行的前提条件，同时可译性也通过不同国家之间的文化渗透来体现。在不同国家之间的文化交流中，一些外来的思想和习惯被逐渐地吸收并融入自己国家的文化中，如"Time is money.""Knowledge is power."，这些都被我们所接受，"时间就是金钱"和"知识就是力量"已经成为人们的日常用语。随着全球化迅猛发展，东西方的文化开始出现共鸣。在翻译的过程中，出现了"零翻译"的现象。零翻译指的是，在译文中不使用译文中已有的词汇来翻译原文中的词汇，而是采用音译和移译。例如，秀（show）：脱口秀、时尚秀、个人秀等；派对（party）：生日聚会、圣诞节聚会、小型聚会、单身聚会等。从表面上看，零翻译并没有翻译，只是用了一些谐音字进行音译或直接把外文单词移植过来，但在更深的层面上，零翻译却包含了原文的全部意思，是最准确的。"零翻译"概念的提出，恰恰证明了不同国家的文化在不同国家之间的相互整合与融合。

英汉属于不同的语言体系，从语言形式和语义可以看出这两种语言的文化差异。汉语文化词汇负载着中国丰富的文化内涵，并且英汉各自的语言环境相似成分不多，因此可译性较小。随着全球化进程的不断加快，英汉文化也在不断地交流和融合，汉语文化词汇的文化可译性限度在不断缩小。但是只要英汉两种语言存在着文化差异，汉语文化词汇的文化可译性限度将长期存在。异化翻译的被接受程度和文化交往的广度、深度是成正比的。全球化以及汉语影响力的日趋增强，汉语文化词汇的异化翻译有助于在平等的基础上如实地反映中国文化，促进中国的对外开放和交流。要在文化交流中保持文化平等和相互尊重，中国特色词汇的翻译必将走向异化。因此，在翻译汉语文化词汇的过程中，当译者在英语里很难找到与之对应的词语将其重现，应发挥其主体性，尽量采用异化翻译策略，传达汉语的文化信息。

第二节　英汉文化翻译的可译性限度

一、文化和可译性限度

（一）文化的民族性和可译性限度

由于各个民族所处的生态与社会环境不尽相同，因而在语言、知识、信仰、人生观、价值观、思维方式、道德与习俗等方面存在差异，这就形成了文化的民族性。文化的民族性是一个民族的文化与其他民族的文化区别开来的特征，其核心是该民族的语言、心理、性格以及在某种意义上对个性进行规范的文化模式。

语言既是文化的组成部分，又是一种民族文化的载体，因此，文化的民族性不但体现在语言所携带的文化信息的差异上，还体现在语言自身的差异上。不同的生态环境、生活方式和生产方式，导致不同的民族在物质文化方面存在着不同程度的差别。这些差别体现在语言上，就是在某一语言的称名单位中，会出现部分或完全的空白，这就给译者的理解和诠释带来了一定的难度，也就是对可译性造成了一定的限制。

"空白"是指，含有不易理解的内容的文本片段。"部分空白"是指，构成原作片段的义素数目多于译文片段中所包含的义位数目。"完全空白"是指，在原语语篇中加入的一个义素组合在译入语语篇中是完全缺失的或者是没有得到弥补的。此外，还存在"代偿空白"的概念，是指原文中的一个片断的义素数目比该片断翻译文本中的义素数目要多，而且原文中的义素组合的缺失，会导致一些原文中没有的新义素在翻译文本中出现。物质文化或语言名称单位之间的差距，可以用音译和义素分析等方法来弥补，这样对翻译构成的障碍会相对较小。

文化的空白也体现在各民族的制度、行为、精神文化等方面。这些层面上的完全空白和由于不同民族对同一事物、同一概念或同种行为产生的理解和反应不同所形成的部分空白，很大一部分属于隐性文化信息，会在很大程度上制约翻译工作的开展。作为一种文化的象征，译者能否理解并运用恰当的方法将这一信息传达给译语读者，实现文化交流的目的，对翻译这一跨文化交际活动起着至关重要的作用。

文化的民族性主要体现在不同民族的文化心理上。民族文化心理指的是，一个民族在长期的文化活动过程中，相同的生存条件、心理氛围、社会意识形态等文化背景所塑造和培养的一种生活态度、情感方式、思维模式和价值观念等方面的共同体，是一个个体文化心理的总体特点。

人类的心理不但和自己的过去联系在一起，也和其民族的过去联系紧密。民族文化心理是群体无意识的结果。集体无意识指的是，一个族群中的人，把从祖先那里继承下来的文化经历，一代又一代地传承下去，并在很长一段时间内保持不变。是一种根植于每个拥有共同祖先的人的精神结构之中的心理特质，对其思维、行为都会产生影响。集体无意识通过无数次的反复，悄悄地深入人们的脑海，没有经过有意识的处理，是一代代人积累下来的经验在大脑里的反映。这些经验都在原型中保存。"原型"指的是，关于世界之初的观念，存在于神话、信仰、梦境、文学、艺术作品以及人类精神生活的各个方面，是幻想和创造性思维活动的基本要素。原型是超出个人意识的，是一种全人类的集体意识的财富。从原型的总体存在形态和最初的意象来看，的确有一种普遍的模式。但是，不同的民族、不同的部落、不同的文化背景，又会给不同的原型模式带来不同的含义，从而反映出不同民族的文化差异。

因为每个人的文化心理都有一个共同的"根"，即集体无意识，所以，每个人的文化心理结构都会被民族文化传统所浸润。在一个民族长期的文化选择与传承过程中，逐步积累起来的民族文化传统心理原则既具有稳定性，又具有普遍性，同一民族的每一个人都会自觉或不自觉地对这一原则表示认同，并充当其传承载体。祖先崇拜是中国传统文化中的一项价值规范，不是个人的认知，更不是某一时期的准则，而是一种深入到每个人内心深处的心理法则。文化的深层次结构"积淀"，会使人的行为、思想、观念、价值观念等，形成一种难以被异质文化理解和认同的文化定势。

"定型"的概念是美国社会学家沃尔特·李普曼最早使用的。定型是存在于人脑中的由文化决定的一种有固定模式的世界图景。这个术语被广泛应用于语言学、社会学、民族学、心理学、认知心理学、民族心理语言学等许多学科，因此其概念也有多种解释。社会定型体现为个体思维定型和行为定型，对个体而言定型具有认知功能和价值维护功能，对群体而言定型具有有意识化功能和认同功能；民族文化定型就是对某个民族特点的整体看法，可分为己定型和他定型，己定型和他定型之间的差异会阻碍跨文化交际。认知语言学和民族语言学中的定型可以理解为与朴素世界图景相关的心智或思维定型，涉及语言和文化的内容。

从以上几点来看，定型可以理解为关于事物、现象和条件的固有的民族文化观念。定型不只是人类大脑对世界的想象，更是人类语言的外壳。形象、象征、标尺、隐喻，这些都是一个民族的文化定型。定型是民族性的，即便某种定型在其他文化中也有相似的，但原则上仍会有细微的差别。

原型与文化定型的客观存在体现的是民族文化之间的差异性，会阻碍翻译工作的开展。

（二）文化的时代性和可译性限度

文化随时代而变化，文化的演变并不意味着以往文化现象的消失，人类文化是在对旧文化的不断批判和继承中向前发展的。文化是以"记忆"为作用的复杂符号系统，以积累为主要特征。除了物质上的继承之外，语言还完成了文化的记忆和储存。翻译是一种跨文化、跨时代的文本传递方式，必然会被文化的时代性所限制。文学作品本身就是一个时代的产物，带有一个时代的印记，而文学作品的内容又可以反映出一个时代的交错。文化的时代特征也会对语内翻译产生一些制约，但对语际翻译的影响更大。随着时代的变化，很多物质文化的实物都走出了历史，虽然制度文化、行为规范、风俗习惯都具有一定的稳定性，但并不是经年不变的，精神文化也随着时代的变化而缓慢地发生着变化。文学作品承载着一个时代的痕迹，不同时期、不同文化背景的人都可以借助文学作品来构建自己的时代印象，但是，这种印象的还原却是有限的。

从时代性角度来看，很大程度上是原文中的先例现象和文本间的互文性导致了翻译中可译性的限制。先例现象是一个在认知语言学、心理语言学、民族心理语言学和文化语言学中均有使用的概念，指被某民族、语言、文化集体所熟知的，在认知层次被实义化，经常在该民族、语言、文化集体中再现的现象。先例现象可分为先例情境、先例文本、先例人名和先例语句。先例情境指在现实中或人类创造的虚拟现实中出现过的情境，这种情境与一定的联想连接在一起。

先例文本是一种完整的、独立的语言思考过程的结果，是单述位或多述位的单位，是一个复合的符号，但其意义并不是各个组成部分的意义之和。在交流中与先例文本的联结可以通过其中的先例语句和先例人名进行。先例现象与语言信息单位和互文性的概念有所交叉。语言信息单位具有词语表达，不仅可以用单词来表示，还可以是短语、句子和超句的集合；是一种具体的语言；能够指示出原文本或原文情境；在交流中是重复使用的，而不是再创造的；在交际中可在不影响可识别性的前提下进行变形，作为篇章的构成部分。先例情境、先例人名和先例语句的总和就是语言信息单位。

任何一篇文章的外在形态，都是一系列类似马赛克的片段引用的拼接，都是对其他文章的吸纳与转化。互文行为并非是复制、剪裁或模拟行为，而是一种产生于文本网络、超越现存文本且指向先例文本的语义成分。通过对先例文本的讨论，可以认识到，没有一种文本的形态是独立存在的，其与该民族的文学、历史和传统相结合的，是广义的文化形态的组成要素。在文本生成过程中，前面的文字都是可以引用的先例文本。文本实际上是由引文和对其他文本的追忆构成的，引文不仅是能够补充信息的一种对其他文本的援引，更是文本意义自我丰富的一个先决条件。

文本是相互影响的，当前的文本既与过去的、未来的、当代的文本有某种程度的关联，又与世界各国的文化有着显性或隐性的关联。在翻译过程中，译文既与原文本存在互文，又与目标文本存在着相互关联，此时就会产生代偿空白。如果译者在不造成严重文化误导的前提下，能够使目的语文本形成更多的互文，那么翻译就会取得更大的成功。

受限于民族文化心理，利用自己所处的民族语言特征，结合自己的知识资源，以先例文本为依据，创作出既能体现自己所处时代的文化原型，又能体现自己所处时代的文化定型的文本。背景知识和文化预设指的是一个民族和个人的全部经历，其中包括了对现实的认知以及世界观、伦理评价、审美趣味的体系和大多数的知识，这些知识以物质形式、概念、推理或符号体系的形式呈现出来。因此，与作者处于同一文化背景下且与作者处于同一时代的读者，与作者拥有几乎相同的文化背景知识和文化预设背景，因此，对文本语言的理解并不存在什么障碍。处于不同文化背景和不同时代下的读者与原作者之间，在背景知识与文化预设上就会存在差异，这就造成了阐释中的空白，但由于民族属性相同，而且民族文化心理、语言、文化定型都比较稳定，因此，互文文本的建立也相对简单，因此，这些空白基本上都可以被弥补。在语际翻译过程中，目的语读者对源语文本的文化预设往往是陌生的，对目标语文本的理解往往十分模糊。由于不同的生活环境和不同的认知视角，不同的民族形成了自己的文化预设。不同民族的人看到同一个事物，会有截然不同的联想。有的事物在某一种语言里可以是好的，可以给人以美好的感觉，但是在另一种语言里可能就是负面的，给人不好的感觉。有些形象，在某种语言里是中立的，没有任何情感，但在另一种语言里，却可能具有浓厚的感情色彩，或褒义或贬义。

原文的背景知识和文化预设，与译文读者的背景知识和文化预设有很大的不同，因此，很难建立起互文文本。这些差异构成了语言间的一道鸿沟，严重限制了语言的可译性。译者是具有双语能力和双文化能力的创作者，作为文化使者在翻译活动中起着填补空白的重要作用。在英汉互译中，因译者本身能力的限制和民族属性的限制，弥补空白也有一定的倾向性。

二、语音语法的可译性限度

不同的语言文字在长期的演化发展中，逐渐形成了与其他民族不同的语音、词汇、句法、修辞等特征。当传达这些语言表达形式上的特点时，由于译文语言结构的不同，有时难以用相对应的方式来表达。尤其是在日常交流和文学作品中，作家在对人物形象进行塑造以及对人物性格进行刻画时，经常会使用或者涉及一些"不规范言语"。这些"不规范言语"在发音、拼写、语义、语法等方面不规范。语言结构上的差异以及"不规范言语"本身所具有的特殊性质，限制了可译性。

（一）语音现象的可译性限度

语音是口头语言中表达情感的重要表达形式，英汉语在语音现象上截然不同，某种语言现象在译入语中没有与之对应的词汇或形式，就会造成翻译上的难题。

例如，What keys are too big to carry in your pocket？ A donkey，a monkey，and a turkey. 例句中，英语利用了发音上 /ki：/ 与 /ki/ 的相似性和词形 "key" 的相同性，表现出幽默风趣之感，在将这句话翻译为汉语时，原句中由相似的语音所产生的谐韵美和相同的词形后缀所产生的形式美就无法被体现出来。例如，Why are you never hungry when you play on a beach？ Because of the sand which is there. 例句中，"sand which" 与 "sandwich" 发音十分相似，特别是在语流中更是难以分辨，因此全句听起来似乎是 "Because of the sandwich is there"，将这种由相似的语音或谐音产生的语义联想所获得的风趣幽默之感，在汉语译文中表现出来也是几乎不可能的。

某些情况下，作家会在文学作品中运用语音变异、不规范的异体词拼写来表现文中人物的发音错误情境，或者用方言土语来侧面描写人物的地位身份和文化修养程度，衬托人物的形象。这种语音变异等语言特色所产生的艺术效果也是难以在译文中表现出来的。

在汉英翻译过程中，当字或词的语音及蕴含的语义需要同时译成英语时，往往无法两者兼顾，而只能权衡利弊，在多数情况下选择舍音取义。

（二）语法现象的可译性限度

英汉语两种语言的语系不同，所以在词语构造和句子构造的规律上存在显著差异，尤其是英语是一种拼音文字，每个单词都是将字母按照一定的顺序排列的，改变一个字母就会形成一个新的单词，意思也会随之改变。汉语中很多合体字都是可以进行拆分的，拆分出来的偏旁或部首有时也可以单独作为一个字，并具有新的意义。在翻译过程中，当遇到既有词或字形变化，又有词或字义变化，词或字形与词或字义融合在一起的翻译内容时，常常是不可译的。例如，原文：What makes a road broad？ The letter "B"。译文：什么东西可使道路变宽？字母 "B"；原文：Why is the letter D like a bad boy？ Because it makes ma mad. 译文：为什么字母 "D" 像个坏孩子？因为它使妈妈变疯了。上面的两个例句对于不懂英语的汉语读者来说是难以理解的，因为句中的 "road" "broad" 和 "ma" "mad" 在句子中既是句子形式的组成部分，也是句子含义的重要部分，句子整体构成的双关幽默不能缺少词形和词义两种因素，自然在翻译时这种幽默效果也是不可能展现出来的。

在将汉语翻译为英语的过程中也存在许多不可译问题。例如，"我叫倪斌，人儿倪，文武斌。"这种中国人日常交谈中常用的自我介绍姓名的方式，体现的是汉字独有的构词规律，合体字可以拆分为两个字，并且分别具有不同的含义，这种字形和字义上的变化也是翻译不能表现出来的。

当英语句子中有某些独特的句法现象时，用汉语往往也是不能表达出来的。作家在文学作品中，为塑造人物形象而特意设计的，不符合语法规律的，不规范言语的翻译，只能采用意译法，原文中的语法变异无法在译入语中找到与之相对应的表达形式。例如，原文：What for？ Lonnie said. "He can't help none now.It's too late for help." 译文："有什么用？"朗尼说，"他现在帮不了一点忙啦。已经太晚了，谁也帮不了忙啦。"例句中，can't help none 是 can't help any 的语法变异形式，在汉语译文中无法表达这种变异形式，只能按其规范形式所表示的语义进行翻译。如要体现作家采用这种变异形式的意图，那只有采用加注的方法，然而采用译注，其表达功能总是受到一定限制的。

三、修辞手法的可译性限度

如何恰当地使用修辞手段，一直以来都是翻译界关注的焦点。如果翻译时没有恰当地运用修辞手段，就无法准确地传达原文的内容、思想和风格，甚至在原文的主旨与原文相近的情况下，翻译出来的作品也会失去其语言的魅力。英语与汉语都是源远流长的语言，其表现形式也都十分丰富。从修辞手段的使用角度来看，两种语言中常见的修辞手段有很多共同点，英语中常见的修辞手段与汉语中常见的修辞手段具有相同或相近的对应关系，从而为翻译中的修辞手段在翻译中的重现创造了条件。

但是，由于英汉两个民族的思维方式和美学理念存在着显著的差异，在词语的构成、词形变化、词序排列以及句法结构上也存在着很大的差异，特别是由于英汉两个民族的词语组合能力和范围的差异，词语的意义并不完全一致，音韵节奏有着各自的特点和规律，所以，在表达相同的意思时，常常会采用不同的修辞方法，这会对译文中的复制移植产生阻碍，从而对原文的思想内容、人物形象、语言特点、文风等产生很大的影响。这种翻译过程中的"损耗"是不可避免的，正如在自然世界中，当一种能转化为另一种能时，必然会存在能量的损失。

（一）音韵节奏的可译性限度

语言内在的音乐性，是通过其节奏感、音韵美来体现的，语言的表现力和感染力也因此得到增强。语音修辞不仅是一种语言修辞手段，而且在翻译过程中也起着举足轻重的作用。英语语音修辞主要有四种，分别是头韵、半谐音、谐音和拟声。下面从常用的头韵入手，讨论其在翻译中的可译性问题。在两个或两个以上的词或音节中，通常是第一个辅音的重复。头韵的修辞功能不仅能增强语言的节奏感，而且能对生活中真实的语音进行模拟，增强语言的表现力。例如，原文：He is all fire and fight. 译文：他怒气冲冲，来势汹汹。在上述实例中，由于使用了头韵的语音修辞，加上起首的辅音的重复以及轻快悦耳的节奏，使语言形象感和音乐感明显增强，给人以深刻的印象。然而，从翻译角度来说，尽管译文语义贴近、格式整齐，但原文中所有的头韵都被舍弃了。汉语音韵规律的特殊性质，导致汉语中没有相应的语音修辞手段，也就无法体现上述英语头韵的修辞功能。

英、汉诗歌都十分注重音韵和节奏，诗歌中的高妙意境以及音韵节奏使其具有独特的魅力。英汉语诗歌中的音韵节奏各不相同。英语诗歌是按轻重音数将一行诗划分为若干个音步，因为轻重音的排列也有不同，所以音步又可分为抑扬格、扬抑格、抑抑扬格、扬抑抑格。关于韵脚，结尾的韵母相近便可成韵。但是，在一首诗中，每一行的韵律都是非常复杂的，就像十四行诗，按照韵脚就能分为意大利式、英国式、斯宾塞式等等许多不同类型。中国人的诗歌，最重视的就是平仄和对仗，诗的韵脚讲究"一三五不论，二四六分明"，说起来很简单，但是必须按照一东、二冬、三江、四支……的韵谱。英汉诗歌在节奏韵律上存在着很大的差异，二者属于不同的语言体系。

诗歌翻译中的"三美"理论，也就是意美、音美、形美，是中外诗歌翻译实践中的一条重要经验，也是翻译实践中的一条重要准则。所谓"音美"，就是在翻译过程中，根据译语诗人所喜欢的格律，选用与原作相似的韵脚，并通过双声、叠韵、重复等手法，把原作的音美表现出来，也就是说，一个达到了"三美"的翻译作品，其所表现出来的音韵节奏，只能是译语诗人所喜欢的格律和与原作音似的韵脚，而不是重现原作中的韵律节奏。

例如，原文：春风杨柳万千条，六亿神州尽舜尧。红雨随心翻作浪，青山着意化为桥。译文：Spring winds move willow wands, In tens of millions; Six hundred million we Shall all be Sage-Kings！ Our red rain to the mind Translates as torrents, Green hilltops are at will Turned into bridges.

汉语诗歌的节奏是通过平仄音节的对比体现出来的，而英文诗歌的节奏是通过轻重音节的交替形成的。原诗为七言律诗，每行为七个音节（汉语一个字相当于英语的一个音节），而古柏则用十一个音节来译，每行增加了四个音节。再从音韵上看，原诗首句入韵，其平仄格式为：平平仄仄仄平平，仄仄平平仄仄平。仄仄平平平仄仄，平平仄仄仄平平。第二行中 tens 与 millions 相韵；第三行 Six 与首行 Spring 的 [s] 音相谐；末行中 Sage-Kings 与第二行中 millions 押尾韵。第五行中 red 与 rain 构成头韵；第六行中 translates as torrents 为对仗谐韵；第八行中 bridges 与第四行中的 Sage-Kings 押尾韵。经以上对比分析，将原诗翻译为英语后，节奏、韵律和韵脚都发生了变化，音韵规律都改变为英美读者便于阅读和欣赏的形式，这也说明了汉语诗歌的音韵节奏是不能被移植到英文译文中的。

从诗歌翻译的实践来看，诗歌当然是可以翻译的，而且已出现不少佳译杰作，但作者认为，意境可以创设，形式可以模仿，唯独音韵节奏却难以再现，只能以译入语诗歌的适当形式予以表达。

（二）词汇修辞的可译性限度

无论是在日常交流中，还是在作家们塑造人物形象、刻画人物性格、描写人物心理的时候，都会运用词汇的时代特点、语体特点和地区特点来实现一定的修辞效果。在翻译过程中，对一些具有特殊修辞功能的词语，如外来语、方言、俚语、黑话等，往往在翻译过程中仅能译出原文的大致意思，而不得不放弃词汇带来的修辞效果。

1. 俚语、黑话

俚语、黑话和行话常常被用来作为表现人物语言特点或社会地位和身份的修辞方式。例如，原文："Barkers for me，Barney，" said Toby Crack pit. "Here they are，" replied Barney，producing a pair of pistols. "The persuaders ？" "I've got，em，" replied Sikes. "Crape，keys，centre-bits，darkies——nothing forgotten ？"

在对白中，"barker" 和 "persuader" 都是从黑话演变过来的俚语。barker 最初的意思是 "大声吼叫的动物、发出轰响的东西"，盗贼们用它来表示手枪；Persuader 的本义是 "劝说的人、说服者"，引申为 "强迫别人服从的事物"，而盗贼们则使用它来代指匕首。俚语、黑话及行话并不是一种全民语言，其带有明显的地域、阶层、行业、社会群体特征，如果没有另外的说明或注释，普通人是不可能理解或看懂的，在翻译的时候，译者通常只是译出了其词义，但是在原文中词语的语体特点所起到的修辞效果无法体现出来。

2. 外来语

在英语发展的过程中曾经有许多同一语系中的词汇被引入，这就使得英语使用者在运用外来语言时，往往能获得一定的修辞效果。汉语和英语属于两个不同的语言体系，在语音和词汇结构上存在着较大的差别，因此，有些英语中的外来语所获得的修辞效果在汉语中往往难以体现出来。例如，原文：Ogilvie："Pretty neat set-up you folks got." The Dutchess's："I imagine you did not come here to discuss decor." 译文：奥格尔维："你们倒弄了一套漂亮的房间。"公爵夫人："我想你不是来讨论房间装潢的吧！" 在例句中公爵夫人使用的 decor 这一词汇是一个法文词语，在欧洲文化中，法语曾经是上流社会的贵族用语，公爵夫人故意使用法文词语来体现她的高贵身份，英语读者很容易就能理解这个词的含义和其引出的修辞效果。

在将这段话翻译为中文时，汉语读者不了解欧洲历史文化，自然就无法理解这个词的意思，因此在翻译时就不能将这个法文单词简单移植过来，只能放弃这一修辞手段，翻译出词义即可。例如，原文：From more than two centuries after the founding of Harvard College in 1636, the instruction of undergraduate students was the sine qua non of American higher education. 译文：自 1636 年哈佛学院建立以来的 200 多年间，对大学本科生的教育是美国高等教育中不可或缺的组成部分。学术界雅好拉丁文，除了其严谨性外，在国际上的通用性也是一个极为重要的因素。拉丁文是科学界的国际语言，统一命名，便于交流，具有独特的严谨、庄重的修辞色彩。句中 sine qua non 是拉丁文，英语中对应的词有 an essential condition 和 indispensable thing 等，句中之所以用拉丁词语，主要是为了在国际上渲染和强调，美国大学本科教育在英才培育上所起的不可替代的重要作用。翻译时仅能译出词义，而拉丁词语所起的修辞色彩却难以体现。

（三）修辞格的可译性限度

汉语和英语中很多修辞格是相同或类似的，但是二者的思维方式、审美观念和表达习惯存在很大的差异，在翻译时，文章中使用的修辞格根本无法互相转换，原文中修辞格所产生的语义信息只能通过词汇或句法表达出来。

1. 对偶句

对偶是用字数相等、结构相同、句法相似的一对短语或句子来表达相反或相近意义的修辞方式。对偶是汉语独有的艺术风格，前后两部分意义相关，语言高度概括，看起来整齐美观，听起来抑扬顿挫，说起来琅琅上口，记忆深刻，广为流传。对偶是汉语诗歌和俗语常用的句式结构，但是由于英汉语的巨大差异，译者很难将对偶句的对称美和韵律美再现给读者。例如《水浒传》第六十七回，原文：单廷珪、魏定国指着关胜骂道："上负朝廷之恩，下辱祖宗名目，不知死活！"赛珍珠翻译为：...above you have violated the grace of the Emperor, and below you have desecrated the blood of your ancestors！沙博理翻译为：You're unworthy of the emperor's kindness. You've besmirched your ancestor's name！

原文是典型的对偶句，上对下，负对辱，朝廷对祖宗，之恩对名目。虽然是句骂人的话，却显示出了汉语的博大精深。英语虽然也有押韵一说，但是格式完全不一样。想要用英语翻译出这句话的意思并不难，难的是如何将对偶的语言特色呈现给读者。赛珍珠译出了原文的对偶格式，前后句词数相等，结构相同，意义相对，但是句首的 above（向上）和 below（向下）并不是英语的规范表达，难免让读者觉得别扭。沙博理的译文也有些对偶的意味，但有意省略了原文中的"上"和"下"。因为汉语的"上"和"下"并不简单的表位置，而是蕴含深刻内涵的。中国人尊崇上下尊卑，认为上是天，下是地；上是皇帝，下是子民；上是尊贵，下是卑贱。英语中的上下并无如此丰富的内涵。将原文的"上"和"下"直译为 above 和 below，可能会引起读者误解。如果意译为"皇帝"和"子民"，一方面会与下文语义重叠，另一方面中西方文化差异会让西方读者不知所云。或许加注可以解决文化空缺的难题，但是对于以恣意发泄为目的的粗俗语来说，加注无疑会削弱咒骂的气势和愤怒的情感色彩，而且打乱读者的阅读节奏，并不一定可取。由此可见，对偶句的翻译是有限度的。[①]

2. 排比句

汉语和英语都有排比句。排比句是把结构相同、相似、意思密切相关、语气

---

① 薛蓉蓉.《水浒传》中粗俗语语言特色的可译性限度 [J]. 汉字文化. 2021（6）：74-75.

一致的词语或句子成串排列的一种修辞方法，利用意义相关或相近，结构相同或相似和语气相同的词组（主、谓、动、宾）或句子并排（三句或三句以上），段落并排（两段即可），达到一种加强语势的效果。这种修辞手法使得排比项排叠而出，语气一贯，节律强劲，各排比项的意义范畴相同，带有列举和强化性质，有助于拓展和深化文意。排比的功能可以概括为"增文势"和"广文义"。汉语的文学作品中常用排比句，使语气铿锵有力，格式工整有序，语调回环起伏，充满汉语的灵动美。然而英语句式讲究结构严谨，避免词汇重复和语义重叠。所以汉英翻译可能会产生不同的语言效果。例如《水浒传》第十四回，原文：雷横又骂道："贼头贼脸贼骨头！"赛珍珠翻译为：Thief's face，thief's head，thief's bones that you are！沙博理翻译为：You're a bandit to the marrow of your bones！

原文由三个含"贼"的短语堆积而成一句话，骂得淋漓痛快，一语破的，点明对方就是贼。如果不用这种排比结构，说成"贼头、脸和骨头"，语言顿然寡淡无味，失去了那种恣肆泼辣的咒骂语气和明朗谐畅的韵律感。但是英语注重语言简明多样，相邻的语句内不喜重复使用同一单词。所以对于这句话沙博理采用了归化的策略，译为"你是一个深入骨髓的土匪"，却失去了如读原文般醋畅淋漓之感。赛珍珠秉承忠实原著的原则，采用了异化策略，直译出了三个 thief（贼），意思完整，只是语言略显累赘。而且英语读者会察觉到这句话的结构有别与地道英语，可能是汉语特质，在不影响理解的前提下，这不失为一种传播中国语言文化的方法。但不得不说，两位译者都没有译出排比句的语言特色和韵律美感，说明了排比句的可译性限度。①

3. 双关语

在英汉语中，双关语都是巧妙运用同形异义词或者同音异义词，双关语也因此可以划分为谐音双关语和谐意双关语。双关语是英汉两种语言中都会使用的一种独特的表现形式。如果使用得好，不但可以让语言变得生动、充满文学气息，而且还会让人有一种悠远隽永的感觉，让人感到幽默有趣。

汉语歇后语中有些也含有谐音双关的修辞结构。歇后语本身是汉语独特的语言现象，翻译起来具有一定的难度，而对其中含有谐音双关结构的歇后语的翻译，更是难上加难，其中绝大多数是不可译的。

---

① 薛蓉蓉.《水浒传》中粗俗语语言特色的可译性限度 [J]. 汉字文化，2021（6）：74-75.

4. 回文

英语修辞格 palindrome 一词源于希腊语，其中 palin 意为 again，back；drome 意为 run；palindrome 意为"再次返回"之意，这种修辞格是指顺拼、读与倒拼、读与完全一样的一个词、一个词组、一个句子或一首诗。常见的"回文词"有 did，deed，madam，peep，pop，radar，refer 等；回文句分为两种：一种以字母为单位，另一种以单词为单位。

翻译时两种语言之间的差异会使翻译工作遇到很多问题，译文读者往往体会不到原文中幽默诙谐的语言风格。汉语中的回文是与之相对应的修辞格形式。汉语的回文也有两种形式：一种是用变换次序的方法，形成前后句子中词语相同而排列次序相反，给人以一种回环往复的情趣；运用回文修辞格，在形式上可使语句整齐匀称，能揭示事物的辩证关系，使语意精辟警策。另一种是利用字序回绕，无论顺读、倒读，甚至纵读、横读都可成文的所谓"回文体"，分"回文诗""回文词""回文曲"等。

5. 镶字

镶字是汉语独有的一种修辞格式，一般都是作家在诗歌和文章中镶入用来表达自己感情的词汇，这些词汇往往意义深远或者一语双关，需要细细研读才能领悟其中所蕴含的含义，从而达到一种心灵相通的境界。

将诗翻译为英语时，需要加上注释，英美读者才能更好地了解诗中的修辞形式和深刻含义，而汉字特有的表意作用和诗的结构形式，使得汉语镶字的修辞形式在英语翻译中不能被模仿。

6. 析字

这也是汉语独有的修辞格。汉字具有形、音、义相结合的特点，将某一字拆分为形、音、义三个方面，利用字形的组合或拆分，或语音、字义的相谐相连而形成新字或产生新义的修辞手法，叫作析字。因此，汉语析字分为谐音析字、化形析字和衍义析字三种形式。

四、民族文化的可译性限度

民族文化通过语言向世人展示其鲜活的风格、流动的气韵。文化间的差异为各民族的语言烙下了独有的印迹，造就了一种语言相别于其它语言的风格特点，即语言特色。每一种语言都是一个举世无双的文化系统，具有不同于另一种语言的异质性，表现在语言的语音、语调、句法、字形、词汇、修辞、风格等方方面面。民族语言因这些异质性，在向其他语言转化的过程中，出现部分语言特征在译语中遍寻不得与之相对应的语言表现形式，或使源语的语言功能发挥生效的语境特征在译语中荡然无存的情况，成为限制翻译的障碍。法国翻译理论家穆楠 1963年在《翻译的理论问题》中提出，翻译是可行的，但是翻译中存在许多由语言或文化差异引发的障碍，这些障碍构成翻译可行的限度，即可译性限度。[①]

文学作品中往往会使用很多成语，这些成语具有丰富的文化内涵，是在特定的历史、文化、地理背景下产生的，在翻译中很难既保留成语的喻义，又保留原有喻体，如 One stone kills two birds 与汉语中的"一箭双雕"，Great oaks from little acorns grow 与"合抱之木，生于毫末"；然而更多情况下是难以兼顾成语的喻义和喻体的，此时就只能改变喻体保留喻义。例如，原文：The employers found that extreme sweating, like killing the goose that laid the golden eggs, was not the best way to make business pay. 译文：雇主们发现，让人过分紧张干活就像杀鸡取卵一样，并非是企业赢利的上策。译文读者通过成语"杀鸡取卵"能够大致获得与原文读者相同的喻义，但双方所产生的形象联想是不相同的，因为翻译时改变了喻体。

有时如果改变喻体形象之后译文不够简洁通顺，就只能舍弃掉成语的喻体，只翻译出成语的喻义。例如，原文：I've let the cat out of the bag already, Mr.Corthell, and I might as well tell the whole thing now. 译文：我已经泄露了秘密，科塞先生，干脆现在就把全部情况都告诉你吧。当原文读者看到"let the cat out of the bag"这个成语时，会自然而然地想起这个习语的由来：过去纽约州的农夫把猪装在麻袋里卖，但有时候麻袋里装的是一只猫，而不是一只猪，因为猫没有猪值钱，如果不打开麻袋，很容易被他骗过去，有时猫会从麻袋里跳出来，露出真面目。因此，"let the cat out of the bag"的意思就是指无意中泄露真实情况，在翻译的时候，自然是不可能将这个故事译出来的。译者将成语的出处以及译文语言的可读性都考虑在内，因此，他在译文中放弃了喻体的形象，而是用简洁而又精确的方式来表达成语的喻义。目的语读者在阅读了译文之后，自然也很难像原

---

① 薛蓉蓉.《水浒传》中粗俗语语言特色的可译性限度 [J]. 汉字文化，2021（6）：74-75.

语读者一样对其有相同的想象。

由于英汉两个民族所处的生态环境存在差异，二者所表现出来的物质文化也是各不相同的，这种差异不但表现在使用的工具、科技发明创造的结果的命名上，而且还表现在日常生活中使用的物品上。一个国家或一个民族所独有的东西或者是知识创新成果，在译入语中并没有与其对应的东西，这就造成了跨文化交流、语言交流等方面的困难。汉语中"沙发""维他命""雷达""声呐"等音译词，都是因为当时没有对应的东西，所以才采用了这种方法，将有些中国特有的东西翻译成英语时，往往也无法在目标语言中找到与其对应的单词，只能用与其意义相近的单词来代替。

文学作品的语言特色是作家艺术个性的体现，也是作家进行艺术创作的重要手段。不同文化背景下的语言文字总会给人带来迥然不同的阅读感受和情感体验。作为语言文字代表形式的文学作品，会因其立足的民族文化背景不同，给人带来不同的文字愉悦和艺术感受。译界对文学作品中语言特色的翻译有一种共识，那就是想要实现语言特色在源语和目的语之间的等效翻译其实是一件几乎不可能实现的事情。因为语言特色既是民族文化的历史产物，又是作者通过作品表现出来的创作语言所特有的格调。一方面，两种语言在文化背景上存在着根本性的差异。译者首先必须解决文化背景的问题，才能在不同语言的翻译中表现出源语的写作特色；另一方面，两种语言在句法、词汇、修辞上存在着较大差异，译者很难用另一种语言再现原作的神韵、意境和风格，从而造成了语言特色的翻译存在一定限度。[①] 例如，《水浒传》的语言极具特色，它以北方口语为基础，创造出一种通俗、简练、生动、富于表现力的文学语言。人物对话中的语助词、俗语、俚语比比皆是，形象生动的同时使文本的口语色彩更加浓厚。通过作者的叙述语言和人物自己的语言，不同身份人物的心理、性格，无不生动细致地展现出来，个性十分鲜明。如阎婆惜语言的刁钻泼辣，王婆语言的老练圆滑，潘金莲语言的世故善辩，予人深刻印象。可惜的是，这种特色由于两种语言与文化的差异使译者很难准确地传递给译语读者。如第九回，原文：我看这贼配军，满脸都是饿文，一世也不发迹！打不死，拷不杀的顽囚！你这把贼骨头，好歹落在我手里，教你粉骨碎身。

---

① 薛蓉蓉. 论《水浒传》中粗俗语的不可译 [J]. 齐齐哈尔大学学报（哲学社会科学版），2021（7）：128-131.

赛珍珠译文：I see this accursed is wrinkled all over his face in the manner of one doomed never to rise！To the day of your death you will never come to any position of honor，you stubborn，stupid criminal！You beaten，yet not beaten to death，you tortured and yet unyielding，you handful of thieving bones，you are in the power of my hand now！I will make your bones into powder and your flesh into shreds.

沙博理译文：I can read from the lines on your face that you're destined for nothing but hunger！You'll never rise in the world！What you need is plenty of beatings，you stubborn jail-bird！For better or worse，you're in my hands now，you felonious wretch！I'll pulverize your bones and pound your flesh to jelly soon enough！

这是牢城营的差拨对林冲说的话，又是叱骂，又是诅咒，实在是狠，涉及的字词均让人难以忍受，从侧面体现了差拨的恶毒和林冲的可怜。作为源语读者，我们可以从字里行间体会到《水浒传》人物语言通俗、精炼、写实的风格，并通过对话了解人物间的关系、事件的背景、剧情的发展等。寥寥四十六个汉字，铿锵有力、直戳心窝。赛珍珠直译的方法虽然传达出了原文的意思，但是句式冗长繁复，用如此长句骂人怎能彰显它的力度？沙博理比赛珍珠语言精简些，意思也能够对应，但是读来平淡舒缓，骂得远不如原文狠毒有力。其实这与英汉语言的句法和语音方面的差异有关。英语讲究字面逻辑上的连贯，汉语讲究内在语义上领悟。所以很多时候汉语读起来要比英语简洁有力。尤其是汉语粗俗语这种言简意赅的语言，虽然能用英语将其意思转述清楚，但是表现出的语言特色却大相径庭。译语读者能通过这些直译成英语的译文了解故事发展的主要情节，却体会不出由写作技巧、文化特质和地域方言融合而成的语言特色，这也说明了文学作品语言特色的翻译是有限度的。①

同理，英语的语言特色有时也很难用汉语再现。比如，原文：I'm too old a dog to learn new tricks. 译文：我上了年纪，学不会新道道儿了。英汉中"dog"一词的指代含义没有本质上的区别，但是其隐含含义有时会有很大的不同。在西方，人们一般把狗当作宠物和朋友，养狗是一种社会时尚。在例子中，Maugham 把自己比作一条老狗，当然没有任何的贬义。在阅读后，读者也会觉得这个比喻非

① 薛蓉蓉. 论《水浒传》中粗俗语的不可译 [J]. 齐齐哈尔大学学报（哲学社会科学版），2021（7）：128-131.

常生动，用词也非常通俗贴切，而且语气也十分幽默，展现出了一位老者虚怀若谷的谦虚心胸。然而，汉语中的"狗"在很多情况下都带有明显的贬义，如果把"dog"翻译成"狗"，其在汉语读者心中产生的情绪反应会与英语读者产生的情绪反应完全不同，尤其是"老狗"，在汉语中是一个咒骂的词语，翻译成"上了年纪"，两者在语义上几乎等同，但是，在这样的翻译中，old dog 这个词语所蕴含的幽默感已经丧失殆尽，"dog"这个词语所表现出来的形象、诙谐、幽默的语言特征也已经荡然无存。

由于文化内涵的广泛，可译性极限的表达方式也是多种多样，并非一成不变，而是处于动态变化之中。科技的进步、信息的传、经济、政治和文化领域的交流和合作都促进了不同国家和地区的文化一体化，使"地球村"上的人们共同的认知越来越多，不同国家和地区的特殊性差异越来越少，因此，可译性的限度也在不断缩小。

英汉两种语言的独特构造以及两国文化的差异，导致了翻译中存在可译性限度，这时实际翻译中的一个客观事实。译者必须要面对这一事实，对两种语言的特征和规律进行深入的研究和探索，对两种语言的结构和表达方式的相似性和差异性进行分析和对比，了解和掌握语言深层的文化内涵，才能准确地、艺术地化解和缩小这种局限，在译文中忠实地、通顺地表达出原文的内容，再现出原文的语言特征和艺术形象。这不仅是一种检验译者能力的"试金石"，而且也是一种判断译作好坏的尺度。

五、可译性限度在文化差异中的表现

汉语与英语是在两种不同的文化背景下产生的语言，其形成的自然环境、历史与社会环境对两种语言产生了重大影响。由于文化的差异所造成的思维习惯上的差异，造成了人们对于相同的概念会有不同的联想，从而使他们在表达情感时也会有不同的语言和表达方式。这些语言和表达方式扎根在本民族的文化土壤中，有着很深的根基。尽管有时这些语言十分简洁，但其中蕴涵着大量的文化信息，这给翻译带来了很大的困难，这也就是所谓的"可译性"。

（一）历史文化差异

不同的民族经历了不同的历史发展进程，因而在不同历史背景下也会形成特色鲜明的历史文化。中国传统文化中"苛政猛于虎""天高皇帝远"等说法就是在长期的封建文化背景下形成的；西方国家早期处于教皇和君主统治社会，他们对于这个问题就有不同的看法。汉语中的"天干地支""阴阳五行""八卦"等说法在英语文化中找不到含义相近的对应词汇，现代英语中虽然已经存在"the Eight Diagrams"这种对"八卦"的说法，但这也是长期的语言发展和翻译工作共同的成果，这些概念在最初的翻译过程中是很难翻译的。

历史典故与文化风俗是人类历史与文化中最主要的内容，也是人类面临的第一个因文化差异而产生的翻译困难。中国人常用"赛貂蝉"这个词来描述美女，原因在于貂蝉在中国古代已成了美女的象征；但是，如果一个英语国家的人看到"you are more beautiful than Diao chan"这一短语，那么他就很有可能无法明白这一短语的真正意思。因为《三国演义》的流传，很多人都会说"你比诸葛亮还聪明""你比曹操还狡猾"，尽管中国正逐步走向世界，更多的人开始认识、了解中国文化，认识诸葛亮、曹操，但英语文化背景下没有相应的观念，这样也很难实现翻译的美学效果。

《水浒传》中有很多这样的典故词，如"秃驴"这个词，从字面上讲就是毛发脱落的病驴，但实际上在中国文化中它是辱骂和尚之词。很多人都以为是因为和尚没有头发，而且还应该戒色，而驴又被人们认定为乱交好色之徒，所以用"秃驴"来骂不守色戒的和尚。当然这只是一个原因。另外一个原因与一个关于和尚的典故有关。旧社会的和尚们一般都是靠寺庙的香火维持生计，但是每逢战乱，人们食不果腹，自然不会有多余的钱财贡献给寺庙，这个时候和尚们就需要出山化缘了。和尚们外出化缘时，一般都会牵头毛驴。久而久之，人们一想到和尚就会联想到毛驴。但是后来，有些和尚不守清规戒律，打着和尚的名头，做一些明化硬讨、坑蒙拐骗、奸淫狗盗的龌龊事，老百姓深恶痛绝，所以一见到牵着毛驴的恶僧就远远地叫喊："快跑啊，秃头牵毛驴来啦。"时间久了"秃驴"就成了对和尚的贬义称呼。由此可见，驴，尤其是秃驴，这种动物形象在汉语中被赋予了丰富的文化内涵。而在西方文化中，驴只被认为是一种比较愚蠢固执的动物，所以 donkey 这个词除了有驴的意思之外还可指傻瓜和顽固的人。英语文化中的驴和好淫的和尚没有任何关系，更没有特定的文化意象。所以在将"秃驴"英译时，译者无法直接将其特殊的文化意象和英语中的 donkey 对应起来。赛珍珠和沙博理在对"秃驴"这种具有历史典故和文化风俗的词语的处理上都采用了直译或直译加意译的方法。如第六回，原文：秃驴！你自当死，不是我来寻你！

赛珍珠译文：You scab-headed donkey, you seek for your own death——it is not I who invite you to it.

沙博理译文：Scabby donkey, it's you who've come looking for death！ I haven't sought you out.

又如第五十七回，原文：先杀你这个秃驴，豁我心中怒气！

赛珍珠译文：And first I will kill you, you bald-headed donkey, and so slake the anger in my heart！

沙博理译文：I'm going to kill you first, bald donkey, to work off the rage inside me！

这两个例句都是骂鲁智深的话。鲁智深，行伍出身，曾任渭州经略府提辖官，路见不平拔刀相助，三拳打死镇关西，为躲避官府缉拿，万般无奈出家做了和尚，所以常被骂作"秃驴"。此处"秃驴"这个词被赋予了不守清规戒律、作恶多端的光头和尚的内涵。在第一个例句中两位译者都采取了直译加意译的方法，赛珍珠把"秃驴"翻译成 scab-headed donkey（头上结痂的驴），沙博理将其译成 scabby donkey（结痂的驴），都与结痂有关，那是因为中国和尚的头上都会有戒疤，两位译者用"有疤的头"特指和尚。但是西方社会没有和尚，西方的道士或修士们也不会剃度，更不会在头顶烫疤。这样翻译，如果不增加注释，西方的读者会明白吗？他们可能会理解为这里有人骂鲁智深是一个头上有伤疤的性格偏强而愚蠢的人。所以译者的良苦用心恐怕是白费了。第二个例句中，两位译者不约而同地采用了直译的方法，赛珍珠译成了 bald-headed donkey（秃头的驴），沙博理译成 bald donkey（秃顶的驴）。西方读者虽然知道鲁智深是个和尚，也可能知道中国的和尚需要剃度，但是如果对中华文化了解不深恐难理解为什么和尚要被称为驴。英语中 donkey 可指愚蠢固执的人，西方读者会以为 bald donkey 是辱骂对方愚蠢固执而且头上没有头发，并不会联想到那些干着偷盗奸淫、坑蒙拐骗行径的骑着驴的恶僧，所以也体会不到这句诟詈的精髓。不管是"秃头的驴"还是"头上结疤的驴"都只是传递了原文的字面意思或较浅的内涵，没有从深层传达出"秃驴"的文化意象，因而降低了这个词的侮辱性及其因短促精炼而体现出的语言力度，最终很难达到和源语同样的阅读效果，体现出了"秃驴"这个词的不可译。[①]

英语中许多的典故与习语均来自《圣经》，这些表达方式不仅盛行于文学作品中，也在政治、哲学、科技等领域中有所表现，可以说是渗透在生活的方方面面。例如，原文：His dream of going abroad became the tower of Babel, for he didn't pass TOEFL, and money is also a problem.

译文：他的出国梦是很难实现了，因为他没有考过托福，而且还没有钱。

句中"Babel"（巴别塔）来自《旧约·创世纪》。据说在大洪水过后，诺亚方舟上幸存的人们想要修建一座能够通天见到上帝的塔。上帝因他们的狂妄自大盛怒，于是混淆了他们的语言，使得他们无法交流，从而阻碍了他们修建巴别塔的计划。所以"巴别塔"这个词语可以理解成"痴心妄想"或是"某种引起障碍或混淆的事物"。此句如果翻译成"巴别塔"，很多中国读者会不知所云。如果翻译成"痴心妄想"，又缺少了原文的典故内涵，使读者体会不到圣经故事所映射的深刻意义。还有许多英语习语，比如"beard the lion"（虎口拔牙），"cast pearls before swine"（对牛弹琴）等都是来自历史典故的引申。对这些词背后的历史文化内涵的翻译也是有限度的。

文化风俗是人类认识客观世界的一种表现。同样的客体，在中西文化中有着不同的价值与意义。同时，由于文化和习惯的不同而造成的翻译两难局面，也是翻译界经常遇到的问题。中国人自古以来就将猫头鹰视为不祥之物，认为有猫头鹰出没的地方，就会有倒霉的事情发生。但在英语中，"as wise as an owl"用来形容人的聪明伶俐。在中国人的传统观念中，牛是一种勤恳的动物，所以我们用"孺子牛"来形容一个人十分勤奋；在西方文化中一般是马来耕作，因此，马有勤劳和强大的力量的象征意义，英语中有句话叫"as strong as a horse, work like a horse"。

这样的文化差别也体现在许多方面。例如，中国文化中，红色象征着吉祥、喜庆，受到中国人的推崇。汉语中有"红人""红娘""红红火火"等说法；而在

---

① 薛蓉蓉. 论《水浒传》中粗俗语的不可译 [J]. 齐齐哈尔大学学报（哲学社会科学版），2021（7）：128-131.

英语中，红色就是一个贬义词，代表着血腥、残忍、危险和肮脏。白色在西方国家象征着纯洁、正直、诚实等，在汉语中却有死亡和不祥的含义。

（二）思维方式差异

中国是一个古老的农业大国，崇尚儒教，讲究的是谦逊有礼；由于受到启蒙思想的影响，英语国家注重公平和效率。中国人讲话写字时，常将大事放在后面写，很少或根本不用肯定的口气，用语含蓄，多暗示；英语的文章通常都是直截了当的，而且大多都是肯定的语气，对事情也描述得非常详细。二者的差别在会议致辞的翻译上表现得最为明显，若完全按中文的行文次序来翻译，则会丧失英语写作独有的格式。而使用英文写作方式，又会降低汉语语言的神韵与形式之美。

中国文化讲究的是大一统、和谐，所以在描写事物时常常使用较为夸张的表达形式，中国诗歌中有一句叫"飞流直下三千尺，疑是银河落九天"。而英语文化则更注重实际，在描述事物时，都是以现实为基础。另外，由于东西方文化中的伦理学和道德观的不同，造成了东西方人在价值观念上的差异。汉语中的"个人主义"与英语中的"individualism"明显不同，中国人对"capitalism"这一概念的理解也与西方人不同。

在中西文化中，人们都很重视家族血缘，但是中国人却更加注重细节。在汉语中，对家人的称呼非常细致、繁复；但是在英语中，对奶奶和外婆称呼是相同的，对叔叔和舅舅的称呼也是相同的。如果把中文的家族称呼翻译成英文，那就都是"grand-mother""uncle"，看不出具体的亲族关系。在翻译研究中，这个问题被认为是一种文化缺失或缺省。

中国与西方文化上的不同之处很多，也很复杂，其中包括宗教信仰的不同、家庭观念的不同、生活方式的不同等。但正是这种差别的存在，才使翻译问题具有了值得讨论的价值。

（三）宗教信仰差异

宗教信仰是一种特殊的社会意识形态和文化现象，表现为精神道德和行为教化。中西方在漫长的历史进程中形成了不同的宗教文化。西方人大多信仰基督教，由于正是基督教文化构成了西方文化的大背景，使得中世纪以来西方文化的任何一部分都或多或少地沾染了基督教的气息。中国人长久以来深受儒教的影响，汉民族的宗教信仰是在儒家思想占主导地位的前提下，融合佛教、道教及其它民间宗教的混合形式。文化和语言是纵横交错，彼此渗透的。语言是文化的载体，语言反映出其独特的文化内涵。离开了对一个民族文化的了解，要想真正掌握这个民族的语言是很难的。在西方，基督教为其文化留下了清晰的烙印，使英语散发着浓郁的基督教气息。《圣经》的内容几乎家喻户晓。《圣经》中的人物、典故、谚语经常被人们引用，许多文化内涵沉淀其中。例如，God damn it!（天杀的）、What the devil?（见鬼）、Hell（该死）、Gosh（天哪）等。如果不懂这些词语的特定含义，就会大惑不解，不知所云。中国原始宗教对大自然、诸如天、地、日、月、星、辰、风、雨、雷、电等加以神化，予以崇拜，通过祈祷等方法乞求赐福消灾。"儒道释"三教合一的信仰早已和生活的方方面面相融合，不知不觉内化到每一个中国人的思想深处。汉语中有许多与儒教、道教和佛教相关的词语，如"谢天谢地""前世报应""因果""悟性""魔君""魑魅""混沌""鬼"等。中西方宗教信仰的不同导致了宗教文化的差异，使得一些宗教词汇在译语中无法获得对应。

例如，《水浒传》第二十七回，原文：人都唤他做"母夜叉"孙二娘。

赛珍珠译文：Every-one calls her Mother Of Devils.

沙博理译文：She's known as Sun the Witch.

"母夜叉"在佛经典籍中是一个横行霸道、吃人儿女的女夜叉神，最后在佛的引导下悔过自新、遁入佛门。民间话语中的"母夜叉"特指身手敏捷、食人伤人的女恶鬼。《水浒传》中用"母夜叉"来作孙二娘的绰号，形容她粗野凶悍。由于基督教文化中没有这样的传说，对于这个绰号，赛珍珠和沙博理都采用了意译的方法。沙博理把"母夜叉"翻译成了"Sun the Witch"（孙女巫）。但是，会施蛊术的女巫婆不等同于作恶多端的女魔头，此译偏离了原著的涵义。赛珍珠译成了"Mother of Devils"（恶魔的母亲），虽然还是没有准确译出"母夜叉"的文化联想，但也算是传达出这个词表达的凶恶之意。总之，两位译者都没有完整译出"母夜叉"这个词的宗教文化内涵。①

在英语国家，许多人都以宗教典著中的人物起名，特别是《圣经》当中有许多人物，如犹大，诺亚，夏娃等等，他们每个人物背后都有与之相关的故事，每个性格千差万别，这些人名伴随着他们的故事被人们传诵，久而久之也被赋予了

---

① 薛蓉蓉.《水浒传》粗俗语的跨文化翻译 [J]. 西部学刊，2021（5）：95-97.

一些除了标识姓名之外的比喻和象征的意义。其数量之多和使用频率之高，使得人们常常意识不到自己随意的一句话竟源于《圣经》。

例如，原文：That joke you told us is as old as Adam，but I still think it's funny.

译文1：你给我们讲的那个笑话简直老掉了牙，不过我认为还是很有趣的。

译文2：你给我们讲的那个笑话简直像亚当一样老，不过我认为还是很有趣的。

原句中有一个著名的圣经人物亚当（Adam）。据圣经记载，他是上帝创造的第一个人类，而夏娃是第一个女人，他们曾一起在上帝创造的花园—伊甸园中生活。后来由于夏娃偷食了禁果，他们两个均得到上帝不同方式的惩罚。亚当和夏娃可以说是人类的始祖，因此"亚当"这个专有名词便蕴涵了新的意义，指古老或陈旧的事物或人。译者在遇到这些文化负载词时，必定会对上下文进行仔细推敲，以决定是使用直译还是意译。这句话如果直译成人名亚当，便会曲解原文意思，使意义模糊不清。如果意译为"老掉牙"又缺少了其宗教文化内涵。两种译法都损失了原文的含义。由此可见，中西方宗教信仰文化的翻译是有限度的。

（四）文化意象差异

汉英语言中有些词汇中包含着丰富的文化意象，它们往往是行文中的点睛之笔。这些文化意象有的可译，有的却不可译。就动物而言，不同民族对动物的喜好各不相同，对于一些与动物有关的词语，各民族表现出了截然不同的意义联想和感情色彩。有些动物的文化意象在中西方认知中大致相同，如猪、狐狸、畜生、老鼠等都包含有令人厌恶的涵义，这些词就可译。另有一些动物的意象在中西方文化中却有差异，如狗、鸟、虫、龙等，这些词的翻译就是有限度的。

譬如汉语中的猴子，一方面指动物猴子，另一方面是责骂孩童机灵顽皮或戏骂乖巧精明者。然而英语中"monkey"或"ape"仅作动物或淘气鬼讲，不涉及辱骂内涵，所以在汉英文化中仅共有部分内涵，属于部分空缺词语。例如《红楼梦》中多次出现"猴儿"这个词，有时还以"猴儿崽子""猴儿精"形式出现。对于"猴儿"的翻译杨宪益和霍克斯均倾向于异化策略，即运用直译法将汉语异质性成分引入英语，都将其译为"monkey"或"ape"。虽然英语中"monkey"和"ape"与汉语"猴儿"的文化意象和内涵并不完全契合，但意义相差不大。简言之，在汉英两种文化中，人们均认为"猴儿"或"monkey"是机灵淘气的形象，仅汉语多了一些相关联的戏骂成分。在出现文化空缺时异化翻译策略会故意打破译语的惯例而保持原著陌生感，保留源语语言和文化差异，应用在翻译方法上即直译。西方读者审美眼光和接受限度已被两位译者拿捏得恰到好处，二位非刻意在译文中改变汉语动物意象，而是顺其自然运用直译法保留原著的语言表达形式，并将其植入英语，对于译语文化中缺失的"猴儿"的责骂或戏骂内涵，读者通过阅读上下文应可理解。两译文均在保持汉语原有风貌基础上使英语读者产生与汉语读者几乎相同理解，在认知上达到共鸣，随之而来的新奇表达让读者品味"原汁原味"的汉语，了解异国的语言文化和原作者行文风格。可见，对于文化意象差异不大的部分空缺词语，异化翻译策略能够联结中西文化异同，充分发挥翻译所特有的传播文化功能。而且如此翻译产生的陌生化效果可能会超越目标语读者的审美期待，带给读者一种新奇的阅读体验。①

　　但是对于一些文化意象差异很大的空缺词，异化的翻译方法有时却行不通。比如"忘八"这个词的翻译。"忘八"即现代汉语"王八"。汉语中与"王八"相关的诸如"绿王八""贼王八""王八蛋""王八羔子"之类词语的辱骂程度略重，且不同语境下"忘八"意义截然不同。古汉语"忘八"有四种含义：（1）乌龟和鳖的俗称；（2）讥称妻子出轨的男人；（3）旧时指开设妓院的男子；（4）骂人行为不端，谓忘"礼、义、廉、耻、孝、悌、忠、信"八字。英语中无与"忘八"文化意象完全对等词语，一些词仅有部分意象对等。例如《红楼梦》的两个英译本中，杨宪益将"忘八"译为"bastards"（私生子）"turtle"（海龟）"bugger"（同性恋者）等；霍克斯翻译为"rotten bugger"（臭同性恋者）"the stone turtle"（石头乌龟）"whoremaster"（嫖客）等。杨宪益倾向于直译和意译相结合的方法，而霍克斯则倾向于意译方法，杨译本成为归化异化相结合的译文，霍译本成为归化为主导的译文。英语中诸如"turtle"或"tortoise"等词与汉语的"忘八"只对应"龟"的含义，其余文化意象和内涵缺失，直译的翻译方法无疑丢失了大部分的汉语文化内涵和"忘八"这个词的文化意象，给读者带来理解困难。意译的方法虽然解释了"忘八"的特殊含义，但是失去了其在汉语中的形象诙谐之感。不管

①　薛蓉蓉.《红楼梦》中粗俗语英译的杂合研究——基于语料库的对比分析 [J]. 东北农业大学学报（社会科学版），2016（6）：77-84.

哪种方法，都翻译不出"忘八"的真正寓意。[①]

再比如"鸭"在汉文化中除了指一种善游泳的家禽之外，还可骂人。"鸭"在一些方言中特指妻子有外遇的男人。而英语中的"duck"（鸭子）并没有这种字面以外的隐含信息。如何准确翻译出"鸭"的文化意象对译者提出了挑战。

例如，《水浒传》第二十五回，原文：武大道："我的老婆又不偷汉子，我如何是鸭？"

赛珍珠译文：My wife does not steal men and how can I be a duck，which is to call me a cuckold？

沙博理译文：My wife doesn't sleep with other men. Why are you calling me a cuckold duck？

鉴于"鸭"的特殊含义，两位译者都没有选用直译的方法，译者的处理策略可谓英雄所见略同。赛珍珠先将"鸭"直译成"duck"，但她预料到这样翻译会使西方读者不知所云，所以她又补充道："which is to call me a cuckold"（叫我妻子有外遇的男人），这种直译加意译的方法虽然意思传达到了，但是语言累赘，缺乏力度，译文与原文的语言风格截然不同。沙博理将其译为"cuckold duck"（妻子有外遇的鸭子），简洁是够了，但却漏掉了很多原文的意思，既体现不出咒骂的语气，又体现不出这些形象精辟的民间词语的文化意象，因此不能算是准确传达了原文的意思。所以说对于一些文化负载词的字面意思和文化意象，译者有时的确不能两者兼顾。[②]

（五）粗俗俚语差异

粗俗俚语，即粗俗语，指粗野庸俗的谈吐，骂人的话，常含侮辱性，听来不悦。粗俗俚语常用来表示说话者愤怒、厌恶、仇恨、蔑视、责备、抗拒、威胁、无聊、惊奇、感叹、强调、喜悦、亲密等感情色彩。由于粗鲁鄙俗的粗俗语与社会倡导的文明礼貌用语格格不入，无论文学批评还是翻译研究总是避而远之。但不可否认粗俗语蕴含深厚民族文化和语言特色。粗俗语游走于日常生活中，即使古今中外文学作品中也屡见不鲜，不仅可反映出使用者社会地位、教育背景、性格特点，

---

① 薛蓉蓉.《红楼梦》中粗俗语英译的杂合研究——基于语料库的对比分析 [J]. 东北农业大学学报（社会科学版），2016（6）：77–84.
② 薛蓉蓉.《水浒传》粗俗语的跨文化翻译 [J]. 西部学刊，2021（5）：95–97.

而且可折射出人物所处时代社会礼教、宗教信仰、道德规范、价值观念、审美情趣等文化特征，对人物形象塑造起到画龙点睛作用。然而，中西方文化由于受社会发展、宗教信仰和地域特色等影响，各自价值观念、意识形态和风俗习惯等往往迥然不同，极容易出现文化空缺。一种语言文化里的词，在另一种语言文化中，没有意义完全对等之词，或仅部分意义对等，另一部分缺失，此现象即为文化空缺。文化空缺是由两种文化特性决定的客观事实。不同民族交际中，一方不言而喻的文化信息，另一方却常不知所云。中西语言文化差异随处可见，译者在翻译实践中不可避免地遭遇文化空缺问题，而对此问题的不同处理方法会直接影响翻译质量。因此在粗俗语应用范畴中，如何准确理解和处理汉英粗俗语翻译中的文化空缺，成为考验译者的一大难题。[1]事实上，鉴于中西方文化的差异和汉英语言的迥异，要完整再现汉英语言中粗俗语的语言特色是难乎其难的，译者所能做的就是在提高译文的阅读美感的同时尽可能贴近源文的语言风格。

文学翻译中，人物的语言是可译的，但语言背后的文化内涵却不一定可译；译作中的人物形象是可塑的，但对各个人物性格的理解会因译者而异，这些最终导致译文与原文中的人物性格有所不同。而且，翻译的过程中，有时为了使目的语读者更好地理解译文，或者为了满足译者的个人喜好，译者会发挥主观能动性，将一些不好译或者粗俗下流的语言省去不译或者净化翻译，那些通过人物语言描写突出的性格特征就会出现缺失。比如《水浒传》中的李逵，出身贫寒，没受过教育，在恶劣的环境下自然成长起来。他性格粗鲁、直率、莽撞，快人快语，不计后果，打起仗来一往无前。作者把握住了李逵的这一性格特征，只要他出场，立刻就妙笔生花，把这一人物描写得活灵活现，妙趣横生。读者印象最深的恐怕就是他那满嘴的"鸟"了："杀这几个撮鸟""快夹了鸟嘴""不要放那鸟屁""出那口鸟气""打什么鸟紧"……"鸟"字被他用得是出神入化，酣畅淋漓，让人忍俊不禁。这极具特色的"鸟"体现了李逵鲜明的个性。"鸟"在古汉语中同"屌"，读作"diǎo"，指男子外生殖器，是骂人的粗话。由于英汉文化的不同，英语中没有与之意义相对应的词，"鸟"便成为了一个文化空缺词，当然也成为了一个翻译难点。赛珍珠和沙博理两位译家对于"鸟"的翻译或是由于文化空缺而选用别

---

① 薛蓉蓉.《红楼梦》中粗俗语英译的杂合研究——基于语料库的对比分析 [J]. 东北农业大学学报（社会科学版），2016（6）：77-84.

的词来替换，或是省略不译，翻译效果不尽人意。

例如，《水浒传》第四十回，李逵道："杀去东京，夺了鸟位，在那里快活，却不好！"

赛 珍 珠 译 文：We will all be generals and we will kill our way to the eastern capital and seize that accursed throne.

沙博理译文：We'll slaughter our way into the Easter Capital，seize the friggin throne，and rejoice！

又如《水浒传》第四十三回，李逵道："你这厮是什么鸟人，敢在这里剪径！"

赛珍珠译文：What cursed man are you？

沙博理译文：Who the hell are you，daring to play the robber in this place？

以上两个例句中，赛珍珠将李逵口中的"鸟"翻译成"accursed"（可憎的）和"cursed"（被诅咒的），沙博理将其翻译成"friggin"（该死的）或者省译。两位译者的翻译方法异曲同工，却都没有把鸟字的深层文化内涵翻译出来。accursed、cursed 和 friggin 只表现出了说话者对对方的厌恶和憎恨，却表现不出李逵的粗鄙、蛮横、没文化、没教养的性格特点，这种净化式的意译法必然会使李逵在源语和目的语读者心目中的形象大不相同。而省译的做法更是有损原文信息的完整，虽一字之差，译文和原文的意境却大不一样。但是这种文化的空缺目前是无法弥补的，我们很难找到一个合适的翻译方法，这就是《水浒传》中的"鸟"字不可译的原因。[①]

承载大量文化内涵的语言能结合不同的语境，表达出说话者恼怒、憎恶、鄙夷、惊讶、喜爱等千变万化的感情色彩。不同人物于不同场景口吐的粗俗语也能表达出迥然各异的内心情感。译者在处理时，由于既要使读者理解原文的意思，又要符合译语的语法结构，有时不可避免地会使译文的感情色彩表现不够完全，造成不可译现象，譬如"厮"这个粗俗语。"厮"在汉语中是对人轻视的称呼，古时指无身分或卑贱的人，说话者带有轻视、厌恶或者憎恨对方的感情色彩。因为英语中没有与汉语"厮"字相对应的词，译者的处理方法也是五花八门。

例如《水浒传》第六回，原文：那厮却是倒来坞虎须！俺且走向前去，教那厮看洒家手脚！

---

① 薛蓉蓉. 论《水浒传》粗俗语的不可译 [J]. 齐齐哈尔大学学报（哲学社会科学版），2021(7)：128–131.

赛珍珠译文：These fellows have come here to me, innocent as I am, but they come to pull the tiger's whiskers！ I shall but walk forward to them and make them see my foot and my hand.

沙博理译文：The louts think they can pluck the tiger's whiskers. Well，I'll go to them，and show them how I use my hands and feet.

又如，《水浒传》第二十回，原文：那厮搅了老娘一夜睡不着！那厮含脸，只指望老娘陪气下情。我不信你！

赛珍珠译文：That thing bothered me all night so I could not sleep. That old man would have me make myself low and common and apologize to him. But I would not do it.

沙博理译文：That oaf kept me awake all night. Frozen face，hoping I'd apologize and be nice to him. I don't want him！

由于文化的空缺，对于"那厮"，两位译者都采用了意译的方法。赛珍珠将其译为"these fellows"（那些家伙）、"that old man"（那个老男人）、"that thing"（那东西），表现出的憎恨和鄙视的感情色彩远远低于原文；沙博理则译成"the louts"（粗鲁的人）、"that oaf"（那个白痴），在感情色彩表达上是憎恨有余，鄙视不足。纵观全书，对于"厮"的翻译赛珍珠还曾将其译作"robbers"（强盗）、"accursed"（讨厌的人），"despicable fellow"（卑鄙的家伙）、"fellow"（家伙）、"barbarian"（野蛮人）等，沙博理则译作"rogues"（流氓）、"knave"（无赖）、"scoundrels"（恶棍）、"varlet"（恶棍）、"fellow"（家伙）、"churl"（乡下人）等，这些词虽然表达出了说话者厌恶的情感，却表达不出轻视的感情色彩，都没有完整传递"厮"这个粗俗语的语用功能。有时两位译者还会把它直接翻译成人称代词he、him、they、them等，甚至省译。这种译法更体现不出"厮"所包含的感情色彩，使得原文的意思转述失败，失去了詈骂的丰富内涵，从而表现出了"厮"这个汉语粗俗语在感情色彩方面的可译性限度。①

中国漫长的封建社会形成了等级森严的宗族制度、君主政治和父权观念，衍生出许多咒骂对方辱没祖先、颠倒人伦、欺君叛主、道德败坏的粗俗语。比如错用亲属称谓的"老子""老娘"、反映尊卑贵贱的"贱婢""婊子""奴才"、指出

---

① 薛蓉蓉. 论《水浒传》粗俗语的不可译 [J]. 齐齐哈尔大学学报（哲学社会科学版），2021（7）：128-131.

破坏人伦规范的"奸夫""淫妇"等粗俗语。西方社会却没有如此严格的等级制度，英语中等级称谓词贫乏，且指代模糊，这使得汉语中的一些关于社会文化差异的粗俗语在英语中没有与之相对应的表达。对于这种情况，译者一般采取意译或省译的翻译方法。

例如，《水浒传》第三十八回，原文：你这厮吃了豹子心，大虫胆，也不敢来搅乱老爷的道路！

赛珍珠译文：You—even though you have eaten a leopard's heart and a tiger's gall still you shall not come and disturb this lord's way!

沙博理译文：Have you eaten a panther's heart or a tiger's gall that you dare mess up my business？

这是张顺骂李逵的话。"老爷"是旧时对官绅或有权势人的称呼，普通人用其自称则有抬高自己贬低他人之意。英语中没有这种尊己卑人的词汇表达。赛珍珠采用意译法将其译成"lord"（上帝、大人、阁下），这个词虽然没有贬低对方的辱骂之意，但也能使读者感觉到说话者对自己身份的抬高，在没有更合适的表达之时，这种翻译也不失为一种选择。而沙博理直接将其跳过，翻译成人称代词"my"，省去了"老爷"这个词的独特内涵，降低了译文中辱骂的感情色彩。由此可见，即使是翻译大家，对于汉语粗俗语的翻译仍然捉襟见肘。[①]

再如，《红楼梦》中出现频率较高的粗俗语"蹄子"。"蹄子"字面上是指牛马等动物足部，深层涵义是旧时对年轻女子的贬称。"蹄子"一词的真实含义目前尚无权威解释，来源大致有几种可能：（1）"蹄子"是少数民族对裹脚汉人妇女的贬称，认为缠足之后的脚形似牲畜蹄子；（2）马蹄印与女性生殖器形似，故"蹄子"隐指女性生殖器官；（3）"小蹄子"与"小弟子"谐音，是青楼里男人们对小脚妓女的爱称和谑称，后来逐步传入社会演变为一种专骂年轻风骚女子的粗俗语；（4）北方游牧民族与牛羊等长蹄动物关系密切，故用"蹄子"指代好动、没规矩的小孩或年轻人，后引为年轻女子间相互戏弄的喷语。面对内涵如此丰富的"蹄子"一词，杨宪益将其翻译为"bitch"（泼妇）"wretch"（坏蛋）"slut"（荡妇）"little beast"（小畜生）等。霍克斯翻译为"creature"（动物）"little wretch"（小坏蛋）"Little hussy"（小贱妇）"little beast"（小畜生）等。两译本对"蹄子"的翻译均

---

① 薛蓉蓉.《水浒传》粗俗语的跨文化翻译 [J]. 西部学刊，2021（5）：95-97.

使译语读者读懂"蹄子"的辱骂功能和语气，但未体现"蹄子"字面所指"动物足部"意义。可见两译本均采用归化策略而非异化。归化可保持原粗俗语的文化信息和语言形式，但在中西文化冲突时不免令其丧失辱骂功能；而异化恰恰相反，在两种文化相冲突时，能保留原粗俗语的辱骂功能和语气，却使其丢失文化内涵。出现文化空缺时，译者必须做出选择，是尽量忠实原文，保留这种新生的杂糅语言，还是剔去原文表达的多种可能性，只传达最明显的一种，保证译文流畅。"蹄子"一词在中西文化中的意义相差甚远，如采用异化策略，原粗俗语文化内涵被保留，但以英语为母语的读者却可能不知所云。问题在于目前英语中不存在和汉语"蹄子"完全对等的名词，"hoof"之类的词虽有"牛、马等动物足部"的含义却不兼有"蹄子"的其他内涵，翻译时无法将"蹄子"一词的文化内涵和辱骂功能体现在译文中。随着中西方文化深入交流，"蹄子"这一文化负载词可能逐渐被西方读者理解，那么该词就不再是文化空缺词，也不再难翻译。但目前，女性缠足文化消失且女性地位提升，现代粗俗语不论普通话还是各地方言几乎无"蹄子"骂法。如果"蹄子"在源语中已几近消逝，那么在文化交流中构建共通之地的设想只能演变成无水之源。显然两位译者也考虑到此点，在翻译中舍弃"蹄子"一词包含的"动物足部"信息，仅保留辱骂功能和语气。这种归化翻译策略充分体现了汉语粗俗语的可译性限度。①

　　总而言之，由于中西方文化的巨大差异，英汉翻译经常会出现文化空缺。翻译的过程必定伴随形式甚至意义上的流失，译者无法做到完美再现源语文化的内涵和风格。所以文化翻译的限度是客观存在的现实。但语言和文化的不可译并不是绝对的、永恒的，而是相对的、暂时的。随着各民族文化的交流融合，文化的不可译也会不断减少。在翻译实践中，当文化不可译发生时，译者应充分发挥主观能动性，运用恰当的翻译策略和必要的补偿手段，实现文化的不可译向可译转化，从而更好地完成跨文化交际的目的。②

---

① 薛蓉蓉.《红楼梦》中粗俗语英译的杂合研究——基于语料库的对比分析 [J]. 东北农业大学学报（社会科学版），2016（6）：77-84..
② 薛蓉蓉. 论《水浒传》中粗俗语的不可译 [J]. 齐齐哈尔大学学报（哲学社会科学版），2021（7）：128-131.

参 考 文 献

[1] 薛蓉蓉.《红楼梦》中粗俗语英译的杂合研究——基于语料库的对比分析 [J].
东北农业大学学报（社会科学版），2016（6）：77-84.

[2] 薛蓉蓉.《水浒传》粗俗语的跨文化翻译 [J]. 西部学刊，2021（5）：95-97.

[3] 薛蓉蓉.《水浒传》中粗俗语语言特色的可译性限度 [J]. 汉字文化，2021（6）：
74-75.

[4] 薛蓉蓉. 论《水浒传》粗俗语的不可译 [J]. 齐齐哈尔大学学报（哲学社会科
学版），2021（7）：128-131.

[5] 薛蓉蓉.《水浒传》粗俗语英译的杂合研究——以赛珍珠和沙博理两译本为
例 [D]. 太原：山西师范大学，2013.

[6] 薛蓉蓉.《生无可恋的奥托》：从"跨媒介"到"跨文化"的共情叙事考索 [J].
电影评介，2023（13）：44-48.

[7] 薛蓉蓉. 关联理论在科技翻译中的应用 [J]. 山西科技，2009（4）：96-98.

[8] 薛蓉蓉. 从《林纾的翻译》看钱钟书的翻译思想 [J]. 山西大同大学学报（社
会科学版），2009（2）：75-77.

[9]Bakhtin M. *The dialogic imagination*[M].Austin：University of Texas Press，
1981.

[10]Bhabha H. K. *The location of culture*[M].London and New York：Routledge，
1994.

[11]Bassnett S. & Lefevere A. *Constructing Cultures: Essays on Literary
Translation*[M].Shanghai：Shanghai Foreign Language Education Press, 2001.

[12]Nida E. A. *Language，Culture and Translating*[M].Shanghai：Shanghai Foreign
Language Education Press，1993.

[13] 李雯，吴丹，付瑶.跨文化视阈中的英汉翻译研究 [M].长沙：湖南师范大学出版社，2018.

[14] 尹益群.英汉文化比较与翻译探析 [M].北京：中国时代经济出版社，2013.

[15] 张青，张敏.英汉文化与翻译探究 [M].北京：中国水利水电出版社，2015.

[16] 屠国元，廖晶.英汉文化语境中的翻译研究 [M].合肥：安徽文艺出版社，2004.

[17] 张秀珊.高校课堂中的英汉文化与翻译研究 [M].长春：吉林教育出版社，2019.

[18] 汪福祥，伏力.英美文化与英汉翻译 [M].北京：外文出版社，2003.

[19] 孙蕾.英汉文化与翻译研究 [M].北京：中国书籍出版社，2014.

[20] 赵玲珍.英汉文化与英汉翻译 [M].长春：吉林教育出版社，2019.

[21] 杜争鸣.翻译策略与文化英汉互译技巧详解 [M].北京：中国经济出版社，2008.

[22] 王怡.多元文化视角下英汉翻译策略研究 [M].北京：北京工业大学出版社，2019.

[23] 韩子满.文学翻译杂合研究 [M].上海：上海译文出版社，2005.

[24] 乔治·穆楠著，王秀丽译.翻译的理论问题 [M].社会科学文献出版社，2020.

[25] 林克难.关联翻译理论简介 [J].中国翻译，1994（4）：6-9.

[26] 赵彦春.关联理论对翻译的解释力 [J].现代外语，1999（3）：273-295.

[27] 何自然.语言中的模因 [J].语言科学，2005（6）：24-27.

[28] 何庆机.国内功能派翻译理论研究述评 [J].上海翻译，2007（4）：16-20.

[29] 许哲.图式理论与翻译 [J].湖南科技学院学报，2012（11）：144-146.

[30] 李锐.浅析苏珊巴斯奈特的文化翻译观 [J].佳木斯职业学院学报，2016（12）：308-309.

[31] 蓝红军.文化杂合：文学翻译的第三条道路——兼评林语堂译《浮生六记》[J].江苏科技大学学报(社会科学版)，2006（1）：104-107.

[32] 何楚红，代西良.跨文化交际视角下英汉翻译归化与异化策略选择 [J].太原城市职业技术学院学报，2023（02）：202-204.

[33] 刘淑奇 . 文化背景知识在英汉翻译中的重要性分析 [J]. 汉字文化,2022（20）：158-160.

[34] 张玲娟 . 跨文化背景下英汉翻译的视角转换与技巧 [J]. 黑河学院学报，2022，13（10）：103-105+121.

[35] 刘晓红 . 英汉翻译中跨文化视角转换及翻译技巧分析 [J]. 汉字文化，2022（04）：132-134.

[36] 马睿 . 英汉翻译中跨文化视角转换及翻译技巧 [J]. 汉字文化，2021（23）：140-141.

[37] 张琛 . 跨文化视角下的英美文学作品英汉翻译研究 [J]. 海外英语,2021（19）：248-249.

[38] 彭艳华，王玉静 . 英汉文化心理与翻译探析 [J]. 和田师范专科学校学报，2010，29（02）：152-153.

[39] 张婕 . 英汉翻译中文化差异的处理 [J]. 才智，2011（29）：182-183.

[40] 沈凌波，焦丹 . 英汉翻译中跨文化视角转换及翻译技巧 [J]. 漯河职业技术学院学报，2021，20（03）：106-108.

[41] 王洪玲 . 试论英汉翻译中的文化冲突、文化融合与文化变形 [J]. 兰州教育学院学报，2015，31（12）：144-145+151.

[42] 盛辉 . 跨文化视角下英汉翻译隐性逻辑分析与重建研究 [J]. 英语广场，2021（01）：65-69.

[43] 刘畅 . 英汉翻译中中西文化差异影响 [J]. 汉字文化，2020（23）：133-134.

[44] 姜丹丹，翟慧姣 . 英汉姓名文化差异及其翻译 [J]. 改革与开放，2011（08）：195.

[45] 晏小花，刘祥清 . 汉英翻译的文化空缺及其翻译对策 [J]. 中国科技翻译，2002（01）：8-10+63.

[46] 邹岚苹，李君遥，孟陈欣，等 . 葛浩文英译《蛙》中的文化负载词译技探析 [J]. 湖北经济学院学报（人文社会科学版），2019，16（11）：111-113.

[47] 栗宏 . 从中英文化差异视角探析《红楼梦》两个英译本中骂詈语的翻译 [J]. 焦作师范高等专科学校学报，2013，29（3）：24-28.

[48] 王东风. 文化差异与读者反应——评 Nida 的读者同等反应论 [C]// 郭建中. 文化与翻译. 北京：中国对外翻译出版公司，2000：203-220.

[49] 史明兰. 汉语对偶语句英译的形、音、意问题 [J]. 河南大学学报 (社会科学版)，2001（5）：84-86.

[50] 马跃珂. 汉语重复结构的英译 [J]. 中国科技翻译，2007（5）：10-14+59.

[51] 熊兵. 文化交流翻译的归化与异化 [J]. 中国科技翻译，2003（3）：5-9.

[52] 蔡小雪. 关联翻译理论视角下《建筑的社会处境：建筑文化政治经济学》英汉翻译报告 [D]. 徐州：中国矿业大学，2020.

[53] 李聪聪. 跨文化交际视角下旅游网页信息英汉翻译实践报告 [D]. 济南：山东大学，2021.

[54] 常静. 文化转向视角下纪录片英汉字幕翻译研究 [D]. 呼和浩特：内蒙古大学，2021.

[55] 茹李艳. 英汉翻译中的文化识别与文化回译策略 [D]. 上海：上海外国语大学，2021.

[56] 马迎春. 文化翻译视角下的英汉习语互译研究 [D]. 长春：吉林大学，2007.

[57] 曲恒. 文化翻译纬度的影视文化内涵台词之英汉翻译研究 [D]. 济南：山东师范大学，2007.

[58] 胡庆平. 从文化翻译观角度谈英汉影视翻译研究 [D]. 合肥：合肥工业大学，2010.